Le défi des relations

Révision : Maryse Barbance
Correction : Anne-Marie Théorêt et Linda Nantel

Catalogage avant publication de Bibliothèque et Archives nationales du Québec et Bibliothèque et Archives Canada

Larivey, Michelle

Le défi des relations :
Comment résoudre nos transferts affectifs

1. Émotions. 2. Transfert (Psychanalyse).
3. Relations humaines. I. Titre.

BF532.L366 2004 152.4 C2004-941380-5

01-15

Dépôt légal : 2004
Bibliothèque et Archives nationales du Québec

ISBN : 978-2-7619-1882-4

DISTRIBUTEURS EXCLUSIFS :

Pour le Canada et les États-Unis :
MESSAGERIES ADP inc.*
2315, rue de la Province
Longueuil, Québec J4G 1G4
Téléphone : 450 640-1237
Télécopieur : 450 674-6237
Internet : www.messageries-adp.com
* filiale du Groupe Sogides inc.,
filiale de Québecor Média inc.

Pour la France et les autres pays :
INTERFORUM editis
Immeuble Paryseine, 3, Allée de la Seine
94854 Ivry CEDEX
Téléphone : 33 (0) 1 49 59 11 56/91
Télécopieur : 33 (0) 1 49 59 11 33
Service commandes France Métropolitaine
Téléphone : 33 (0) 2 38 32 71 00
Télécopieur : 33 (0) 2 38 32 71 28
Internet : www.interforum.fr
Service commandes Export – DOM-TOM
Télécopieur : 33 (0) 2 38 32 78 86
Internet : www.interforum.fr
Courriel : cdes-export@interforum.fr

Pour la Suisse :
INTERFORUM editis SUISSE
Route André Piller 33A, 1762 Givisiez – Suisse
Téléphone : 41 (0) 26 460 80 60
Télécopieur : 41 (0) 26 460 80 68
Internet : www.interforumsuisse.ch
Courriel : office@interforumsuisse.ch
Distributeur : OLF S.A.
ZI. 3, Corminboeuf
Route André Piller 33A, 1762 Givisiez – Suisse
Commandes :
Téléphone : 41 (0) 26 467 53 33
Télécopieur : 41 (0) 26 467 54 66
Internet : www.olf.ch
Courriel : information@olf.ch

Pour la Belgique et le Luxembourg :
INTERFORUM BENELUX S.A.
Fond Jean-Pâques, 6
B-1348 Louvain-La-Neuve
Téléphone : 32 (0) 10 42 03 20
Télécopieur : 32 (0) 10 41 20 24
Internet : www.interforum.be
Courriel : info@interforum.be

Gouvernement du Québec – Programme de crédit d'impôt pour l'édition de livres – Gestion SODEC – www.sodec.gouv.qc.ca

L'Éditeur bénéficie du soutien de la Société de développement des entreprises culturelles du Québec pour son programme d'édition.

Conseil des Arts du Canada / Canada Council for the Arts

Nous remercions le Conseil des Arts du Canada de l'aide accordée à notre programme de publication.

Nous reconnaissons l'aide financière du gouvernement du Canada par l'entremise du Fonds du livre du Canada pour nos activités d'édition.

MICHELLE LARIVEY

Le défi des relations

Comment résoudre nos **transferts affectifs**

LES ÉDITIONS DE L'HOMME
Une société de Québecor Média

Introduction

Cet ouvrage présente un point de vue original sur le transfert, et sa fonction, en en faisant un élément essentiel de toutes nos relations importantes. Cette vision, selon l'approche humaniste de la psychologie de l'auto-développement, se démarque nettement de celle des autres approches, car elle démocratise et réhabilite cet important phénomène psychique.

Réhabiliter le transfert

En partie à cause des origines du concept, nous avons souvent tendance à considérer le transfert comme une forme d'erreur psychologique, voire une maladie. Un certain nombre d'entre nous le voient comme un piège dans lequel il faut éviter de tomber, même en psychothérapie. Dans ce livre, je présente au contraire le transfert comme un effort de l'organisme pour retrouver son intégralité, une occasion offerte à chacun d'entre nous de reprendre possession de son pouvoir réel sur lui-même et sur sa vie. Le transfert ne constitue pas une faiblesse ; c'est plutôt une invitation à mener une aventure exigeante susceptible de nous conduire à la découverte des parties de nous-même que nous avons reniées lorsque nous étions enfant par peur de perdre l'amour de nos parents.

Pour nombre de professionnels de la santé mentale, le transfert n'est qu'un mécanisme défensif nous servant à éviter l'angoisse que génère le face-à-face avec nos conflits psychiques fondamentaux. Ils n'y voient qu'une façon rigide et compulsive de repousser la réalité intrapsychique. À l'inverse, je vous propose de concevoir le transfert comme un effort de croissance de l'être. Loin de constituer surtout un évitement, il est une façon de relever le défi que nous tend la vie de vivre ouvertement ce que nous sommes et ce que nous éprouvons. C'est pourquoi, plutôt qu'être une expérience essentiellement souffrante, le transfert peut procurer des joies exaltantes.

Nous voyons souvent le transfert comme une impasse. Parce qu'il est impossible de changer le passé et parce que nous renonçons à l'aspiration de changer nos parents ou leur façon d'agir, le transfert nous apparaît facilement comme une réalité qui ne conduit qu'au renoncement et à la résignation. Nous nous disons qu'il faut nous faire une raison et lâcher prise ou pardonner. Je vous soumets ici les conclusions bien différentes auxquelles m'a conduite mon expérience clinique et personnelle. Sans changer le passé, il est possible de modifier la façon dont il s'est inscrit en nous et dont il se manifeste dans nos expériences actuelles de vie. En changeant la manière dont nous assumons ce que nous sommes au sein d'une relation transférentielle, nous devenons réellement différent et nous transcendons les limites que nous avons héritées de l'enfance. Et curieusement, il arrive souvent que, devant notre changement, nos parents adoptent une attitude nouvelle qui nous étonne. Il est difficile de déterminer s'il s'agit vraiment d'une transformation de leur part, car ils en sont moins étonnés que nous, mais il est clair que la relation permet de nouvelles façons d'être en contact beaucoup plus satisfaisantes que par le passé.

Démocratiser le transfert

Lorsque Freud découvrit le transfert, il le considéra comme un phénomène particulier consistant à répéter avec le psychanalyste des aspects de la relation vécue durant l'enfance avec les parents. Il pensait que le transfert ne se manifestait que dans le cadre de la cure psychanalytique. Par la suite, la plupart des spécialistes en sont venus à constater que ce phénomène se manifeste dans nombre de relations importantes, notamment dans les relations asymétriques. Lorsque le pouvoir est réparti de façon très inégale entre les interlocuteurs, la personne en position d'infériorité est portée à vivre des émotions qui ressemblent à celles qu'elle vivait avec ses parents pendant son enfance. Le transfert s'étend alors à toutes ces relations : soignant et patient, professionnel et client, patron et subalterne, etc.

Mes observations m'ont amenée plus loin : le transfert se manifeste dans la grande majorité des relations importantes. Chaque fois qu'une personne accorde une grande importance à une autre, elle l'investit de pouvoirs qui ont une portée réelle sur sa vie : elle voit en elle un obstacle infranchissable ou un moyen essentiel à certaines satisfactions. Cette perception est le reflet des relations qu'elle a vécues par le passé avec ses parents.

Le transfert est donc un phénomène qui se présente un peu partout dans notre vie et qui touche la plupart de nos relations avec notre entourage. Que nous le reconnaissions ou non, nous établissons un lien transférentiel avec la majorité des personnes à qui nous accordons de l'importance, qu'elles soient présentes dans notre vie familiale, amoureuse, professionnelle ou sociale.

La grande partie des psychothérapeutes estiment encore que le transfert ne peut être abordé de façon utile que dans un cadre thérapeutique. Ils considèrent que cette expérience intense et complexe ne peut être abordée sans l'aide d'un spécialiste qui aidera à en contourner les écueils et à en maîtriser les dangers. Je vous présente dans ce livre un point de vue bien différent : chacun de nous peut résoudre ses transferts dans les situations de la vie de tous les jours. Le transfert se manifeste et il peut être résolu dans la vie réelle, pourvu que nous comprenions bien en quoi il consiste et comment se produit sa résolution.

Mais il ne faut pas nous illusionner ; la résolution du transfert est une démarche exigeante qui requiert une détermination et un courage énormes. La psychothérapie fournit un contexte privilégié qui facilite grandement le cheminement permettant cette résolution. Le soutien, la sécurité et l'aide technique du thérapeute contribuent à son succès, mais les risques réels qu'implique la résolution doivent quand même être assumés par la personne. La résolution complète implique en effet une action importante dans des situations normales de la vie quotidienne, avec des interlocuteurs qui font partie de notre vie réelle. C'est dans ce contexte qu'il est le plus difficile et risqué d'être soi-même sans faire de compromis, de s'assumer ouvertement sans restriction. Le risque étant de perdre ces liens. Mais c'est aussi cet environnement qui fournit l'occasion la plus riche de réussir une résolution complète.

Qu'on le fasse avec ou sans l'aide d'un psychothérapeute, le cheminement qui permet de résoudre un transfert exige une action expressive avec les interlocuteurs importants de notre entourage. C'est à cette démarche excitante et libératrice que ce livre vous convie en vous fournissant des repères qui ont été maintes fois utilisés avec succès.

CHAPITRE 1
Un point de vue humaniste sur le transfert

La place du transfert : historique

UN CONCEPT UTILE

Voilà environ un siècle, Sigmund Freud introduisait la notion de transfert dans l'univers de la psychologie. Au départ, il s'agissait pour lui de trouver une explication à des observations troublantes : des personnes adultes avaient parfois des réactions qui ressemblaient étrangement à celles de jeunes enfants ; elles se comportaient de façon infantile, particulièrement avec le médecin qui cherchait à traiter leurs problèmes psychiques. Une étude plus attentive permit à Freud de découvrir que le patient développe avec le médecin une relation qui ressemble étrangement, par certains aspects, à la relation qu'il avait avec ses parents, et adopte avec lui des comportements névrotiques au fil desquels s'expriment les principaux symptômes de sa maladie. Il nomma cela névrose de transfert. Ce phénomène rappelait une technique connue de traitement des infections consistant à faire se développer la maladie à un endroit accessible du corps afin de faciliter son traitement. N'oublions pas qu'à cette époque les antibiotiques n'étaient pas encore inventés et que toute infection pouvait avoir des conséquences mortelles. La névrose de transfert s'offrit dès lors comme une occasion unique d'observer de près les mécanismes de la névrose, car elle concrétisait celle-ci dans le cadre thérapeutique de la relation avec le médecin. Elle fournissait également une opportunité de traitement, car elle reproduisait, au cœur de la relation thérapeutique, les problèmes responsables des symptômes pour lesquels le patient consultait.

C'est ainsi que Freud en arriva à l'*analyse du transfert*. Il s'agissait, par des interprétations judicieuses et soigneusement choisies, de rendre le patient conscient de son transfert ainsi que des origines de celui-ci dans son histoire de vie. Grâce à sa prise de conscience, le patient pouvait non seulement mieux comprendre ses mécanismes pathologiques et les motivations secrètes de ses actions, mais il avait aussi l'opportunité de retrouver un certain contrôle volontaire qui lui échappait tant que ces réactions n'étaient que l'effet de mécanismes de défense inconscients.

UN ARTEFACT

Une cinquantaine d'années plus tard, de nouvelles façons d'aborder le traitement des problèmes psychiques apparurent. Deux groupes principaux de praticiens, malgré des divergences de fond, dénoncèrent la notion de transfert et l'utilisation qui en était traditionnellement faite en psychothérapie. Les scientifiques du courant behavioriste furent les premiers. Ils s'appuyaient sur les découvertes faites grâce à l'étude des phénomènes d'apprentissage. Maîtrisant bien les diverses facettes du processus d'apprentissage, ils proposaient d'abandonner la recherche des causes historiques des problèmes psychiques. Ils affirmaient que la personne humaine peut acquérir de nouveaux automatismes, plus efficaces, pour remplacer ceux qu'elle juge inappropriés. L'analyse du transfert leur apparaissait comme une perte de temps, tout comme l'ensemble de la démarche de la psychanalyse classique cherchant à retracer dans l'enfance les causes des problèmes actuels. Les cliniciens d'un autre groupe, qui se nommèrent la « troisième force » pour marquer leur désaccord à la fois avec les psychanalystes et avec les behavioristes, apparurent ensuite. Inspirés par Abraham Maslow, Carl Rogers, Frederick Perls et plusieurs autres, ces premiers représentants du courant humaniste insistaient sur l'importance du présent (ici et maintenant), de la relation réelle et du contact direct entre le client et le thérapeute pour atteindre des solutions aux problèmes psychiques. Ils dénonçaient ouvertement le transfert comme un phénomène artificiel découlant de la méthode psychanalytique elle-même et de la dépendance que celle-ci créait systématiquement chez les clients.

Pour des raisons différentes mais fondamentalement très proches, les deux groupes refusaient donc de considérer le transfert comme une réalité digne d'intérêt et comme une cible pertinente d'intervention thérapeutique. Le transfert constituait pour eux un faux problème qu'il était possible d'ignorer à condition de ne pas pratiquer la psychanalyse. En fait, d'après eux, le transfert n'existait tout simplement pas !

UNE RÉALITÉ ENCOMBRANTE

En ce début du XXIe siècle, il me semble que tous les spécialistes reconnaissent sans hésiter que le transfert existe bel et bien. Tous savent qu'il se développe naturellement dans un grand nombre de situations interpersonnelles, particulièrement celles qui impliquent un lien hiérarchique entre les interlocuteurs. Toutes les personnes qui, par leur rôle professionnel ou social, sont en position d'autorité le constatent : les autres réagissent souvent envers elles d'une façon qui ne correspond ni à ce qu'elles pensent ou ressentent ni à leurs caractéristiques ou à leur comportement réel. Du ministre au contremaître, du juge au gardien de sécurité, du médecin-chef au préposé, du directeur d'école au stagiaire, tous savent que leur fonction provoque des réactions positives et négatives qui n'ont que peu à voir avec ce qu'ils sont réellement. La situation se complique pour ces personnes lorsqu'elles doivent décider de leur façon d'agir devant ces réactions transférentielles. Certaines contestent ces « perceptions erronées », d'autres se régalent des privilèges qui en découlent, d'autres encore en tirent une partie de leur identité en oubliant volontairement combien leurs « mérites » sont surestimés. Même les spécialistes de la santé recourent à différentes façons d'utiliser les réactions de transfert à des fins thérapeutiques. Il me semble possible de regrouper ces réactions en trois genres selon les buts qu'elles poursuivent : comprendre, neutraliser ou résoudre.

Comprendre

Dans la foulée de la tradition analytique, un grand nombre de spécialistes (pas seulement du courant psychanalytique) choisissent d'intervenir essentiellement sur la compréhension des forces qui sont en jeu dans le transfert. Par l'analyse et l'interprétation, ils cherchent à rendre conscientes les motivations et les réactions émotives qui se manifestent à l'intérieur du transfert. Pour certains, le fait que la personne comprenne mieux ce qui se passe en elle et ce qui la fait agir est le seul but à poursuivre. Mais en général les professionnels estiment que le transfert agit de façon moins prononcée et qu'il est plus facile à maîtriser par la volonté lorsque la personne est plus consciente de son action et des forces qu'il exprime.

Neutraliser

Nier l'existence du transfert ou sa pertinence était une façon plutôt sommaire de le neutraliser. Comme le thérapeute humaniste ou behavioriste d'il y a une trentaine d'années ne montrait aucun intérêt pour les réactions transférentielles de ses clients, ces derniers en venaient tôt ou tard à ignorer eux-mêmes cette dimension de leur expérience et, par là, à confirmer l'opinion du professionnel. Heureusement, les professionnels du domaine ont pour la plupart abandonné cette vision des choses. Mais il se trouve encore un grand nombre d'intervenants en santé mentale pour qui la neutralisation du transfert constitue un but légitime. Ceux-ci considèrent que le transfert empêche la personne d'avoir des réactions «adultes» et ils espèrent le lui faire comprendre afin qu'elle abandonne ses comportements «immatures». La méthode pour atteindre cet objectif est habituellement simple: l'interprétation sauvage combinée à la moralisation. Il s'agit de dire au patient qu'il réagit de façon infantile parce qu'il se trouve dans une relation transférentielle, de lui expliquer qu'il réagit en fait à l'un de ses parents et d'ajouter que ces réactions ne sont pas appropriées dans la situation de consultation. La personne ainsi «éclairée» ne comprend généralement pas de quoi il est question. Il en résulte une argumentation qui tourne toujours à l'avantage du spécialiste condamnant le patient à s'en remettre aveuglément à son opinion éclairée. En général, les intervenants qui adoptent cette stratégie sont ceux dont la formation en psychothérapie est la moins poussée.

Résoudre

Il existe une troisième option: viser la résolution du transfert en favorisant son exploration et son expression complètes; l'interlocuteur qui fait l'objet du transfert, le psychothérapeute par exemple, accepte alors de servir de substitut au parent concerné. C'est l'approche proposée par l'auto-développement, et c'est celle sur laquelle ce livre s'appuie. Elle se distingue clairement des autres façons d'aborder le transfert, et ce, de plusieurs manières.

Contrairement à ce qui se passe dans les stratégies évoquées précédemment, les psychothérapeutes de l'auto-développement mettent sur le même pied les réactions transférentielles qui se manifestent en thérapie et celles qui se produisent dans les situations normales de la vie. Personnellement, j'accorde une importance particulière au transfert que tout un chacun développe dans des *situations de la vie courante* avec les personnes qui font partie de son environnement, et j'estime qu'il appartient à chacun de prendre en charge son transfert. Le transfert saisi au quotidien constitue une excellente occasion de résolution, car il invite chacun de nous à assumer plus complètement son expérience réelle.

La vision mise de l'avant par l'auto-développement se distingue également par le fait qu'elle considère le transfert comme un *effort de croissance* et non comme une régression pathologique. Dans cette perspective, les aspects défensifs du transfert apparaissent comme des manœuvres d'évitement survenant au moment où le danger semble trop important, mais c'est le désir de mieux s'assumer qui est au centre des réactions intensément vivantes que l'on nomme transfert.

Cette vision du transfert se distingue des autres d'une troisième manière : elle considère que le succès dans la résolution du transfert dépend essentiellement de la qualité d'expression de la personne. *La solution au déséquilibre ressenti ne vient ni d'un effort de renoncement aux besoins, ni d'une maîtrise des émotions qui découlent de ceux-ci, ni d'une réponse satisfaisante de l'interlocuteur avec qui s'opère le transfert.* Dans cette perspective, le psychothérapeute en auto-développement ne cherche ni à répondre aux besoins transférentiels de son patient ni à l'amener à y renoncer ; il considère essentiellement que lui offrir de les exprimer lui permet de les assumer ouvertement tant avec lui qu'avec les personnes importantes de sa vie. La personne qui reprend ainsi possession de ses besoins les plus importants regagne un pouvoir essentiel sur sa vie et sur la satisfaction de ses besoins, elle retrouve une liberté de vivre à laquelle elle avait auparavant renoncé de peur de perdre l'amour de ses parents.

Qu'est-ce que le transfert ?

LE PHÉNOMÈNE OBSERVABLE

Il est impossible d'observer le transfert directement, car il s'agit d'une réaction psychique qui reste intérieure à la personne qui le vit et demeure souvent invisible même à ses propres yeux. On ne peut l'observer que de façon indirecte, dans les actions de cette personne. C'est pourquoi je parle souvent de *réactions transférentielles* plutôt que de transfert. Il s'agit des réactions visibles (de l'extérieur ou de l'intérieur) qui découlent du transfert.

Lorsque nous remarquons un transfert chez quelqu'un d'autre, c'est parce que ses actions nous apparaissent excessives ou peu appropriées à la situation. La personne réagit trop par rapport au geste qu'elle dénonce, ou bien elle attribue à son interlocuteur des intentions qu'elle est seule à percevoir.

- *Pierre perd par exemple tous ses moyens lorsqu'il se trouve en face de son patron. Il ne comprend pas lui-même pourquoi il n'arrive pas à se comporter normalement.*
- *Claude est au contraire toujours opposé aux idées de son chef de groupe. Son attitude est tellement typique que les têtes des membres de l'équipe se tournent spontanément vers lui lorsque le responsable prend position sur une question.*

Les deux premières caractéristiques du transfert (être excessif et peu approprié) sont rarement évidentes pour la personne qui en fait montre. C'est une troisième caractéristique qui l'amène habituellement à soupçonner qu'il se passe quelque chose qu'elle ne comprend pas bien : ses réactions se *répètent* continuellement, dans plusieurs des relations importantes de sa vie.

- *Ainsi Lise sort-elle toujours avec des garçons qui la traitent avec brutalité. Elle ne réussit à les quitter qu'après des mois de souffrance et d'angoisse... mais pour se retrouver bientôt dans une relation du même genre.*

• *Michel, pour sa part, ne s'intéresse qu'aux femmes beaucoup plus jeunes que lui. Il prétend que c'est parce qu'elles sont plus belles et plus vivantes, mais il sait bien que ce n'est pas aussi simple ; en fait, il est facilement mal à l'aise avec les belles femmes de son âge.*

Les échecs répétés qui se ressemblent trop pour être le fruit du hasard sont, pour bien des personnes, l'occasion de s'interroger sur les causes de leur comportement interpersonnel.

Ces répétitions sont des indices indirects de l'existence d'un transfert. Mais la caractéristique essentielle qui distingue le transfert, c'est que la personne réagit à son interlocuteur comme si celui-ci était quelqu'un d'autre, habituellement un de ses parents.

• *C'est le cas d'Éric : quand Monique pleure, il devient immédiatement soumis et se confond en excuses. Il ne réussit pas à se calmer tant qu'elle n'est pas consolée. Il est prêt à tout pour qu'elle cesse. Dans ces situations, il pense parfois à son père qui lui disait : « Un bon garçon ne fait pas pleurer sa mère. »*

LE POINT DE VUE FREUDIEN

Freud comprenait bien comment ses interlocuteurs adultes pouvaient représenter, pour une autre personne, des équivalents de ses parents, et comment ce fait pouvait occasionner de nombreux problèmes psychiques et symptômes. Mais c'est surtout le transfert du patient dans sa relation avec le thérapeute qui a capté son intérêt. Il avait en effet remarqué que, grâce à la relation transférentielle, les problèmes psychiques du patient se reproduisent dans le cabinet du thérapeute, lui facilitant considérablement la compréhension et l'analyse de ces problèmes. C'est donc essentiellement le transfert entre le patient et l'analyste qui intéressait le père de la psychanalyse. Le transfert constituait pour lui un puissant instrument thérapeutique, qu'il est possible de considérer comme un précurseur du *ici et maintenant* que les psychothérapeutes humanistes ont introduit avec insistance un demi-siècle plus tard.

Pour Freud, il s'agissait d'analyser le transfert progressivement, dans les nombreuses ramifications qu'il emprunte à travers ses diverses manifestations inconscientes. Par ce patient travail d'analyse des mécanismes défensifs, Freud visait à rendre conscientes les forces psychiques qui sont en jeu dans le transfert afin de diminuer leur puissance et d'augmenter le pouvoir de contrôle volontaire du patient sur leurs manifestations. Mais le but principal restait la découverte et la compréhension plus qu'un quelconque changement dans la dynamique relationnelle ou la structure de personnalité.

LE POINT DE VUE HUMANISTE PROPOSÉ PAR L'AUTO-DÉVELOPPEMENT

Comme c'est le cas pour plusieurs autres concepts, il est impossible de présenter un point de vue humaniste unifié sur le transfert. Les différences entre les écoles sont trop importantes pour permettre une synthèse. Dans plusieurs cas, il n'existe même pas de conception articulée sur la question. En fait, la notion de transfert est généralement abandonnée aux membres du courant psychodynamique, qui regroupe lui-même diverses traditions psychanalytiques ainsi que des approches psychothérapeutiques découlant plus ou moins directement de la psychanalyse.

Contrairement aux autres approches humanistes, l'autodéveloppement insiste énormément sur l'importance cruciale du transfert en tant que levier thérapeutique. Pour cette raison, les spécialistes de cette approche ont développé une conception articulée qui permet de comprendre les phénomènes transférentiels, leur rôle dans la psychologie humaine ainsi que les paramètres de leur utilisation comme cible d'intervention et moteur du changement personnel en psychothérapie. C'est cette vision du transfert que je vais présenter au long de ce livre.

La tendance actualisante

Abraham Maslow est celui qui a introduit la notion de *tendance actualisante* dans le cadre de sa célèbre théorie sur la hiérarchie des besoins. Cette tendance est une force innée qu'il est possible d'observer chez tous les êtres vivants. Elle oriente l'organisme dans une direction propre à assurer sa survie et, lorsque les conditions sont favorables, favorise son épanouissement le plus complet possible compte tenu de la situation. C'est une force de croissance qui nourrit toutes les motivations fondamentales des organismes vivants. En voici quelques exemples:

- La plante fait preuve d'une énergie étonnante pour plonger ses racines aux endroits où elle peut trouver les éléments essentiels à sa survie. Dès qu'elle se trouve dans un environnement ou des conditions favorables, elle se met à croître d'une façon particulière qui correspond à son espèce; on pourrait dire qu'elle tente, de toutes ses forces, de devenir un spécimen parfaitement épanoui de sa variété.
- Tant qu'ils en ont la possibilité, les animaux cherchent à s'épanouir pleinement selon les paramètres qui caractérisent leur race. Lorsque leur environnement est hostile ou lorsqu'il n'est plus adéquat pour assurer leur développement, ils se mettent à chercher des solutions qui leur permettront de survivre. Ils utilisent d'abord les surplus qu'ils ont accumulés, puis ils se mettent en quête de sources d'approvisionnement plus faciles d'accès, voire d'un milieu de vie plus favorable. Avec le temps, ces adaptations provisoires destinées à la survie peuvent aboutir à des changements permanents affectant l'espèce elle-même, et constituer une nouvelle étape de son évolution.

- Chaque personne aspire fondamentalement à son épanouissement le plus complet dans la mesure où elle se trouve dans des conditions qui ne mettent pas sa survie physique et psychique en danger. Elle se sert de ses réactions instinctives et de ses réflexes pour atteindre son but, mais elle utilise aussi ses capacités intellectuelles pour rendre plus efficace la force de ses muscles et pour mieux orienter ses efforts. Ses connaissances et ses idées sont des instruments de sa tendance actualisante, mais, si elles sont erronées, elles peuvent conduire celle-ci dans des impasses ou en fausser les effets.

Selon la théorie de l'auto-développement, le transfert est mû par la tendance actualisante. Il en est une concrétisation dans des dimensions importantes de l'identité humaine. En ce sens, il est possible de dire que le transfert indique le contenu de l'expérience de vie sur lequel doit porter le travail psychologique pour que la personne aboutisse à un meilleur épanouissement. Le transfert nous pousse à rechercher davantage d'unité intérieure et une plus grande liberté dans des domaines où nous avons renié ce que nous sommes ou ce que nous vivons. Tant que nous n'avons pas trouvé de solution satisfaisante, nous recréons des situations qui nous mettent au défi de nous respecter réellement. Dès que nous avons réussi à relever le défi et à nous respecter vraiment, notre expérience subjective se transforme et nos transferts nous orientent vers une autre étape de croissance.

Les défis de l'identité humaine

Le transfert ne porte que sur des parties importantes de notre expérience. Plus précisément, il nous amène à mieux assumer ce que nous sommes dans trois dimensions essentielles de notre identité : *notre valeur fondamentale en tant qu'être vivant, notre existence en tant que personne unique différente de toutes les autres et notre valeur en tant qu'individu sexué.*

Pour chacune de ces trois dimensions de notre être, le transfert nous invite à trouver notre capacité d'exister ouvertement et de répondre à nos besoins. Autrement dit, il nous invite à assumer complètement ce que nous sommes et ce que nous vivons quand nous côtoyons les personnes qui nous importent le plus. C'est donc le droit et la capacité de vivre pleinement en toute fidélité avec nous-même qui constituent l'enjeu de la résolution du transfert.

Les trois zones d'expérience autour desquelles s'organisent tous les transferts correspondent aux trois stades de développement de l'enfant identifiés par Freud (oral, anal, phallique). Mais elles s'en démarquent parce qu'elles concernent les besoins d'un adulte et les défis auxquels celui-ci fait face. Par exemple, le besoin d'être aimé pour ce que l'on est, sans que ce soit en réponse à une performance, est un besoin qui demeure réel à l'âge adulte même s'il est d'abord observable chez le nourrisson, qui n'est pas encore capable d'en être conscient. Mais un adulte a une conscience de ce besoin que n'a pas le jeune enfant et il n'y répond pas de la même façon. La façon dont un adulte doit en tenir compte et y répondre ne ressemble pas tellement à celle d'un enfant, même si les gestes peuvent parfois évoquer ceux d'un jeune enfant.

Le chemin de l'épanouissement personnel

Le transfert nous amène à reconquérir le droit de vivre dans les secteurs où nous y avions renoncé durant notre enfance par peur de perdre l'amour des personnes importantes de notre entourage (principalement nos parents et les personnes qui jouaient pour nous un rôle analogue). C'est pour cette raison qu'il est au cœur de notre effort de croissance. Par le biais de nos réactions transférentielles, nous recréons avec les personnes importantes de notre vie adulte les situations au sein desquelles, par le passé, nous avons renié notre réalité intérieure (nos besoins ou nos émotions). Chaque fois, nous retrouvons la difficulté devant laquelle nous avons jusqu'ici choisi de reculer, et chaque fois nous sommes tenté de reculer à nouveau par besoin de sécurité.

Il arrive souvent que, par peur, nous recourions aux mêmes solutions inefficaces et frustrantes de notre enfance. C'est cette répétition des solutions inefficaces et anciennes qui donne au transfert sa mauvaise réputation. Les psychothérapeutes considèrent généralement le transfert comme un mécanisme défensif à cause de ce caractère compulsif. Mais une observation plus soignée permet de voir que cette répétition des solutions anciennes est le résultat de l'échec du transfert : en effet, tant que la personne tente de contourner sa difficulté d'exister, elle se condamne à répéter la même démarche défensive. Ce n'est que lorsqu'elle relève le défi et affronte ses difficultés que son transfert a des chances de disparaître au profit d'un nouvel objectif de développement.

Cette vision du transfert et de sa fonction vitale en fait l'outil thérapeutique le plus important de tous. C'est par la résolution du transfert que des changements essentiels se réalisent, et c'est à travers un diagnostic des relations transférentielles que s'évalue le succès dans la conquête de la liberté qui constitue le cœur de l'épanouissement personnel.

UNE DÉFINITION

En résumé, nous pouvons donc dire que le transfert est *une tentative pour regagner la liberté de vivre* que nous avons perdue, enfant, lorsque nous avons renié notre expérience dans l'espoir de conserver l'amour de nos parents. Le transfert constitue donc essentiellement un effort de croissance, une nouvelle tentative de notre être psychologique qui nous invite à relever le défi devant lequel nous avions reculé. Les échecs répétés qui font partie du cheminement sont à la fois le reflet de l'importance de la difficulté à laquelle se mesure la personne en situation de transfert, et le signe que sa peur domine encore son désir de vivre pleinement, c'est-à-dire en assumant la totalité de son expérience intérieure et de ses besoins. Mais ces échecs ne doivent pas nous détourner du but essentiel vers lequel pousse tout transfert : conduire à sa propre résolution.

La résolution du transfert

Comme je l'ai déjà souligné au début de ce chapitre, les auteurs qui parlent d'une résolution du transfert sont rares. Les psychothérapeutes n'aspirent généralement qu'à la disparition des manifestations transférentielles, et de leurs conséquences néfastes, des relations interpersonnelles. Pour certains, cette disparition est surtout le résultat d'une conscience accrue des forces en jeu, associée à une forme de renoncement par rapport à la satisfaction des besoins infantiles que le transfert exprime. Pour d'autres, il n'est pas nécessaire de comprendre ; tout ce qui compte, c'est que les réactions transférentielles cessent d'interférer avec le travail psychothérapeutique, peu importe pourquoi.

LE DÉFI FONDAMENTAL

Dans la perspective de l'auto-développement, la disparition du transfert n'est pas un objectif valable à moins qu'elle ne soit la conséquence de la conquête d'une liberté perdue. *La capacité de vivre pleinement et ouvertement ce que l'on est avec qui que ce soit est l'aboutissement ultime et le but fondamental auxquels mène la résolution du transfert.* Parvenir à cela signifie trois choses :

- regagner l'entière liberté d'éprouver le besoin d'être aimé par les personnes à qui nous accordons de l'importance et de répondre efficacement et ouvertement à ce besoin ; cette conquête comprend la capacité d'accueillir les réponses à ce besoin émanant de l'entourage proche ;
- retrouver la capacité de nous affirmer dans nos différences et dans notre unicité sans renoncer à nos liens avec les personnes qui nous importent et sans sacrifier leur amour à notre autonomie ; cette liberté inclut la capacité de demander l'approbation, le soutien ou la confirmation dont nous avons besoin, ainsi que l'ouverture pour recevoir les réponses à ces demandes ;
- reprendre le droit d'exister ouvertement comme être sexué, homme ou femme, le droit d'être porteur et auteur de son désir et d'en jouir ouvertement et pleinement ; cette liberté englobe la capacité d'être objet de désir et d'entrer en relation dans le plaisir et la satisfaction mutuelle entre êtres égaux.

Tels sont les trois défis complexes qu'il est nécessaire de relever pour parvenir à une vie émotive et interpersonnelle pleinement satisfaisante et s'y épanouir vraiment. Mais que faut-il faire pour atteindre ces objectifs auxquels un grand nombre de personnes renoncent par dépit après des échecs répétés ?

ANALYSER OU RÉSOUDRE ?

La plupart des psychothérapeutes qui accordent une grande importance au transfert considèrent qu'il faut en faire l'analyse dans le but d'amener la personne à mieux se comprendre et à être davantage consciente des forces qui la font agir. En général, ces professionnels estiment aussi que la personne devra tôt ou tard renoncer aux besoins infantiles qu'elle exprime dans le transfert. Je considère que ce renoncement n'est pas nécessaire dans la mesure où la personne vise la résolution de son transfert.

J'ajoute que les besoins en jeu ne sont pas vraiment des besoins infantiles, même s'ils leur ressemblent beaucoup lorsqu'ils se manifestent de façon compulsive au sein d'une relation transférentielle qui n'est pas sur la voie d'une véritable résolution. Il s'agit selon moi de besoins adultes qui font partie des forces vitales dont l'épanouissement permet à la personne humaine de bâtir une vie caractérisée par la plénitude.

Cette remarque nous laisse avec une question cruciale : en quoi consiste la résolution du transfert ? De quelle façon se distingue-t-elle de l'analyse ou de l'interprétation auxquelles recourent presque tous les autres praticiens ?

Pour répondre à ces questions, il est nécessaire de nous arrêter d'abord à deux autres points qui y sont intimement reliés : qu'est-ce que procure la résolution du transfert qui se manifeste dans nos relations courantes ? Et en quoi ce résultat diffère-t-il de celui que promet l'analyse thérapeutique du transfert ?

Ce que procure la résolution du transfert

Je l'ai déjà mentionné : la résolution du transfert permet de gagner une liberté intérieure qui nous rend capable de répondre efficacement à certains de nos besoins interpersonnels. Chaque transfert nous offre cette opportunité dans un domaine particulier de notre vie.

Le résultat est un important changement personnel : nous passons d'une situation où nous étions à la merci d'un tiers pour satisfaire certains besoins, voire pour en reconnaître l'existence (ou la pertinence), à une situation où nous traitons le même besoin comme une réalité évidente qui mérite d'être respectée et intégrée à notre identité, à notre façon de vivre et à l'image de nous que nous offrons aux autres. Il ne s'agit pas d'une simple décision ou d'une forme de soumission aux exigences de la réalité. C'est tout l'équilibre des forces psychiques composant l'identité qui se trouve réorganisé, c'est la définition de ce que la personne considère comme « elle-même » qui se trouve transformée par l'ajout d'une dimension essentielle de son identité.

En quoi consiste la résolution du transfert ?

Un changement personnel aussi important ne peut survenir sans que des mécanismes puissants soient ébranlés. L'intensité émotive des événements qui font partie de la démarche de résolution permet de voir à quel point celle-ci touche l'ensemble de la personne et combien profonde est la révolution intérieure qui s'ensuit. Ce ne sont pas seulement les craintes de la personne qui sont mobilisées, c'est surtout le *cœur de son désir de vivre*.

Essentiellement, la résolution de tout transfert peut se ramener à un choix : celui de se respecter intégralement dans une dimension importante de son expérience subjective. C'est ce choix, supporté par les besoins fondamentaux qu'il implique, qui fournit l'énergie psychique nécessaire à la résolution et oriente l'action qui en fait partie. Un tel choix n'est possible qu'au terme d'une démarche d'apprivoisement d'un besoin qui, parce qu'il était renié ou dissimulé, se trouvait toujours frustré. Mais le choix lui-même n'est pas suffisant pour obtenir des résultats. Il doit se traduire dans la réalité extérieure, par une action expressive authentique s'adressant aux personnes significatives de l'entourage — soit les parents ou ceux qui ont servi de parents, ainsi que les équivalents transférentiels actuels. Avant d'expliciter quelles sont les qualités particulières de cette action expressive, il faut expliquer pourquoi celle-ci permet une véritable résolution.

COMPENSER, RÉPARER OU CORRIGER ?

Les thérapeutes sensibles à l'importance du transfert dans l'économie psychique individuelle entretiennent souvent certaines illusions sur les conditions nécessaires à l'atteinte d'un équilibre satisfaisant, compte tenu des carences que le transfert révèle. Il me semble que ces fausses conceptions (que j'ai toutes partagées à un moment de ma recherche) se ramènent aux trois suivantes : compenser, satisfaire le besoin, fournir une réponse adéquate.

La compensation

Se renier produit irrémédiablement une carence importante qui est au cœur de la frustration s'exprimant dans le transfert. Celui qui veut du bien à la personne ainsi privée de satisfaction pense tout naturellement qu'il serait important de lui offrir une compensation généreuse à la mesure du manque accumulé au fil des années. Plus la carence est importante, plus la tentation de compenser se présente avec insistance au thérapeute bienveillant comme au conjoint amoureux, à l'ami fidèle, voire à l'enfant souffrant d'insécurité devant la douleur manifeste de l'un de ses parents. Les satisfactions compensatoires sont pourtant toujours vouées à l'échec. Quelle que soit la force de notre désir de compenser pour les privations passées, la réalité nous place devant une double évidence : nos généreuses réponses ne conduisent jamais à la satisfaction réelle du besoin, et des réponses plus généreuses ou de meilleure qualité n'ont pas davantage d'effet.

Un examen plus attentif de la situation permet de découvrir que c'est le manque de réceptivité de la personne carencée qui rend les compensations inefficaces. Celle-ci repousse les compensations pour une raison bien simple : elle refuse de reconnaître ou d'assumer l'existence du besoin. C'est d'ailleurs ce déni du besoin qui, à l'âge adulte, constitue la principale cause de son état carencé.

La satisfaction

Lorsque la carence est moins prononcée ou moins visible, nous pouvons être amené à penser que la satisfaction des besoins rétablira l'équilibre psychique et verra disparaître le transfert. Avec des réponses de meilleure qualité au besoin d'être aimé, au besoin d'être reconnu comme être autonome ou au besoin d'être apprécié comme individu sexué, nous croyons que la personne n'aura plus besoin de mettre en scène des relations transférentielles dans lesquelles elle souffre et de répéter des scénarios frustrants et stériles. Parce qu'elle est logique, cette stratégie semble prometteuse même à des psychothérapeutes. En contradiction directe avec l'approche psychanalytique qui prône la frustration du besoin comme élément important dans l'élaboration et l'analyse du transfert, ces praticiens soutiennent que la satisfaction des besoins interpersonnels fondamentaux est possible et souhaitable au sein de la relation thérapeutique dans le respect des limites que celle-ci impose. Ce point de vue est une extension naturelle de la conception théorique selon laquelle la relation entre le thérapeute et le client est une relation réelle caractérisée par l'authenticité et qui sert à l'apprentissage de modes relationnels plus sains.

J'ai découvert avec les années que ce n'est pas vraiment la qualité de la satisfaction obtenue qui importe pour la résolution du transfert, mais plutôt *la façon dont cette satisfaction est obtenue.* Plus l'initiative conduisant à la satisfaction relève du client, plus une résolution réelle est possible. Inversement, plus l'initiative appartient au thérapeute ou à un autre interlocuteur, plus la résolution du transfert s'avère difficile, sinon impossible.

Cela est vrai même lorsque le client provoque directement cette initiative chez l'autre, que ce soit par des demandes claires ou des manipulations émotives. Il en va de même des situations où la réponse au besoin est peu adéquate ; c'est la façon dont cette réponse a été obtenue qui constitue l'élément crucial et non l'obtention de la satisfaction. J'y reviens en détail ci-après dans « L'expression qui unifie ».

Le rôle de l'interlocuteur

La personne sur qui un transfert s'opère n'est pas toujours un psychothérapeute, bien au contraire. La plupart du temps, le transfert implique des proches et des partenaires professionnels. En fait, je crois que toutes les relations importantes (qu'elles soient négatives ou positives) comportent une dimension transférentielle. Chaque fois que nous considérons qu'une personne est indispensable à la satisfaction de l'un de nos besoins importants ou constitue un obstacle infranchissable à notre satisfaction, nous pouvons être certain qu'un transfert a lieu.

Ce fait investit apparemment l'interlocuteur d'un rôle très important : il faudrait qu'il réponde adéquatement afin que s'opère une résolution complète du transfert ou que soit atteinte une forme d'harmonie. Nous pouvons espérer que les psychothérapeutes compétents soient capables de fournir des réponses adéquates, c'est-à-dire, entre autres, indépendantes de leurs propres besoins personnels et de leurs conflits psychiques. Après tout, il s'agit d'une dimension importante de la compétence que leur formation pratique doit leur permettre d'acquérir.

Mais il serait imprudent, voire utopique, de présumer que les interlocuteurs qui vivent dans notre environnement normal soient capables ou désireux de renoncer à leurs propres désirs ou besoins pour nous permettre de nous exprimer librement dans le transfert qui nous lie à eux. Faudrait-il interdire le transfert hors du cabinet de consultation ? Cette solution est évidemment inapplicable. En ce cas, comment empêcher les réponses inadéquates et refuser de saboter une résolution bien amorcée ? Comment empêcher que des interlocuteurs peu scrupuleux ou peu sensibles abusent de la vulnérabilité et de la dépendance de la personne pour obtenir des satisfactions pour eux-mêmes ?

Heureusement, la réponse de l'interlocuteur n'est pas l'élément essentiel dans la résolution du transfert. En fait, une réponse inadéquate ou même l'absence de réponse ne sont pas des obstacles au succès de la démarche. Tout comme je l'écrivais précédemment, ce n'est pas la réponse qui importe, mais la façon dont la personne agit pour l'obtenir. J'y reviendrai longuement au chapitre «Résoudre mes transferts», qui est entièrement consacré à cette question, ainsi qu'au chapitre «"Je ne suis pas ton père!"».

LES ÉLÉMENTS ESSENTIELS À LA RÉSOLUTION DU TRANSFERT

Nous avons vu que la résolution du transfert ne repose pas sur une forme de satisfaction compensatoire permettant de réparer les erreurs passées qui ont conduit à une carence chronique. J'ai de plus expliqué qu'elle ne dépend ni de l'obtention de la satisfaction ni même d'une réponse adéquate de l'interlocuteur. Que reste-t-il pour expliquer le changement profond qui s'opère lors de la résolution? La réponse est double: pour obtenir le succès, une forme d'action expressive bien particulière est nécessaire ainsi qu'un cheminement dans l'effort d'expression. Voyons plus précisément chacun de ces deux volets.

L'expression qui unifie

Je parle ici d'une forme d'expression qui permet de reprendre possession du pouvoir que nous avons jusque-là concédé à d'autres sur notre vie. Il s'agit d'une expression dans laquelle nous respectons complètement ce que nous sommes lorsque nous nous trouvons en contact avec un interlocuteur important à nos yeux. Par cette action expressive, nous assumons ouvertement ce que nous éprouvons dans le cadre d'une relation avec une personne que nous avons choisie pour l'importance qu'elle revêt à nos yeux et pour le pouvoir que nous lui reconnaissons sur notre vie. Cette forme d'expression est une version de l'*action unifiante* décrite dans *Les émotions source de vie* et, de façon plus complète, dans *L'auto-développement*[1]. Elle forme la cinquième étape du processus, celle qui permet qu'un changement se concrétise. La version que j'en propose ici constitue une application, à la relation transférentielle, des principes exposés dans les deux ouvrages cités.

Ce qui est exprimé

Le but de cette expression est de nous permettre d'assumer ouvertement ce que nous vivons sur un sujet particulier à un moment donné vis-à-vis de notre interlocuteur. Il est important que cette expression soit complète, c'est-à-dire qu'elle englobe l'ensemble de nos opinions et de notre expérience subjective sur la question, y compris notre décision de nous respecter davantage et notre vulnérabilité au moment où nous le faisons.

Il est aussi important que les émotions qui composent notre expérience soient représentées avec leur intensité réelle, y compris avec les éléments qui peuvent apparaître contradictoires. Il faut également que le message complet soit suffisamment unifié afin que son intensité ne se dilue pas dans des détails secondaires. *L'expression porte donc uniquement sur les aspects essentiels de notre expérience ; c'est cela qui lui donne son impact*[2].

L'interlocuteur adéquat

Pour que l'expression serve à la résolution du transfert, il faut aussi qu'elle s'adresse au bon interlocuteur, c'est-à-dire à celui à qui nous attribuons le pouvoir de nous satisfaire. Cet interlocuteur réel incarne la personne avec qui nous sommes en situation de transfert ; celle-ci représente la plupart du temps un de nos

---

1. Jean GARNEAU et Michelle LARIVEY, « La vie d'une émotion », *Les émotions source de vie*, Montréal, Red éditeur, 2000. Voir aussi <http://redpsy.com/editions>; « Le processus naturel de croissance » *L'auto-développement : psychothérapie dans la vie quotidienne*, 3e impr., Montréal, Red éditeur, 2002. Voir aussi <http://redpsy.com/editions>.

2. Un aide-mémoire sur ce sujet, intitulé « L'expression réussie », est proposé en annexe.

parents. Pour résoudre un transfert, nous devrons donc utiliser notre interlocuteur comme un équivalent de ce parent. Plus l'équivalence est complète, plus nous serons en mesure de nous réapproprier le pouvoir qu'il incarne à nos yeux.

Le contact direct

Pour donner des résultats, l'expression doit être faite en contact direct avec l'interlocuteur. J'ai déjà évoqué ce point au paragraphe précédent, mais la nécessité du contact va encore plus loin : il faut s'adresser directement à son interlocuteur d'une façon qui l'*atteigne* réellement. Cela exclut évidemment tout ce que l'on peut dire à un tiers ou en évitant le contact avec la personne présente (en détournant le regard, en recourant à des termes qui visent à éviter de la toucher, en s'exprimant de façon inaudible ou incompréhensible, etc.). Le contact direct implique également que la personne qui s'exprime reste ouverte pendant son expression, c'est-à-dire qu'elle demeure vivante et capable d'accueillir et de laisser voir les émotions que son expression suscite en elle.

Comme dans toute expression, la tricherie garantit un échec. Éviter de toucher notre interlocuteur, ou encore nous durcir, suffit à nous faire perdre les bénéfices que cette expression aurait pu nous procurer.

Le mouvement

Grâce à Eugene Gendlin[3], nous savons depuis longtemps que le simple fait de bien formuler une expérience psychique suffit à la modifier. L'expression réussie produit évidemment le même résultat, car elle requiert une symbolisation adéquate. Mais elle ajoute une dimension importante : un changement dans la relation avec l'interlocuteur à qui elle s'adresse (dans la mesure où il s'agit bien de la personne concernée). La personne

3. Eugene T. GENDLIN, *Experiencing and the creation of meaning*, New York, Free Press, 1962.

qui entreprend de s'exprimer pour résoudre son transfert doit donc se tenir prête à constater un double changement : le premier réside dans son expérience intérieure, le second dans sa relation avec son interlocuteur. Et il est important qu'elle respecte ce double changement et le laisse s'exprimer. C'est le second changement, que Gendlin[4] a nommé le *mouvement du référent*, qui est à l'origine de la transformation de la personnalité. La théorie de l'auto-développement[5] parle plutôt d'*action unifiante.*

Le mouvement s'exprime d'une autre façon lors de l'action unifiante. Si l'expression est d'une qualité suffisante pour toucher l'interlocuteur, il est probable que ce dernier sera atteint et que l'impact qu'il subit, comme ses réactions à cet impact, soit visible de l'extérieur. Que l'interlocuteur s'exprime volontairement ou non, qu'il cherche ou non à dissimuler ses vraies émotions devant l'expression qu'il reçoit, sa réaction a nécessairement un impact sur l'autre.

Il est important que la personne qui entreprend de résoudre son transfert reste ouverte et vivante devant ces réactions. C'est en accueillant ces nouveaux aspects de son expérience et en leur accordant une importance adéquate qu'elle peut parvenir à récupérer entièrement sa liberté de vivre. Les réactions de son interlocuteur ou les siennes propres ne sont pas nécessairement celles qu'elle aurait voulues, mais elle doit continuer à se respecter et à rester ouverte même dans des circonstances difficiles ou imprévues. Si elle y parvient, plus personne ne sera désormais capable de l'empêcher de se respecter intégralement dans ce domaine particulier de sa vie.

---

4. Eugene T. GENDLIN, « A theory of personality change », dans P. WORCHEL et D. BYRNE, *Personality change*, New York, Wiley, 1964 (traduit de l'américain : *Une théorie du changement de la personnalité*, Montréal, Ville-Marie éditeur, 1986).
5. Jean GARNEAU et Michelle LARIVEY, *L'auto-développement.*

Une résolution par touches successives

Les explications qui précèdent peuvent laisser croire qu'une expression idéale permet de résoudre son transfert d'un seul coup lors d'une rencontre intense et pleinement réussie. En réalité, les choses se passent bien différemment.

Divers essais pour atteindre le succès

Dans tous les cas, il faut plusieurs tentatives avant de réussir à s'exprimer pleinement et en toute liberté. La crainte subjective suscitée par le risque d'une expression complète est telle que nous utilisons souvent divers subterfuges pour éviter d'assumer complètement devant l'autre ce que nous éprouvons. Cette attitude est typique. Chaque tentative ainsi avortée est une source de déception, mais elle fournit aussi une occasion d'identifier le ou les aspects de notre expérience que nous tentons d'éviter. Cet échec partiel devient alors le tremplin vers une nouvelle tentative plus complète. Les personnes qui sont avancées dans leur démarche de résolution font aisément une évaluation juste de la situation et tirent les conclusions qui s'imposent. Pour celles qui n'ont pas encore suffisamment développé les habiletés nécessaires, un temps d'arrêt et de réflexion est généralement nécessaire avant de passer à une tentative plus complète.

Après plusieurs essais de plus en plus aboutis, nous en venons à nous exprimer en nous respectant suffisamment pour ressentir un changement réel, une résolution au moins partielle dans une dimension de notre expérience. Ce succès ne touche souvent qu'une partie d'un transfert plus complexe. Mais même lorsqu'il est incomplet, le travail peut être définitif dans la mesure où il est pleinement réussi en ce qui concerne le point abordé. D'autres interlocuteurs seront ensuite nécessaires pour compléter la résolution des aspects négligés du transfert.

Divers interlocuteurs complémentaires

Lorsque nous considérons que le thérapeute est le seul objet du transfert ou le seul avec qui le transfert peut être traité adéquatement, il nous faut trouver le moyen de vivre toutes les dimensions du transfert avec lui. Quant au thérapeute, une telle vision des choses l'oblige à demeurer relativement en retrait pour offrir un écran neutre sur lequel le patient peut projeter à peu près n'importe quoi. Mais si nous reconnaissons que nous opérons des transferts avec un grand nombre d'interlocuteurs proches, la porte est ouverte à une variété de possibilités de transferts et de démarches de résolution. Nous reconnaissons à chaque individu que nous côtoyons une valeur particulière comme interlocuteur transférentiel.

Je constate que mes clients sont typiquement impliqués avec plusieurs interlocuteurs complémentaires pour chaque genre de transfert qu'ils entreprennent de résoudre. Contrairement à ce que l'on pourrait craindre, cette complémentarité ne conduit pas à une expérience morcelée ou dissociée. L'unité de l'expérience vécue reste intacte, et la multiplicité des interlocuteurs permet d'en aborder progressivement les diverses facettes. La plupart du temps, l'interlocuteur le plus difficile à affronter est abordé en dernier, après que les dimensions secondaires ont été traitées avec d'autres. Même lorsque cet interlocuteur principal est présent tout au long de la démarche, les dimensions les plus exigeantes sont gardées pour la fin.

Nous pouvons donc nous attendre d'emblée à ce que la résolution d'un transfert se fasse en plusieurs étapes et par le biais d'interlocuteurs différents. Du point de vue de la démarche de résolution, ces interlocuteurs sont complémentaires et représentent des défis partiels sur un même thème. Par exemple :

- *Lise apprend à s'affirmer comme personne autonome avec plusieurs interlocuteurs à la fois. Son mari, son patron, son fils, son voisin et sa partenaire de tennis lui offrent tous des occasions de s'affirmer plus ouvertement ou plus complètement.*

> *Avec son fils de huit ans, l'affirmation est un peu plus facile, car elle sait qu'elle peut compter sur son attachement. Bien que sa complicité avec sa partenaire de tennis dure depuis des années, comme celle-ci est une personne passablement autoritaire, le défi est plus important avec elle. Mais c'est avec son mari que Lise trouve le plus difficile de faire valoir son point de vue, parce qu'elle tient davantage à son amour et parce qu'elle sait qu'il tolère mal la contestation.*

Divers défis au fil des années

Comme je l'ai déjà mentionné, il existe plusieurs genres de transferts. Chacun représente un défi particulier sur la voie du plein épanouissement. Chaque genre de transfert nous mène en effet à souhaiter reconquérir un droit fondamental, ou plus exactement un droit inhérent à notre nature profonde, un droit que nous avons sacrifié au cours de notre développement afin de maintenir les conditions nécessaires à notre survie.

Il n'est pas étonnant que cette récupération de soi ne se fasse pas d'un coup. Le défi que représente chaque transfert est complexe et il s'organise souvent autour de plusieurs personnes qui correspondent à des aspects différents de cette dimension. Mais la complexité de la démarche ne s'arrête pas là, car les différents «droits» que nous tentons de retrouver sont liés entre eux. La capacité de s'affirmer comme personne distincte et autonome, par exemple, se fonde sur le droit à l'existence. La personne qui choisit d'être elle-même pour conquérir son autonomie, alors qu'elle sait qu'elle est plutôt aimée lorsqu'elle se montre «docile» ou qu'elle «répond aux attentes» d'autrui, doit déjà avoir aussi acquis une certaine solidité basée sur une perception d'elle-même comme étant une personne valable et aimable, pour prendre ce risque.

C'est donc au fil de la résolution de plusieurs genres de transferts que nous parvenons à récupérer notre pouvoir personnel et à nous redonner le droit d'exister pleinement. Cette démarche, qui s'étend sur de nombreuses années, nous amènera à changer radicalement et à plusieurs reprises notre réseau interpersonnel. Chaque fois, nous rencontrerons de nouveaux interlocuteurs transférentiels qui nous aideront à cheminer vers notre épanouissement.

Heureusement, la résolution du transfert est une entreprise passionnante qui permet de connaître des moments de plénitude parmi les conflits et les impasses. La reconquête de nos droits nous met en contact avec les personnes les plus importantes à chaque étape de notre vie adulte et nous pousse à oser les aborder avec nos besoins les plus profonds. Cette démarche s'étend plus ou moins sur l'ensemble de la vie, et la puissance des forces qui l'animent empêche de l'abandonner vraiment malgré les difficultés considérables qu'elle cause.

Conclusion

En somme, la résolution du transfert est le fruit d'une *action expressive* par laquelle nous assumons pleinement certains de nos besoins fondamentaux devant nos figures parentales ou des interlocuteurs qui les représentent. C'est la qualité de notre expression et de notre contact avec ces derniers qui nous permet de retrouver notre droit de vivre dans cette dimension de nous-même. Nous devrons nous exprimer devant plusieurs interlocuteurs transférentiels avant d'atteindre une qualité d'expression propre à nous transformer. Dans les chapitres qui suivent, nous verrons de façon plus concrète comment sont vécus les différents types de transferts et leur résolution.

CHAPITRE 2
Le transfert dans les relations interpersonnelles

Introduction

Ce chapitre a pour but de mieux faire comprendre en quoi consiste le transfert dans les relations interpersonnelles. J'illustrerai, à l'aide d'un exemple détaillé, la similitude des difficultés vécues par une même personne dans diverses relations importantes. Cela permettra de cerner le dénominateur commun de ces relations : le besoin affectif vital de nature transférentielle. Enfin, je donnerai un aperçu des signes permettant de reconnaître la présence d'un transfert.

Un sujet complexe mais fondamental

Les ouvrages de psychologie populaire sont de plus en plus abondants. J'y vois le signe, chez les lecteurs, d'un besoin criant de mieux comprendre leur vie affective. Ces livres traitent des relations humaines sous différents angles : la communication, la vie de couple, l'amour, la psychologie de l'homme et de la femme, la relation parents-enfants, etc. Dans beaucoup de ces ouvrages, les difficultés interpersonnelles et les conflits sont bien décrits. Le lecteur s'y reconnaît tellement que plusieurs de ces livres sont devenus des best-sellers.

DES RECOMMANDATIONS SOUVENT STÉRILES

Toutefois, il est habituellement difficile de trouver dans ces livres des recommandations efficaces et réalistes pour sortir des impasses si fréquentes dans les relations. Par exemple, les conseils sont inapplicables dans les faits parce qu'ils font seulement appel à la volonté. On peut ainsi lire des recommandations telles que : « Vous devriez quitter telle personne », ou « Ne vous attachez plus à ce genre d'individu », ou encore « Cessez de répéter les mêmes scénarios »... Or, de telles prescriptions ne tiennent absolument pas compte du fait que le psychisme ne se soumet pas à la raison. Au contraire, il défie la logique. Il la défie parce qu'il comporte des éléments émotionnels qui ne se plient pas aux exigences du rationnel. Le célèbre Pascal ne savait probablement pas à quel point sa remarque était juste lorsqu'il déclara que « le cœur a des raisons que la raison ne connaît point ». Cela s'applique parfaitement aux attraits et aux antipathies, aux émotions et aux réactions intenses qui jalonnent nos relations avec les autres. Nous ne pouvons composer avec ces expériences complexes en faisant uniquement des choix rationnels, sans y laisser une partie de notre vitalité.

Les solutions proposées sont aussi souvent inefficaces, parce qu'elles ne s'attaquent pas au cœur du problème. En fait, la cause des difficultés n'est pas cernée. L'auteur se limite souvent à décrire celles-ci et à en indiquer l'origine. Or, lorsque l'on ne comprend pas la cause d'un problème, il est difficile d'y trouver une solution. Mais il faut l'avouer, le sujet est complexe et ne date pas d'aujourd'hui. Les complications relationnelles ont de tout temps fait saigner les cœurs et fait se répandre beaucoup de sang. Le suicide et le meurtre sont parfois le dramatique aboutissement de conflits entre personnes. Sans compter les drames politiques et armés qui sont composés d'ingrédients identiques à ceux qui attisent les conflits interpersonnels.

SOUFFRANCE ET STAGNATION

Les transferts non résolus peuvent engendrer beaucoup de souffrance. Il est courant de voir des gens écorchés par leurs multiples ruptures, y compris parfois par celle avec leurs parents. Les transferts ignorés engendrent aussi de la stagnation. Il est fréquent d'observer des personnes âgées adresser à leur conjoint les mêmes reproches et éprouver les mêmes insatisfactions qu'au cours des premières années de leur vie à deux. Ces gens sont souvent dans un état déplorable, sur le plan tant psychique que physique.

On s'en doute, il n'existe pas de recette magique ni de «truc» simple pour dénouer les relations problématiques. Ces problèmes sont d'ordre émotif et c'est par une solution émotive qu'il est possible de les régler. C'est relativement facile, mais cela demande du courage. Ceux qui veulent trouver une issue aux problèmes épineux qu'ils éprouvent régulièrement dans leurs relations vont donc troquer la souffrance présente contre des moments exigeants sur le plan affectif. Or combien nombreuses seront les récompenses qu'ils trouveront dans cette voie: vitalité accrue, relation plus dense et plus satisfaisante, confiance et fierté plus grandes avec, en prime, des pas vers une plus grande maturité psychique.

Un exemple de transfert

Jérôme est un cadre supérieur dans une entreprise de service informatique. C'est un homme très intelligent, réservé, articulé et couvert de diplômes. Il a gravi les échelons de l'entreprise qui l'a pris à son service dès sa sortie de l'université, pour son désir d'excellence et sa capacité de travail hors du commun. Sa vie familiale, à première vue, est bonne. Il vit avec la même femme depuis quinze ans. Ils ont chacun leur vie professionnelle et font beaucoup de sport ensemble. Jérôme adore ses trois enfants.

Bien qu'il soit admirablement performant dans de nombreux domaines, Jérôme est déprimé. Mais il ne parle jamais de cela. C'est sa vie. En fait, il est déprimé depuis l'âge de neuf ans. Dans son souvenir, ce fond de tristesse a toujours tapissé sa vie depuis lors. Jérôme s'y est fait. Selon lui, c'est irrémédiable… Il y a des choses qu'il n'a pas connues dans sa vie et qu'il ne pourra jamais connaître ! Durant toute sa jeunesse, il a souffert du peu d'importance qu'il avait aux yeux de sa mère. Il se souvient d'elle comme d'une femme préoccupée, lui prodiguant plus ou moins mécaniquement les soins nécessaires sans jamais s'intéresser à lui. Jamais cajolé, jamais rassuré, il était laissé à lui-même. Il réagissait à l'attitude de sa mère en tentant de s'effacer : si elle ne l'aimait pas, il ferait en sorte de ne pas susciter davantage son opposition en devenant un poids pour elle !

Sur le plan amoureux, Jérôme a sa théorie : la lune de miel ne peut toujours durer. Il faut être adulte. Il est aussi convaincu qu'il est impossible d'obtenir la reconnaissance dont on a besoin dans le monde du travail. Il faut s'habituer à l'idée que l'on est payé pour fournir des résultats, un point c'est tout. En ce qui concerne son travail, Jérôme en parle toujours comme s'il s'était fait à cette situation, mais, au fond, il est déçu lorsqu'il fournit une performance remarquable et que son directeur n'en fait aucun cas. Il sait aussi que ce dernier se sert parfois de ses idées auprès de la haute direction. Il aimerait que son patron lui en donne le crédit. Il voudrait aussi qu'il lui dise de vive voix à quel point il trouve valable sa contribution dans l'entreprise. Il n'est toutefois pas question de manifester ce souhait à son patron. Il est encore moins question de lui avouer son besoin de reconnaissance. Ce serait montrer une faiblesse. À chaque occasion, cependant, Jérôme se prend à espérer. Chaque fois, il est déçu. Sa vie n'est pas réellement empoisonnée par cette frustration au travail… mais elle en est ternie. Jérôme se trouve exigeant et trop dépendant. Sa solution : enrayer son désir de reconnaissance et maintenir une distance avec son patron à qui il en veut régulièrement.

Avec son épouse, Jérôme connaît aussi une insatisfaction profonde, sur un aspect en particulier : il a l'impression que sa femme agit souvent comme s'il n'existait pas. Elle ne prend aucunement en considération certaines demandes qu'il lui fait. Elle les traite comme des caprices. Il a l'impression que tout doit se faire à sa manière à elle. Cela le choque au plus haut point. Cela le peine aussi. Mais pas plus à elle qu'à son patron il n'envisage de montrer sa blessure. Il serait alors dans une position trop vulnérable. De plus, ça le révolte d'être blessé par ce manque de considération. Il se trouve infantile et trop dépendant. Sa solution : se taire pour ne pas se faire traiter d'enquiquineur, et prendre ses distances. La vie de Jérôme n'est pas réellement empoisonnée par ce tiraillement avec sa femme… mais sa relation est peu vivante.

Le fils aîné de Jérôme vient d'entrer dans l'adolescence. Ils avaient jusque-là une relation chaleureuse. L'enfant le réclamait, lui témoignait de l'affection. Depuis quelque temps, son fils l'ignore. Qui plus est, il se moque de ce qui importe à son père. Jérôme en est peiné. Trop peiné, trouve-t-il. Il devrait être plus adulte et comprendre que l'adolescence est un âge ingrat, un âge durant lequel les parents comptent apparemment peu. Jérôme se raisonne en vain. L'attitude de son fils le peine profondément. Ce dernier se met à son tour à le traiter comme un rien !

Encore une fois, impossible de parler de cette peine et de ce besoin d'être pris en considération. Jérôme invoque comme raison qu'un enfant n'a pas à porter les problèmes de ses parents. Cette dépendance est son problème à lui et il réglera ce problème lui-même. Sa solution : tenter des rapprochements sur des terrains que son fils et lui ont en commun. Mais même sur ces terrains, Jérôme n'obtient pas satisfaction. Alors, il cherche à se détacher sur le plan affectif.

Parfois la « bataille » qu'il livre est encore plus visible. C'est le cas, par exemple, avec sa secrétaire. Cette dernière fait systématiquement fi de ses directives concernant les heures supplémentaires, les pauses, les retards. Alors il explique, s'explique, ré-explique, justifie. Mais en vain. Il est en colère d'avoir si peu d'influence, ce qui ne l'empêche pas, à chaque occasion, d'espérer qu'elle aura compris. Mais non, elle récidive immanquablement. Bien qu'il la considère par ailleurs comme une secrétaire hors pair, il rêve de se débarrasser d'elle tant son manque de considération l'irrite. Il n'est pas question pour Jérôme de dire à sa secrétaire à quel point son comportement le dérange et combien il est contrarié par son manque de respect pour ses directives. Ce serait être trop émotif, qui plus est avec une subalterne. Il craint d'être ridicule. Avec elle aussi, Jérôme se trouve trop dépendant et juge qu'il réagit trop intensément.

Aussi étonnant que cela puisse paraître, Jérôme éprouve des sentiments analogues pour le chat de la maison. Celui-ci, comme beaucoup de moustachus de son espèce, ne daigne même pas remarquer sa présence. Si Jérôme allonge la main pour le flatter, l'indépendant félin file systématiquement en

douce. Jérôme se prend alors à haïr cet animal ! Sa solution : il l'ignore autant qu'il peut et se jure de n'avoir plus jamais de chat.
Avec Julia, sa fille de 5 ans, c'est merveilleux. Il est son papa adoré. Elle ne cesse de le cajoler et de rechercher sa présence (comme son fils aîné le faisait quelques années auparavant). Il aime cette enfant à la folie. En sa présence, il est enchanté. Mais il a parfois peur qu'elle grandisse...
En psychothérapie, c'est le bonheur, comme avec sa fille Julia. Dans ce cadre, un homme (que Jérôme estime) l'écoute, prend en considération ce qu'il vit, l'aide à trouver des solutions qui lui conviennent réellement. Ce lieu devient une sorte de refuge. Il y vient chaque fois avec plaisir, même si le travail qu'il y fait est parfois pénible. Là, il avoue qu'il éprouve un grand bien-être à « se sentir considéré pour ce qu'il est », à « avoir une place ». Malgré tout, c'est pour lui une faiblesse d'avoir autant besoin de reconnaissance.

On ne s'étonne certainement pas maintenant de savoir que Jérôme est déprimé. Cet homme qui paraît comblé ne reçoit pourtant pas ce qu'il souhaite : « représenter quelqu'un d'important pour les gens qui ont de l'importance pour lui ». Bien qu'il se dise résigné, il souffre énormément et à peu près continuellement de l'impression de n'être rien pour les autres.

Jérôme, on le devine aussi, ne veut pas voir la fin de sa psychothérapie. On peut penser qu'elle s'éternisera, par compensation, si le thérapeute ne l'aide pas à dénouer ce qui pose problème dans ses relations. Ou l'on ne sera peut-être pas surpris, dans quelque temps, d'apprendre que Jérôme est tombé amoureux fou d'une femme pour qui il a l'impression d'être « tout » et qu'il songe à « tout » quitter pour partir avec elle...

Quelques signes de la présence d'un transfert

L'histoire de Jérôme est loin d'être unique. En atteignant l'âge adulte, nous avons tous des besoins affectifs fondamentaux totalement ou partiellement insatisfaits. Nos relations problématiques sont généralement porteuses de ces manques. Et c'est en nous débattant comme nous le pouvons pour combler ceux-ci que nous recréons les impasses de notre passé. Plusieurs des expériences que nous avons vécues témoignent de la présence d'un transfert, et nombre de nos comportements expliquent que nous nous retrouvions dans un cul-de-sac, comme nous le verrons avec l'exemple de Jérôme.

LES SIGNES SUR UN PLAN GÉNÉRAL

1. Un manque affectif important ressenti souvent et avec plusieurs personnes différentes en même temps ou successivement ; ce manque s'apparente à celui que nous avons connu antérieurement avec un parent.
2. Un comportement passif à l'égard de ce manque ; par exemple, attendre qu'il soit comblé ; ou, à l'opposé, des pressions ou des stratagèmes pour obtenir satisfaction.
3. Une volonté quasi inébranlable de garder sous silence le besoin dissimulé derrière les demandes ou les reproches adressés à l'autre.
4. La répétition des comportements, même s'ils sont inefficaces du point de vue de notre satisfaction.
5. La persistance du besoin malgré tout ce que nous faisons pour nous en débarrasser.
6. Des réactions disproportionnées par rapport aux événements.
7. Des ruptures ou des coupures émotionnelles à répétition.
8. Une volonté de persévérer dans la relation, même si nous avons l'impression de nous y vider.

9. La recherche plus ou moins consciente de relations dans lesquelles nous vivons des expériences identiques, c'est-à-dire menant à l'impasse[6].

LES SIGNES CHEZ JÉRÔME

La plupart de ces signes sont présents chez Jérôme :

1. La frustration qu'éprouve Jérôme est similaire dans presque toutes ses relations importantes. C'est la même qu'il a connue durant des années auprès de sa mère. Il souffre du peu d'importance que lui accordent les êtres qui lui sont chers et les personnes qui jouent un rôle important dans sa vie. Il est déprimé comme par le passé et, comme par le passé, sa pseudo-solution consiste à s'effacer.
2. Comme Jérôme s'autorise à ressentir les divers sentiments qu'il éprouve dans ses relations, même si ceux-ci sont parfois pénibles, il est capable de cerner ce qui lui manque avec certaines personnes de même que ce qui le comble avec d'autres. Le fait de pouvoir reconnaître que les relations qui le rendent heureux sont justement celles où il a de l'importance, comme c'est le cas avec sa fille et son psychothérapeute, est un indice précieux. Mais il ne manifeste jamais clairement sa souffrance de n'être pas pris en considération. À son épouse, il fait des reproches ou souhaite intérieurement qu'elle se comporte autrement. Et il n'exprime pas combien il est comblé lorsqu'il l'est.
3. Jérôme, comme la plupart des gens, juge infantile son besoin d'être considéré comme quelqu'un de valable. Pour cette raison, ce besoin lui paraît inavouable. Il pressent qu'il se sentirait vulnérable s'il s'exprimait réellement à ce sujet. Il est

6. La prose poétique intitulée « À la recherche d'un paradis tordu », <http://redpsy.com/images/>, propose une illustration de comportements transférentiels de ce type.

conscient de sa dépendance sur le plan affectif, mais la nie en même temps. Aussi dissimule-t-il constamment son besoin[7].

4. Comme toute personne en situation de transfert, Jérôme a recours à des comportements stéréotypés et répétitifs pour obtenir la place qu'il désire. Son attitude dépressive, bien que réelle, est une façon plus ou moins consciente de dire son état de manque. Une attitude qui pousse parfois des personnes à prendre soin de lui. On pourrait parler d'une certaine efficacité, mais ce qu'il reçoit par ce moyen n'est jamais réellement satisfaisant. Le deuxième moyen qu'il privilégie est aussi inefficace : il se retire lorsqu'il perçoit que sa présence a peu d'importance, mais cette attitude ne lui procure pas ce qu'il recherche, pas plus que la bouderie. Malgré le peu de succès obtenu par ces moyens, Jérôme ne cesse d'y avoir recours.
5. L'autre pseudo-solution de Jérôme consiste à contester l'existence de son besoin. Il n'arrête pas de se répéter : « Je suis trop dépendant », « Mon besoin est infantile », « Les autres ne sont pas comme moi ! ». Mais, on le voit, la révolte contre le besoin ne réussit pas à l'éliminer. Au contraire, Jérôme se rend compte que plus il s'efforce d'oublier ses besoins, plus son aspiration à les satisfaire se fait omniprésente.
6. La présence du besoin se manifeste par des réactions disproportionnées vis-à-vis des événements. Jérôme réagit fortement au fait que sa femme oublie sa présence et laisse la porte se refermer sur lui, au manque de reconnaissance de son patron, à l'indépendance de son fils, au manque de considération de sa secrétaire. Il va même jusqu'à prendre le chat en grippe parce qu'il se sent rejeté par lui…
7. Découragé par nos vains efforts et impuissant à trouver une solution réelle à nos besoins affectifs criants, nous choisissons

7. Michelle LARIVEY, « Dépendance affective et besoins humains », *La lettre du Psy*, août 1999, <http://redpsy.com/infopsy/dependance.html>.

parfois la rupture. Celle-ci peut être complète : cesser de fréquenter la personne, mais elle peut n'être que de nature émotive. Dans ce cas, le contact physique n'est pas brisé, c'est le rapport affectif qui l'est. C'est le choix qu'a fait Jérôme avec son épouse : ils vivent maintenant comme des colocataires. Jérôme a recours à la même solution dans ses autres relations : il cherche à s'insensibiliser devant son fils, il prend ses distances face à son patron, il souhaite le départ de sa secrétaire et tente d'ignorer le chat autant qu'il peut.

Au sein d'une entreprise, la séparation des personnes qui connaissent un conflit de personnalité (un transfert) est la solution courante. Cette issue coûte parfois très cher pécuniairement, mais c'est la meilleure que les dirigeants puissent envisager dans la mesure où ils ne comprennent pas la nature de ce type de conflit.

8. L'inverse de la rupture peut aussi signaler la présence d'un transfert. J'entends par là la persévérance dans une relation peu vivante et peu satisfaisante au sein de laquelle nous avons l'impression de nous tarir à petit feu. Lorsqu'il ne s'agit pas de la peur de la séparation, c'est généralement l'espoir de voir un jour notre besoin comblé qui soutient notre volonté de « rester ». Or, bien entendu, tant que nous ne prendrons pas nous-même ce besoin en charge, rien ne changera substantiellement. La frustration demeurera.
9. Mais la dynamique transférentielle est puissante. Au point que même si nous rompons pour nous soustraire à une situation donnée, nous ne réussirons pas à éliminer le besoin tant que le transfert ne sera pas résolu. En attendant, le besoin nous poussera à rechercher plus ou moins consciemment une relation dans laquelle nous vivrons des expériences identiques.

Conclusion

Devant les impasses à répétition, certains se découragent : ils perdent l'espoir de rencontrer quelqu'un qui soit un interlocuteur nourrissant pour eux. D'autres perdent confiance en leur capacité d'établir des relations. Ils se pensent handicapés psychologiquement. D'autres enfin n'en finissent pas de poursuivre leur recherche, prenant conseil dans les livres, auprès d'experts ou dans diverses expériences de croissance personnelle.

Pourquoi est-il si difficile de trouver des réponses ? Pour trouver la clé qui permette de délier ces nœuds relationnels, il faut d'abord comprendre comment ils se forment. C'est l'objet du prochain chapitre.

Questions-réponses

LE TRANSFERT ET LE PASSÉ

Question : J'ai beaucoup de problèmes avec mon passé. J'ai encore des sentiments très vifs par rapport à certains événements et certaines personnes. On me conseille de « tourner la page ». Je le comprends, car je suis souvent difficile à vivre. Je voudrais bien tourner la page, mais on dirait que je ne peux pas. Est-ce que je vis un transfert ancré dans mon passé ?

Réponse : Les souvenirs qui nous reviennent sans cesse sont le signe d'expériences qui ne sont pas complètement « digérées ». Les émotions que nous éprouvons aujourd'hui concernant des choses qui se sont passées autrefois indiquent la même chose. Nous ressentons tous des émotions et réagissons tous par rapport à notre passé ; en particulier par rapport à nos parents, à nos frères et sœurs et à d'autres personnes qui ont gravité autour de notre cellule familiale lorsque nous étions jeunes. Il est normal qu'il en soit ainsi, parce qu'il est impossible de sortir de l'enfance et de l'adolescence en étant «à jour» sur le plan affectif; j'y reviens au chapitre suivant.

C'est parce que nous avons laissé des expériences «en plan» que nous avons aujourd'hui des problèmes avec notre passé. Ces expériences inachevées influencent nos relations actuelles et elles sont à la source de beaucoup de nos conflits présents. Chez certains, le passé a laissé plus de marques que chez d'autres ou des marques plus profondes. L'intensité, la répétition, le genre d'expérience, le degré de vulnérabilité au moment où celle-ci a eu lieu, l'importance de la personne avec qui elle s'est déroulée, tout cela contribue à laisser une empreinte plus ou moins profonde. Mais, comme je l'explique dans le prochain chapitre, c'est parce que l'expérience n'est pas assimilée que nous restons «pris» avec elle.

C'est pour cette raison qu'il n'est pas simple d'assumer notre passé et de trouver l'harmonie au présent. Lorsque nous tentons de régler la question en essayant de tourner la page, nous allons à l'encontre d'une loi de la nature. De plus, la nature est plus forte que notre volonté et n'accepte pas. La psyché remise ce vécu, en grande partie dans sa mémoire vive, et cela au prix d'un effort énorme pour l'organisme. Cet effort requiert un travail musculaire qui produit des tensions, car le blocage de la vie émotive doit être supporté corporellement. À la longue, l'effet de ces tentatives de refoulement laisse des traces importantes[8]. De plus, la personne qui cherche à couper avec son passé parce qu'il la trouble trop n'arrive pas à éviter les difficultés relationnelles qu'elle connaît au présent, parce que celles-ci découlent de questions non résolues du passé. Ces difficultés, si elles se répètent, sont un signal: il faut y faire face et les régler pour rééquilibrer sa vie.

---

8. Jean GARNEAU et Michelle LARIVEY, «Des émotions pourquoi?», *L'enfer de la fuite*, Montréal, Red éditeur, 2002. Voir aussi <http://redpsy.com/editions>.

LE TRANSFERT AU TRAVAIL

Question : Je trouve que beaucoup de relations de travail s'apparentent à des transferts. Je pense aux abolitions de postes. Elles font perdre leur emploi à des personnes compétentes et consciencieuses, alors que d'autres, peu performantes mais solidement défendues par leur syndicat, ont la vie belle. Cela me révolte au plus haut point. Mais nous sommes impuissants !

Réponse : Opérer un transfert sur un compagnon de travail, son patron, voire une institution est très commun. C'est en identifiant ce que touchent en nous les actions de ces personnes (ou personnes morales) que nous sommes en mesure de réaliser que nous avons opéré un transfert.

Le même événement, quoique très bouleversant, n'atteindra pas toutes les personnes impliquées de la même façon, et leurs réactions n'auront pas toutes la même intensité. Certaines personnes seront dévastées par le manque de reconnaissance que traduit une mise à pied ne tenant aucun compte de la compétence ou de la performance. Si c'est cela qui les perturbe, c'est que leur besoin de reconnaissance est important dans leur vie actuelle. D'autres seront heurtées par l'injustice inhérente à un tel système qui ne protège qu'une partie des employés, parce que ce thème touche une corde sensible chez elles.

Devant certaines situations, nous sommes impuissant. Aucune de nos réactions ne pourra contrer la mise à pied. Aucune de nos pressions ne pourra changer les règles du jeu. Il ne nous reste qu'à faire notre possible pour vivre cette expérience de manière à ce qu'elle laisse le moins de traces néfastes en nous. Une des façons d'y arriver consiste à vivre complètement les émotions que la situation nous fait éprouver intérieurement. Cela nous permettra de trouver le geste, l'action ou l'expression nécessaire pour vivre jusqu'au bout notre expérience. C'est une démarche exigeante, mais c'est la seule qui nous assure d'intégrer le vécu difficile. *L'intégrer* signifie que nous puissions éventuellement en tirer profit. Mais cette issue n'est jamais évidente quand nous nous trouvons au cœur du problème[9].

LES CRITIQUES INCESSANTES DU CONJOINT

Question : Mon mari me critique constamment. À la longue, je finis par avoir l'impression qu'il doit regretter de m'avoir épousée. Lui dit qu'il m'aime. Il ne pense pas, comme moi, qu'il exagère dans ses critiques. Ce qui m'inquiète, c'est qu'il ressemble de plus en plus à son père, qui trouve toujours à redire à propos de ce que sa femme fait. Ma belle-mère se tait. Je ne voudrais surtout pas lui ressembler ! Je réagis beaucoup et cela se termine parfois par des disputes épiques. Devrais-je lui dire qu'il est probablement en situation de transfert avec moi ? (Ce sera sûrement peine perdue, car il se trouve presque parfait...)

Réponse : Il n'est pas impossible qu'un comportement répétitif et systématique qui consiste à critiquer sans cesse soit la manifestation d'un transfert. Mais la susceptibilité à la critique peut aussi être le signe d'un transfert. Est-ce la répétition du comportement qui fait tant réagir, ou les critiques ? Être exaspéré par la répétition n'est pas forcément le signe que nous avons un problème. Par contre, être très vulnérable aux jugements est le signe que l'autre nous atteint à un endroit sensible.

Chez les couples, les transferts s'entremêlent. Ce qui ne facilite pas les choses ! D'autant que chacun de nous, de façon typique, a tendance à penser que c'est l'autre qui a un problème... Quand nos transferts s'enlacent (prennent une allure positive), ce peut être le paradis. Quand ils s'emmêlent ou s'entrechoquent, par contre, c'est généralement très pénible. Nous nous engageons alors dans des culs-de-sac en nous renvoyant la balle. Tenter d'attribuer

9. Jean GARNEAU et Michelle LARIVEY, « Travailler avec mes émotions » et « Quand l'autre réagit mal », *Les émotions source de vie.*

toute la responsabilité à l'autre débouche parfois sur des disputes épiques — justement! *Les couples se lient entre autres sur la base de leurs transferts.* Il n'est pas étonnant qu'à la longue certains problèmes fassent surface. Mais nous pouvons examiner nos difficultés mutuelles sous cet angle et nous donner ainsi une merveilleuse chance d'évoluer plus rapidement dans les conflits qui nous opposent et qui rejoignent nos conflits intrapsychiques.

CHAPITRE 3

Aux sources du transfert

Introduction

C'est dans nos relations les plus importantes, avec les personnes qui nous sont souvent les plus précieuses que le transfert s'installe. Ces transferts prennent parfois une ampleur telle que nous nous interrogeons (ou que les autres s'interrogent) sur ce qui nous arrive. Si nous négligeons de nous en occuper adéquatement, nous accumulons les frustrations et les échecs relationnels. De plus, nous devons alors trouver dans la relation avec notre interlocuteur une forme d'adaptation qui épuise notre vitalité.

L'objectif de ce chapitre est de faire comprendre pourquoi le transfert existe. Il s'agit d'une expérience affective naturelle et universelle mais très peu connue, sinon des spécialistes en psychologie et parfois des clients en psychothérapie. Toutefois, comme nous sommes tous concernés et affectés de manière importante par ce phénomène, il peut être bénéfique d'en connaître les origines ainsi que le rôle qu'il peut jouer dans notre développement psychique.

Les deux sources du transfert

Le transfert prend racine dans deux genres d'expériences. La première est la tendance inhérente aux êtres vivants à vouloir maximiser ce qu'ils sont en cherchant continuellement à se développer. J'élaborerai davantage ce point dans la partie qui suit immédiatement celle-ci. La seconde racine est constituée par les expériences reliées aux besoins psychiques fondamentaux que nous avons reniés dans nos rapports avec nos parents.

UNE DÉFENSE ET UNE FORCE DE VIE

Le transfert, nous l'avons vu dans le premier chapitre, est une forme de *défense* psychologique. Les comportements stéréotypés que nous répétons de manière automatique et systématique dans des situations qui mettent en cause l'un de nos besoins fondamentaux servent à nous protéger de l'intensité émotionnelle, autant que du constat de notre dépendance sur le plan affectif et de la vulnérabilité qui s'y trouve liée. Mais ce que nous ne savons généralement pas, c'est que cet évitement systématisé nous empêche de croître sur le plan personnel. Il échappe également à notre connaissance qu'à l'âge adulte il est devenu inutile de dépenser autant d'énergie à nous protéger. Cela nous paraîtra pourtant évident à mesure que nous progresserons dans la démarche de résolution de nos transferts.

Le transfert est aussi la manifestation d'une *force de vie*. En effet, le psychisme n'oublie ni les expériences passées, ni les besoins reniés, ni les émotions qui n'ont pas été vécues suffisamment complètement pour être assimilées et qui, en conséquence, ont plus ou moins ébranlé son équilibre. Or, la psyché recherche l'équilibre. Elle fait donc émerger ces expériences sans relâche afin que nous les vivions jusqu'au bout. Telle sera la tâche à accomplir dans le processus de résolution des transferts.

LES BESOINS RENIÉS

Il est naturel que nous ayons renié des besoins fondamentaux et fait avorter des émotions se rapportant à nos parents. Nous avons fait ce choix parce qu'il nous paraissait impossible d'agir autrement sans prendre un trop grand risque. Par exemple, nous ne pouvions imaginer avoir une autre réaction que nous retirer ou devenir muet (plutôt que d'exprimer notre rage d'être exploité) quand l'un de nos parents nous utilisait dans ses transactions avec l'autre. Nous pressentions qu'il y aurait eu un danger à nous comporter autrement.

D'autres fois, le choix que nous avons fait était le seul possible, compte tenu du degré de développement de nos capacités de ressentir ou de nous exprimer. Un nourrisson est sensible au rejet par tous les pores de sa peau. Il n'a cependant pas d'autres moyens d'expression que de pleurer ou de geindre. Si cette expression embryonnaire lui vaut des sanctions, il se repliera sur lui-même et, à la limite, se laissera tomber dans le marasme. Cet état pourra s'avérer dommageable sur le plan psychique dans le futur, mais dans l'immédiat il est salvateur. La tranquillité « choisie » par le nourrisson lui permet sans doute de sauver sa peau. Cela dit, cette expérience et les émotions qu'il a effleurées au cours de celle-ci vont s'inscrire dans sa psyché et referont surface plus tard. Il sera alors « équipé » (ou pourra décider de s'équiper) pour revivre complètement et exprimer totalement ce qu'il n'a pu exprimer antérieurement. Revivre alors jusqu'au bout et au présent l'expérience passée lui permettra de retrouver une partie de son équilibre psychique. Je reviens sur cette question ci-après.

Le besoin de se développer propre aux êtres vivants

Voici ce que soutient, entre autres, la théorie de l'auto-développement :

> Un fait ressort clairement de l'étude de tout organisme vivant, c'est sa tendance inhérente à maximiser sa propre vie. Lorsque les circonstances sont favorables, l'organisme cherche à se développer davantage, à atteindre un degré d'harmonie et d'intégration supérieur, quitte pour y arriver à ébranler temporairement ses acquis antérieurs. Si les circonstances (internes ou externes) sont défavorables, l'organisme tend naturellement à protéger sa vie, à empêcher sa destruction. Tout organisme qui n'est plus en croissance, d'un point de vue ou d'un autre, est en processus de régression vers la mort. Il ne peut être question, chez un organisme vivant, de développement achevé et stable ; ce développement est en mouvement en vertu d'un processus naturel et vital inhérent à tout organisme.
> […] le concept de tendance actualisante qui définit l'orientation générale de ce processus naturel vital est bien connu depuis qu'Abraham Maslow l'a popularisé. Ce concept s'est retrouvé au cœur de l'articulation de notre conception du développement humain[10].

S'ASSUMER COMME PERSONNE UNIQUE

La tendance actualisante inhérente au vivant nous pousse à nous développer, c'est-à-dire à actualiser notre potentiel et à assumer ce que nous sommes. Comme nous l'avons vu dans le premier chapitre, le transfert se joue sur trois axes de croissance : la con-

10. Jean GARNEAU et Michelle LARIVEY, « Une théorie du vivant », 1976, <http://redpsy.com/infopsy/vivant.html>.

quête du droit à l'*existence*, celle du droit d'être *distinct* et celle du droit d'être *sexué*. Entreprendre la résolution de nos transferts signifie que nous travaillons à nous assumer dans ces trois dimensions. Une telle résolution résulte d'un travail progressif qui s'étend sur toute une vie, si l'on considère le raffinement que l'on peut apporter à être soi au fil des ans. Cela se manifeste par la capacité toujours accrue d'être fidèle à soi, à ses besoins et à ses aspirations, et cela devant qui que ce soit.

L'appel à résoudre nos transferts nous interpelle de toutes sortes de manières. Il prend souvent la forme de préoccupations. L'exemple de Jérôme, présenté au chapitre précédent, l'illustre bien. Dans ses rapports avec les personnes significatives de sa vie, Jérôme est toujours soucieux d'*être considéré*, d'*avoir de l'importance*. Les préoccupations de nature transférentielle se caractérisent par leur constance et leur omniprésence. Elles se transforment à mesure que nous progressons dans le processus de résolution. Si la préoccupation qui nous habite demeure inchangée pendant une longue période de temps, c'est tout simplement parce que nous ne lui avons pas accordé l'importance qu'elle mérite et avons omis de travailler à la résoudre, ou encore parce que nous ne nous y prenons pas de la bonne manière.

Ces préoccupations surgissent de notre être profond, elles n'ont rien à voir avec les exigences de changement que nous nous imposons ou que notre entourage cherche à nous imposer. En voici quelques exemples :

- *J'ai peur d'approcher les femmes qui m'intéressent. C'est désespérant pour moi, car j'ai l'impression que je ne pourrai jamais partager ma vie avec quelqu'un qui réponde à mes aspirations.*
- *Je n'ai pas confiance dans les hommes. J'aime mieux vivre ma vie avec des femmes. Les hommes ne me manquent pas, mais j'aimerais tout de même me sentir plus à l'aise avec eux.*
- *Je pense que je ne suis intéressante pour personne. Je m'isole et m'organise, mais je souffre énormément de ma solitude.*

- *Ma relation de couple n'est pas satisfaisante. J'ai peur de tout faire éclater si j'en parle. Alors j'endure la situation, mais je ne sais pas combien de temps je pourrai continuer.*
- *La critique me tue. J'aime mieux éviter de m'exposer que risquer d'être jugé. J'en souffre, car je ne reçois jamais de reconnaissance.*
- *Je suis tellement mal dans ma peau lorsque je porte des vêtements* sexy *!*
- *J'ai peur de passer pour un salaud si je montre à une femme qu'elle me plaît.*

Certaines de ces affirmations illustrent la difficulté d'être soi-même et de tenir compte de ses désirs et aspirations. D'autres montrent la difficulté à respecter ce qui est important pour soi devant des personnes significatives. Les deux dernières témoignent d'une difficulté à s'assumer sexuellement. Ces trois types de difficultés représentent l'essentiel du défi que nous tend le développement de soi. Les élans de développement nous habitent depuis la naissance. Ils prennent des formes différentes selon les étapes de l'évolution physique, intellectuelle et psychique qui mènent à la maturité. Mais même une fois que nous avons atteint l'âge adulte, notre développement psychique, que nous avons entamé au contact de nos parents, se poursuit.

LES PREMIERS PAS AVEC NOS PARENTS

C'est avec nos parents, ou ceux qui les ont remplacés, que nous travaillons à devenir une personne complète et c'est d'eux, en grande partie, que nous acquérons nos premiers outils de développement personnel. Ils exercent en effet une influence majeure sur notre capacité de ressentir et d'exprimer nos émotions ainsi que sur notre capacité de respecter ce qui nous importe. Nous progressons donc en nous adaptant aux conditions fournies par notre milieu ainsi qu'au style particulier des personnes qui sont importantes pour nous à ce moment-là. Mais quelles qu'aient été ces conditions, une fois atteint l'âge adulte, il nous reste du chemin à parcourir pour nous assumer tout à fait. Voici deux exemples typiques qui illustrent bien qu'aucune éducation ne peut être parfaite au point de nous éviter d'avoir à nous assumer :

- *J'ai l'impression de ne pas exister pour mes parents et que mes tentatives pour obtenir leur attention s'avèrent vaines. J'ai donc pris l'habitude de m'effacer et je conserve le sentiment que je ne vaux pas la peine. Je m'abstiens le plus souvent de déranger en étant convaincue qu'il n'y a pas de place pour moi. À la longue, j'ai développé par rapport à moi la même attitude que celle de mon entourage : j'accorde peu d'importance à ce que je veux et à ce que je désire. Je ne trouve pas que je vaux la peine d'essayer d'obtenir ce qui m'importe. De fait, je n'essaie même plus. Ainsi, je ne me mobilise pas. De plus, comme il serait souffrant de désirer en vain et à répétition, je fais en sorte de n'avoir pas trop de désirs. Pour diminuer mes désirs, j'essaie de ne pas trop ressentir. Cela m'arrange d'autant plus que ce que je ressens se résume souvent à de la tristesse. Je me coupe de moi-même.*
- *Je suis le centre d'attention de mes parents, qui me donnent continuellement l'impression que je suis extraordinaire du seul fait que j'existe. C'est avec une tout autre attitude que j'aborde le monde. Il m'est facile de me considérer comme quelqu'un d'important, mais je souffre lorsqu'on ne m'accorde pas d'emblée un statut spécial. Gagner l'estime est quelque chose que je ne connais pas. Cela m'est dû. Faire ma place est aussi une chose qui m'est inconnue. Non seulement on doit me l'accorder, mais on doit m'accorder la première. Je suis incapable de souffrir la plus légère critique, habitué que je suis à ce que tout ce que je fasse soit considéré comme extraordinaire. Mes rapports avec les autres sont difficiles à plusieurs égards.*

Adolescent et jeune adulte, nous avons une certaine représentation du genre de personne que nous désirons devenir. Celle-ci s'incarne dans des êtres qui nous ont marqué et que nous admirons ; ces derniers nous servent en quelque sorte de modèle. Nous possédons aussi un bagage d'outils acquis essentiellement « par oreille » à travers nos relations avec des personnes qui avaient leurs propres difficultés à vivre leur vie émotionnelle et à combler leurs besoins affectifs. Il est par conséquent normal que notre bagage soit incomplet ou même en partie non pertinent. À cause de cela, il n'est pas étonnant que nos tentatives de développement soient souvent erratiques. Il n'est pas surprenant non plus que nous devions vivre le même scénario à plusieurs reprises avant d'arriver à comprendre ce qui se passe et à trouver des solutions satisfaisantes.

Les expériences incomplètes

DE QUELLE NATURE SONT-ELLES ?

Les expériences incomplètes, c'est-à-dire laissées en suspens, qui sont éventuellement revécues à travers le transfert, sont essentiellement des *émotions*. On les qualifie d'incomplètes parce qu'elles n'ont pas été vécues totalement. L'expérience ayant été « avortée », il a été impossible d'agir dans son prolongement naturel. Pour mieux comprendre cette idée, il faut se référer au *processus naturel de croissance,* aussi appelé processus vital d'adaptation[11].

Pour donner un aperçu extrêmement sommaire de ce processus, disons d'abord que nos émotions ont une fonction très

11. Ce processus est décrit en détail dans Jean GARNEAU et Michelle LARIVEY, « La vie d'une émotion », *Les émotions source de vie*, et dans *L'auto-développement*.

précise : elles nous informent de ce que nous vivons réellement et plus particulièrement de nos besoins actuels. Mais pour qu'elles puissent jouer adéquatement ce rôle, il est indispensable que nous les ressentions. C'est seulement quand nous les éprouvons pleinement qu'elles nous fournissent l'information qui nous permet de comprendre ce que nous vivons. Cette compréhension nous conduit ensuite naturellement à une expression ou à une action qui respecte entièrement ce que nous sommes et ce qui nous importe à ce moment précis de notre vie. Cette idée, qui est loin d'être évidente, est peut-être davantage saisissable par une analogie. Pensons au processus de digestion. Il comprend plusieurs étapes. Chacune d'elles doit se dérouler sans entraves, à défaut de quoi des problèmes risquent de surgir. Ces étapes sont constantes et leur but est invariable : assimiler l'aliment ingéré. Cette assimilation a pour but de nourrir l'organisme afin d'assurer son maintien ou sa croissance. Les expériences affectives ont une fonction identique : elles nous nourrissent psychiquement et contribuent à assurer notre équilibre et à nous construire. Comme la digestion, l'assimilation psychique se fait au fur et à mesure d'un processus dont chacune des étapes est indispensable. Pas plus que l'aliment ingéré, les émotions ne disparaissent, même si nous tentons de les évacuer ou de les oublier. Les réactions que nous n'osons pas afficher et les actions importantes que nous n'osons pas entreprendre, et qui sont en relation avec ces émotions, ne finissent pas par perdre leur importance. Au contraire, ces expériences demeurent en suspens dans notre mémoire psychique. Notre équilibre émotionnel en est alors affecté, parfois si fortement que des symptômes désagréables font surface. C'est pour cela que notre psychisme réagit : ayant emmagasiné nos expériences incomplètes et pouvant difficilement les tolérer, il nous rappelle leur existence au moment où nous vivons une expérience qui ressemble à l'ancienne ; ce faisant, il nous invite à profiter de l'occasion de cette réémergence pour aller au bout de l'expérience. Pour illustrer ces propos, voici d'abord un exemple d'**émotion** qui n'a pas été vécue complètement :

- *J'ai perdu ma mère au début de l'adolescence et elle me manque depuis ce temps-là. J'avais si peur de cette peine, qui m'apparaissait sans fond, que je m'en distrayais autant que je pouvais. Je pense que j'ai enterré ma sensibilité dans les livres et dans mes études. Aujourd'hui, je pense encore souvent à elle. Je ne veux pas avoir d'enfant, de peur de les perdre ou de moi-même les abandonner comme ma mère a fait. En fait, tout attachement et toute séparation me font très peur.*

Dans ce cas, la peine et la douleur ont été esquivées au lieu d'être ressenties totalement. Cette expérience non assimilée est maintenant à l'origine de la peur de l'attachement. La personne pressent en effet qu'en aimant de nouveau de près elle s'expose au même genre de douleur que celle qu'elle avait connue lors de la perte antérieure. Pour ne pas demeurer handicapée par cette expérience passée, il lui faut absolument faire face aujourd'hui à l'attachement en acceptant de vivre ses craintes. Il est également probable que ce nouvel attachement fasse éclater les émotions qu'elle avait refoulées lors du deuil avorté de sa mère. Elle devra alors composer avec cela au présent afin de terminer son deuil et de redevenir graduellement disponible pour un nouvel attachement.

Voici maintenant un exemple d'**expression** incomplète :

- *Il m'est arrivé souvent d'être ridiculisé lorsque j'étais jeune. J'étais gros, j'en avais honte et je fondais littéralement lorsque ceux qui se disaient mes copains se moquaient de moi. J'avais beaucoup de peine. J'étais humilié et parfois, quand ça durait trop longtemps, je devenais enragé. Je ne leur montrais aucun de mes sentiments. Je baissais la tête et j'attendais que cela finisse. Aujourd'hui, quand j'y pense, je leur en veux encore. Dès que je perçois de la moquerie dans les propos de quelqu'un, la moutarde me monte au nez. Mais même encore, je n'ose rien dire.*

Ici, la rage ancienne, nullement disparue malgré les efforts faits pour la bâillonner, se marie à la rage actuelle en lui conférant une intensité bien ressentie par le sujet, mais qui pourrait paraître exagérée vue de l'extérieur. C'est que le psychisme profite de la situation pour donner l'occasion à la personne de réagir à la situation passée à travers ses interlocuteurs transférentiels actuels. Si la personne profitait de l'occasion pour dire la rage qu'elle éprouve vis-à-vis de ses anciens bourreaux en s'exprimant devant ceux qui se moquent d'elle au présent, elle récupérerait une partie de son pouvoir qui se trouve encore entre les mains de ces derniers. En conséquence, elle cesserait de se voir comme leur victime, consciente de sa capacité de se défendre dans une telle situation.

Les expériences incomplètes du passé ne sont pas seules à s'inscrire en nous. Au temps présent aussi, il nous arrive de ne pas aller au bout de ce que nous avons à dire ou à faire par rapport à une personne ou à une situation. Certaines situations sont tellement intenses qu'il est difficile de les vivre entièrement sur le moment. La peur ou la terreur provoquée par une agression en est un exemple. Il faut parfois se couper de ses émotions pour être capable de réagir adéquatement dans la situation : se défendre, se sauver, etc. Dans certains contextes, il n'est en effet pas opportun de manifester ses réactions. Mais, la plupart du temps, ce sont nos propres résistances à vivre nos émotions et à oser les exprimer qui sont responsables de l'accumulation d'expériences inachevées.

COMMENT LES RECONNAÎTRE ?

Un élément typique signale l'expérience inachevée : l'émotion ou la réaction est plus *intense* que la situation actuelle ne l'exige. Lorsque nous réagissons « trop », lorsque notre réaction nous semble « étrange » ou lorsque notre interlocuteur la trouve inappropriée, il y a de bonnes chances pour qu'une partie de notre réaction concerne une situation antérieure.

• J'éprouve une peine démesurée à l'occasion de la mort de ma belle-mère. Je pleure, à travers le deuil présent, la perte de ma mère que je n'ai pas pleurée complètement.

• Devant l'attitude hautaine de la fille de mon conjoint, je revis les mêmes émotions que devant les sarcasmes répétés de ma sœur aînée durant toute ma jeunesse. J'ai la même réaction spontanée : je dissimule ma rage derrière une grande froideur et je coupe le contact avec elle.

• Chacune des critiques de mon conjoint me ravage comme le faisaient celles de mon père. Je me rappelle encore avec douleur que même lorsque je tentais de me dépasser je n'échappais pas à la dureté de son perfectionnisme. Comme par le passé, je ne laisse rien paraître de ma réaction.

Dans ces exemples, les personnes sont aux prises avec des expériences de leur passé qu'elles n'ont pas vécues complètement et, par conséquent, qu'elles n'ont pas assimilées. Elles se sont empêchées de ressentir jusqu'au bout combien elles étaient atteintes ou elles ne se sont exprimées que partiellement. C'est pourquoi l'apparition d'une réaction actuelle liée au passé est une occasion précieuse d'intégrer enfin cette expérience. Elle offre chaque fois la possibilité de s'assumer davantage et de retrouver son équilibre. Cela se fait en réagissant fidèlement à son vécu actuel tout en laissant émerger les sentiments liés à l'expérience antérieure. Ces derniers sont exprimés dans toute leur intensité et adressés aux interlocuteurs originaux à travers les interlocuteurs transférentiels.

Nous avons maintenant une idée plus précise de ce que sont les émotions reniées ou vécues incomplètement. Voyons leur relation avec le transfert.

Demeurer sclérosé dans un transfert

ENTRETENIR DES EXPÉRIENCES INCOMPLÈTES

Les expériences reniées doivent être légitimées et les émotions désamorcées doivent être vécues jusqu'au bout. Nous devons profiter de toutes les situations à l'occasion desquelles elles surgissent pour ce faire. Mais ce n'est pas ce que nous faisons généralement. Ne comprenant pas la pertinence de leur résurgence, nous cherchons à nous en débarrasser. Ce faisant, nous répétons sensiblement les mêmes attitudes que par le passé. Les deux exemples qui suivent l'illustrent bien.

Repousser de nouveau le sentiment

J'ai vécu de nombreuses séparations tout au long de mon enfance. J'ai dû quitter ma grand-mère qui était comme une deuxième mère pour moi. À plusieurs reprises, j'ai été séparée de mes amis parce que le travail de mon père l'appelait à des mutations. Ma meilleure amie d'enfance est morte de la leucémie alors qu'elle avait six ans. Ce ne sont là que quelques exemples des multiples déchirements que j'ai connus. Je me souviens d'avoir pleuré, d'en avoir souffert. Mais c'est comme si ma peine ne s'était pas encore totalement résorbée. Je continue de pleurer lorsque je regarde un film où des gens qui s'aiment doivent se séparer, où des animaux habitués à vivre ensemble sont éloignés les uns des autres. Suis-je détraquée, anormale ?

En fait, tout ça est parfaitement normal. La peine qui n'a pas été vécue complètement profite de ce stimulus pour réapparaître. Nous pleurons aujourd'hui ce que nous n'avons pas pleuré complètement autrefois. Il en sera ainsi tant que nous n'aurons pas versé toutes les larmes que nous avons retenues lors de nos multiples séparations antérieures.

Par ignorance, par gêne, pour éviter la souffrance, nous cherchons à supprimer ces émotions inattendues. Au mieux, nous tentons d'en contrôler l'intensité. Au lieu d'ouvrir le « barrage », nous choisissons de les vivre au compte-gouttes. Il en résulte qu'il faut beaucoup plus de temps pour aller jusqu'au bout.

Continuer d'inhiber l'expression

Dans d'autres expériences incomplètes, c'est l'expression qui demeure inhibée. On pourrait dire que nous sommes « resté pris » avec elle, car aucun geste ou aucune parole ne nous a permis d'aller au bout.

J'ai subi les nombreux sarcasmes et mauvais traitements de la part de ma sœur aînée sans faire autre chose que me replier sur moi-même avec ma peine et ma rage. La même chose se passe aujourd'hui avec un collègue de travail. J'ai tellement de peine et de rage que je n'ose pas réagir. Tout au plus, je laisse paraître que je ne suis pas contente.

Pour compléter ce qui a été vécu dans le passé et pour ne pas continuer d'accumuler les expériences incomplètes, nous devrions réagir aux situations actuelles en respectant intégralement l'intensité de nos sentiments. Cette ouverture nous permettrait d'identifier *à qui d'autre* (du passé) s'adresse notre réaction actuelle qui nous étonne. Mais le plus souvent, nous évitons de nous interroger sur le sens de notre réaction, et cela même si nous avons le sentiment qu'elle est exagérée. D'aucuns s'en prémunissent même en « ventilant » régulièrement leurs réactions sur leur entourage ! Agir ainsi est complètement inutile du point de vue de leur développement personnel, mais là n'est généralement pas le but qu'ils poursuivent…

LE TRANSFERT : UNE FORCE DE DÉVELOPPEMENT INSOUPÇONNÉE

Même si nous le faisons de façon erratique ou inadéquate, nous tentons constamment de conquérir la capacité d'être pleinement nous-même et de nous respecter dans nos relations avec les autres. Sur cette voie, nous réagissons souvent d'une manière révélant que notre force vitale est emprisonnée dans un transfert : tantôt nous nous surprenons à répéter les mêmes schémas comportementaux, à nous plonger dans des culs-de-sac similaires, tantôt nous allons jusqu'à transformer des situations afin qu'elles ressemblent à ce que nous disons avoir en aversion ! Aussi inimaginable que cela puisse paraître, ces attitudes ont pour but de nous placer dans un contexte qui sera propice à régler le problème qui nous suit depuis notre enfance ou notre adolescence. Cette affirmation mérite d'être expliquée et illustrée.

Recréer une situation identique

Rechercher des situations similaires

Jérôme (l'exemple du deuxième chapitre), qui a tant besoin d'exister pour quelqu'un afin d'être assuré de sa valeur, choisit, comme épouse, une femme qui ne semble pas très douée pour lui donner ce qu'il cherche. Elle est très indépendante et valorise cette indépendance. Elle est peu expressive et peu sensible aux besoins de Jérôme. En ce sens, elle ressemble beaucoup à la mère de ce dernier : une femme affairée qui s'impatientait devant le moindre besoin de son fils.

Sauter sur l'occasion qui se présente

Les besoins de croissance sont si impérieux que l'on dirait que nous sommes doté d'un sonar qui détecte ce qui est susceptible de nous toucher dans des situations qui apparemment ne le devraient pas. C'est ainsi que nous nous attachons à des détails, à des choses secondaires. De ce fait, les personnes impliquées sont souvent très surprises de notre réaction.

• Mon ami me fait un compliment. Je me sens insultée. Je suis choquée par son ton qui me semble moqueur. J'y vois donc une critique plus qu'un compliment. Il est abasourdi.

• Le groupe auquel j'enseigne est très intéressant et stimulant. L'un des étudiants me cause toutefois beaucoup de soucis, car il n'a jamais l'air intéressé. Quoi que je fasse, il me regarde d'un air hautain et critique. Il m'empoisonne la vie. C'est au point que c'est toujours avec beaucoup d'angoisse que j'entre dans cette classe.

Transformer la relation

À la longue, par notre façon de réagir, nous réussissons parfois à influencer l'attitude ou le comportement de notre interlocuteur à notre égard. Sans relâche, nous le provoquons afin qu'il agisse comme nous en avons besoin pour recréer la situation initiale qu'il nous faut résoudre.

• La femme que j'ai épousée était douce et aimante. Après quelques années, elle est devenue acariâtre. Que s'est-il passé ? Il me semble que je me retrouve à vivre avec ma marâtre de belle-mère. En fait, bien que son affection m'ait attiré, j'étais incapable de la recevoir. J'ai été avec elle aussi fermé qu'avec la femme de mon père, qui me détestait. Mon épouse a beaucoup tenté de me faire parler, de m'ouvrir. À la longue, elle s'est découragée. Petit à petit, elle a pris ma fermeture comme un manque d'amour à son égard. Elle est frustrée. Elle m'attaque de plus en plus vigoureusement. Je me renferme de plus en plus. J'ai l'impression de revivre le passé. J'ai l'impression que notre couple est détruit.

• J'étais certaine que cet homme ne serait jamais violent avec moi. C'est pour cela que je l'ai choisi. Il n'avait jamais levé le petit doigt sur personne. Pourtant, à certains moments, il devient hors de lui et me frappe. Je m'aperçois que j'ai avec lui la

même attitude passive et hostile que j'ai eue dans mes relations antérieures avec les hommes qui m'ont battue. Il dit qu'il ne peut me rejoindre quand j'ai cette attitude et qu'il n'y arrive qu'en étant violent.

Une fois comprise la nature du transfert, ces situations nous apparaissent moins comme des aberrations que comme des tentatives désespérées de régler un problème. Mais il est évident que, si la personne se contente de recréer la situation initiale et de répéter le même comportement que par le passé, alors elle n'arrivera jamais à relever le défi de croissance que son transfert l'invite à relever.

Revenir aux mêmes comportements

Nous faisons toutes sortes d'efforts pour nous trouver dans une situation susceptible de nous permettre de relever des défis de développement. Malheureusement, ces efforts sont en quelque sorte annulés par le fait que nous continuons généralement à nous conduire toujours de la même manière.

- *Jérôme : il se soucie de la place qu'il occupe dans plusieurs de ses relations. Il se contente de constater son manque et de profiter des situations où son besoin est comblé. Il s'accommode de la situation comme il l'a toujours fait, même petit. Il s'organise par ailleurs pour avoir une vie intéressante. Son leitmotiv : ne pas compter sur les autres et sur leur affection. Mais, de cette façon, il n'a aucune chance d'évoluer dans son transfert.*
- *Jasmine : comme elle l'a fait jadis avec sa mère et continue de le faire, Jasmine passe sa vie à tenter d'éviter les critiques, la désapprobation et le rejet. Pour elle, l'approbation des autres est le signe qu'elle est « correcte ». Elle désire tant cette approbation qu'elle réagit souvent à ce sujet avec des personnes qui ont peu d'importance dans sa vie. Par exemple, la postière qui*

hausse le ton en lui laissant entendre qu'elle devrait connaître le prix d'un timbre la met dans tous ses états. Sa réaction : s'expliquer longuement pour prouver qu'elle n'est pas « si bête qu'on pense ». Se justifier est ce qu'elle a toujours fait et fait encore avec sa mère dans le but d'être acceptée comme elle est. Cette tactique est stérile : elle ne lui a pas encore permis d'assumer sa différence et ne le lui permettra jamais.

- *Olivier : il éprouve vis-à-vis de sa fiancée et de son associé des sentiments semblables à ceux qu'il a toujours ressentis avec sa mère. Une certaine peur d'être critiqué et le sentiment omniprésent de ne pas être à la hauteur (particulièrement sur le plan sexuel avec sa fiancée). Il agit avec ces personnes comme il a toujours agi avec sa mère : il subit leur attitude autoritaire en rageant intérieurement ; de plus, il se dévalorise parce qu'il agit ainsi... Olivier a presque toujours l'impression de vivre dans un étau. Il a quitté plusieurs femmes avec qui la relation avait bien commencé, parce qu'à la longue il se sentait « petit » et avait l'impression de décliner de plus en plus devant leur « supériorité ». Il s'aperçoit qu'il est attiré par les femmes qui sont capables de s'affirmer, mais constate qu'il est incapable de prendre lui-même sa place devant elles. Il s'efforce d'être à la hauteur en ayant toujours le sentiment de ne pas y parvenir. Il tente donc plutôt de passer inaperçu, il s'efface, faisant passer ses besoins après ceux de l'autre. Les solutions d'Olivier ne favorisent nullement la résolution de son transfert. Il ne fait que tourner en rond à l'intérieur de son problème, voyant de ce fait son sentiment d'infériorité s'accentuer.*

Ces trois personnes se plaignent de ne pas avancer, bien qu'elles fassent de constants efforts pour survivre dans des relations grandement insatisfaisantes. Pourquoi n'évoluent-elles pas davantage ? Pourquoi n'arrivent-elles pas à se sentir en possession d'elles-mêmes et à vivre pleinement ce qu'elles sont ? Pourquoi n'arrivent-elles pas à se voir comme des égales de leurs interlocuteurs transférentiels ? D'autres attitudes contribuent au maintien du *statu quo*.

Attendre que l'autre change

Jérôme, Jasmine et Olivier continuent d'agir comme par le passé parce qu'ils attendent qu'un déclic se produise, qu'un changement survienne. Mais ce déclic, ce changement, ils souhaitent en fait qu'il se produise chez les autres. Jérôme se dit probablement : « S'ils pouvaient un jour se rendre compte de ma valeur et la reconnaître, je serais comblé. » Si Jasmine livrait ses pensées intimes, elle dirait probablement : « S'il advenait qu'un jour ma mère m'accepte enfin telle que je suis et que les gens cessent d'être critiques à mon égard, je pourrais vivre détendue et heureuse. » Quant à Olivier, on l'imagine souhaiter : « Que toutes les personnes devant qui il m'est si difficile de m'affirmer deviennent plus douces et tolérantes. Je pourrais alors enfin avoir droit à l'erreur. »

Nous faisons pareil. Convaincu que la solution réside dans un changement chez les autres, nous attendons leur transformation. Non seulement nous l'attendons, mais nous essayons de la provoquer. Les blâmes, les pressions, les demandes répétées ou les punitions plus ou moins subtiles que nous infligeons à nos interlocuteurs transférentiels en réaction à nos frustrations mobilisent une grande partie de notre énergie. Et malgré nos tentatives infructueuses, nous nous obstinons…

Demeurer inconscient de nos besoins

Le fait de nous focaliser sur une solution qui viendrait de l'extérieur constitue un évitement, un signe de notre résistance à l'introspection et à la recherche de solutions qui relèveraient de notre volonté et de notre propre pouvoir. Nous sommes en effet peu enclin à l'introspection lorsqu'il s'agit de notre transfert. Pour cette raison, nous demeurons vaguement conscient des besoins qui nous poussent à agir comme nous le faisons. Occulter nos besoins et nous focaliser sur le comportement de l'autre présentent un avantage : nous sommes moins forcé de nous impliquer. Mais au final, les désavantages sont beaucoup plus nombreux.

Dissimuler notre dépendance

Nous préférons éviter d'être en contact avec nos besoins, car ils témoignent de notre dépendance affective[12]. Il est souvent difficile d'admettre qu'un autre a une immense importance pour nous, cela même quand il s'agit d'un conjoint ou d'un parent. Lui avouer, c'est nous rendre vulnérable. L'idée de dépendance fait peur. Beaucoup d'auteurs et de « pseudo-psys » nous encouragent d'ailleurs à cultiver cette crainte. Et c'est souvent en nous référant à leur rationnel boiteux que nous tentons de dissimuler notre dépendance.

Pour nous cacher à nous-même l'importance que l'autre revêt pour nous et le besoin que nous avons de lui, nous prenons des distances ou recourons à des sortes de « joutes » interpersonnelles. Nous nous durcissons, par exemple. En adoptant cette attitude, nous n'exprimons qu'une partie de ce que nous éprouvons, celle que nous avons le sentiment de contrôler. Ou bien nous arborons une attitude détachée : nous arborons un air « au-dessus de nos affaires », bernant notre interlocuteur tout en tentant de nous illusionner. Mais en situation de transfert, l'expression incomplète de ce qui est vécu d'important, nous l'avons vu, ne fait que perpétuer ce vécu. Nous fuir nous-même, présenter une fausse image de ce que nous sommes à notre interlocuteur, lui dissimuler ce que nous vivons d'important à son égard sont parmi les moyens les plus efficaces de tisser une relation confuse et porteuse de toutes sortes de mécontentements et de déceptions.

12. Michelle LARIVEY, « Dépendance affective et besoins humains ».

Conclusion

Tant que la raison d'être des transferts nous échappe, nous les considérons comme autant de réactions encombrantes dont nous devons nous débarrasser en évitant les sujets « brûlants » ou en nous éloignant des personnes qui nous les font vivre. Par contre, une fois comprises les raisons d'être des transferts, ceux-ci peuvent devenir des occasions de nous développer. Pour y parvenir, il est toutefois important d'identifier de quelle façon nous stagnons dans nos transferts. Il nous restera ensuite à nous outiller pour les résoudre et retrouver la vitalité qu'ils emprisonnent.

Questions-réponses

LES IMPASSES RELATIONNELLES, LA RÉPÉTITION ET LE TRANSFERT

Question : Voilà dix fois que je connais le même type d'échec amoureux. Peut-on penser que je suis en situation de transfert avec les hommes que j'aime ?
Réponse : Une des caractéristiques remarquables de l'être humain est sa capacité de répéter longtemps le même comportement, même s'il a constaté qu'il ne produit pas ce qu'il souhaite : se préparer de la même façon à ses examens alors que l'on connaît l'inefficacité de cette manière de faire ; chercher à obtenir un geste de l'autre en répétant la rengaine qui n'a jamais rien changé ; adopter la même attitude pour atteindre l'autre, même si elle n'a jamais eu d'effet. Quelle explication donner à ces comportements quand on est certain, par ailleurs, qu'ils ne relèvent pas d'un manque d'intelligence ? Le fait de *répéter* est certainement

un signe de ténacité, et lorsque l'on est tenace, c'est que l'on tient à quelque chose. La répétition stérile met aussi en lumière deux autres éléments : l'absence d'évaluation sérieuse de la situation et l'attente d'une solution venant de l'extérieur de soi. En fait, nous n'essayons pas de comprendre réellement pourquoi cela ne marche pas ; nous nous contentons souvent d'explications comme celles-ci :

- *C'est l'autre qui est entêté !*
- *C'est la situation qui n'a pas de sens !*

Ou nous nous comportons comme si quelque chose allait magiquement se passer, qui changerait le cours des choses :

- *Je ne sais pas très bien ce que je veux et au lieu de prendre la peine de le chercher, je le laisse décider en espérant que je serai satisfaite de son choix.*
- *Je boude parce qu'elle me critique encore, mais cette fois elle va peut-être comprendre combien c'est difficile pour moi et enfin cesser.*

Trois caractéristiques sont toujours présentes dans le transfert :

1. La *ténacité*, à savoir que je ne renonce pas à ce que je veux ; c'est un signe que le sujet a de l'importance pour moi.

2. Une certaine *inconscience* de mon besoin ; en effet, au lieu de jeter un regard lucide sur moi pour réaliser que je me comporte toujours de manière similaire afin d'obtenir la même chose de la part de l'autre, je porte un regard critique sur ce dernier :

- *Ce n'est pas moi qui emploie toutes sortes de stratagèmes pour qu'il m'avoue son amour, c'est lui qui est incapable d'exprimer ses sentiments !*
- *Ce n'est pas moi qui supporte mal la critique, c'est elle qui ne m'accepte pas comme je suis.*
- *Ce n'est pas moi qui me boycotte en ne disant pas ce que je veux, c'est l'autre qui est insensible à mes besoins.*

3. Je laisse la *responsabilité* de ma satisfaction entre les mains des autres ; je suis en effet convaincu que c'est le monde extérieur qui doit changer pour que je sois satisfait puisque c'est lui qui a tort :

- *Mon épouse ne cesse de me répéter qu'elle ne veut pas renoncer à son jugement. Elle considère que c'est moi qui suis susceptible et elle soutient que l'acceptation inconditionnelle n'est pas le critère de l'amour. Qu'à cela ne tienne : je continue de souhaiter qu'elle change.*

Ainsi, tout est en place pour assurer la répétition du scénario. Comment puis-je le modifier ? En renonçant d'abord à faire changer l'autre. Essentiellement, la solution consiste à *prendre moi-même en charge* mon besoin affectif et à l'assumer vraiment au lieu de compter sur la collaboration ou la générosité de l'autre pour ce faire. Nous verrons ce que cela signifie concrètement dans le prochain chapitre.

SORTIR DE L'IMPASSE OU RENONCER À LA RELATION

Question : Les propos tenus jusqu'à maintenant sur le transfert donnent à penser que rompre lorsque nous sommes empêtré dans un transfert n'est pas la solution idéale. J'ai pourtant l'impression d'avoir essayé tellement longtemps, en vain, de réussir mon mariage, que je ne vois pas d'autre solution que la séparation. Y aurait-il autre chose à faire que je n'ai pas vu ?

Réponse : Quand nous avons l'impression d'avoir tout essayé pour qu'une relation soit nourrissante et intéressante, sans y arriver, il n'existe peut-être pas d'autre solution que de cesser de chercher satisfaction dans cette relation. Cela vaut autant pour les relations amoureuses ou d'amitié que pour les relations de travail.

Dans ce livre, je veux mettre en lumière le fait qu'il n'y a pas seulement deux solutions envisageables quand nous nous trouvons en situation de transfert, même lorsque nous sommes sclérosé dans ce type de relation : soit renoncer à nos besoins profonds (ce qui équivaut à renoncer à soi), soit quitter la personne à qui nous tenons. Si ces deux solutions sont les plus fréquemment adoptées, c'est souvent parce que le transfert est mal compris.

Cela dit, il arrive parfois que nous sachions très bien ce que nous recherchons dans une relation intime ou dans notre milieu de travail et que nous ne parvenions pas à l'obtenir, même après avoir fait des tentatives qui, en principe, auraient dû être efficaces. Il est aussi fréquent que notre entourage nous boude lorsque nous changeons pour vivre davantage selon nos standards et mieux tenir compte de nos besoins. Nous sommes alors forcé de conclure que ce que nous sommes devenu ne les intéresse pas.

- *Je veux que nous parlions davantage de ce que nous vivons l'un par rapport à l'autre. J'essaie de parler des vraies choses, mais mon compagnon refuse et se soustrait à mes tentatives.*
- *Je fais des gestes pour qu'il y ait plus de tendresse entre nous. Je demande parfois à mon ami de me prendre dans ses bras. Mais il n'aime pas me toucher en dehors des relations sexuelles.*
- *Je lui ai signalé à maintes reprises combien elle n'est pas intéressée quand je lui parle de sujets qui m'importent. Il n'y a rien à faire. Il n'y a que son petit monde à elle qui compte.*

Lorsque nous avons l'impression d'avoir tout essayé pour que nos besoins cruciaux soient comblés et que nous avons le sentiment de toujours faire face à un mur, il nous faut parfois conclure que la seule solution est de changer de cap. Dans une situation de ce genre, l'important est d'avoir la certitude que nous avons agi de manière appropriée et non que nous avons attendu passivement[13].

13. Michelle LARIVEY, « Ne vous séparez jamais sans... », *La lettre du Psy*, novembre 1997, <http://redpsy.com/infopsy/separe.html>.

La séparation est souvent une question de qualité de vie, mais, dans certains cas, elle est une question de survie. Qui n'a pas été bouleversé devant la destruction mutuelle à laquelle se livrent les conjoints dans *Qui a peur de Virginia Woolf?* Martha et son mari n'ont pas renoncé à leurs besoins, mais ils ont recours *ad infinitum* aux mêmes stratagèmes stériles. Ils ragent chacun de leur côté du fiasco qu'ils créent et en font payer le prix à l'autre. Qui n'a pas aussi remarqué avec tristesse, souhaitant ne jamais leur ressembler, de vieux couples sans vitalité ? Pour diverses raisons, chacun des partenaires s'est éteint graduellement en renonçant à la satisfaction de ses besoins affectifs.

La séparation est une solution incontournable quand la confiance dans le changement n'est plus là. Les efforts déboutés à répétition provoquent une usure qui peut atteindre un point de non-retour. À ce stade, l'autre peut montrer toute la bonne volonté dont il est capable, cela n'a tout simplement plus d'effet.

MON MARI EST MON PÈRE

Question : Je suis maintenant convaincue que je cherche chez mon mari ce que je n'ai jamais pu trouver chez mon père : la tendresse. Je remarque chez lui certaines caractéristiques de mon père : il est très intelligent, exigeant et assez rude. J'apprécie beaucoup de choses de lui, mais le manque de douceur est terrible à la longue. Il n'aime pas que je le prenne pour mon père. De mon côté, je me trouve un peu puérile.
Réponse : Selon ces critères, chacun de nous est puéril, car toutes nos relations importantes comportent des éléments transférentiels. Nous avons déjà accompli un bon bout de chemin dans la conscience de notre transfert lorsque nous avons identifié le besoin avec autant de précision et aussi bien ciblé notre interlocuteur. Sachant qu'il est l'équivalent de notre parent en ce qui concerne certains besoins affectifs, il est possible de l'utiliser à cette fin.

Par exemple, en lui montrant ces besoins plus qu'on ne l'a fait avec notre parent. Ce changement est un premier pas vers la solution parce que, ce faisant, nous assumons le besoin que nous ne sommes pas arrivé à assumer avec notre parent. Nous avons ainsi l'opportunité, avec notre interlocuteur transférentiel, de vivre ce que nous n'avons pas réussi à vivre antérieurement[14].

Comprendre clairement que l'autre est équivalent à un parent nous aide à adopter de nouvelles façons de nous comporter. Cela contribue également à assainir la relation en établissant clairement les vrais enjeux[15]. Par exemple, si mon conjoint comprend et accepte que mes réactions ne s'adressent pas uniquement à lui, mais aussi à mon parent avec qui ce sujet n'est pas réglé, il pourra recevoir ce que j'exprime de façon plus sereine. Il conviendra aussi que mes réactions ne sont pas aussi démesurées qu'elles peuvent le paraître à première vue. De plus, s'il réalise qu'il est moins responsable de ma réaction qu'il ne le pensait, il lui sera plus facile de me laisser la vivre, car il aura compris que c'est à moi d'en assumer la pleine responsabilité. Sa passivité relative pourra m'aider. Ce n'est qu'en m'affirmant avec mes besoins devant mes vrais interlocuteurs que je parviendrai à résoudre ce transfert.

COMMENT ÉVITER QU'UNE CRISE DÉBOUCHE SUR LA SÉPARATION ?

Question : Comment aider mon mari qui passe par une remise en question totale de sa vie ? Il a 40 ans. Il se dit insatisfait de sa vie et de ce qu'il est devenu. Il se renferme et refuse d'en discuter avec moi parce que, dit-il, je ne peux pas le comprendre. Je crains que sa démarche nous mène à la séparation.

---

14. Voir le chapitre 9, « Résoudre mes transferts ».
15. Voir le chapitre 10, « "Je ne suis pas ton père" ! ».

Réponse : L'approche de la quarantaine est un moment de remise en question. C'est heureux, parce qu'à bien des points de vue il est encore temps de rajuster notre tir pour corriger ce qui ne nous satisfait pas dans notre vie. Nous pouvons ainsi éviter de la terminer dans l'amertume. C'est une démarche bien solitaire, toutefois. Même quand les deux membres du couple sont du même âge, cette remise en question ne se fait pas nécessairement au même moment et, bien sûr, pas sur les mêmes thèmes.

Quand la démarche de mon conjoint risque de se solder par une séparation, je suis forcément concernée. Mais il est normal que ce dernier n'accepte pas que je l'aide si je fais partie de son problème. Dans ce cas, il vaut mieux que je fasse de mon côté une évaluation de notre vie à deux. Car lorsque l'un des partenaires envisage la séparation, c'est nécessairement que le couple va mal. Ou bien les deux connaissent des insatisfactions importantes, ou bien seul celui qui souhaite la séparation en éprouve. Dans ce dernier cas, celui qui se dit heureux dans la relation est confronté à un sérieux problème, car cela signifie qu'il n'y a plus de réciprocité dans les échanges. Or, un couple ne peut conserver sa vitalité si chacun n'est pas nourri à sa satisfaction par la relation[16].

Cependant, même si l'autre ne veut pas se confier à moi, je puis faire beaucoup pour le comprendre. D'abord, en tant que partenaire de vie, je dispose de nombreuses informations sur sa qualité de vie et en particulier sur sa qualité de vie avec moi. De plus, le connaissant bien, je peux faire un exercice d'empathie : tenter de me mettre dans sa peau pour essayer de voir de son propre point de vue sa vie et sa vie avec moi. Si je fais cela sincèrement et honnêtement, il y a de bonnes chances que j'aborde mon compagnon autrement dans cette situation délicate. Je n'offrirai pas de « l'aider ». Je lui apporterai plutôt mon point de

16. Jean GARNEAU, « Évaluer la vitalité de ma relation de couple », *La lettre du Psy*, avril 2001, <http://redpsy.com/infopsy/couplevitalite.html>.

vue sur les problèmes que nous avons ensemble. Je serai ouverte à l'entendre réellement sur les insatisfactions qu'il éprouve avec moi et en dehors de moi. Je voudrai vraiment le comprendre pour être en mesure de faire au moins ma part afin que notre vie à deux soit plus satisfaisante.

Au-delà de cette attitude et même si cela est très insécurisant, il est essentiel de laisser à l'autre toute la liberté de faire sa démarche de remise en question, y compris en ce qui concerne sa vie avec moi. Les pressions ou manipulations pour en influencer l'issue ne pourraient qu'être nocives à la relation. Une telle attitude a des exigences ; elle requiert notamment une bonne capacité de vivre sa solitude existentielle, comme le dit bien la citation qui suit :

> Dans ce cas (où la personne assume sa solitude), ses contacts avec autrui se définissent par des échanges réciproques où chaque individu est lui-même libre de ses actes et gardien de ses intérêts. La relation ne dure que dans la mesure où elle constitue pour chacun des deux un échange nourrissant et réciproque. La personne qui assume la responsabilité inhérente à sa solitude ne pourrait accepter un échange où elle se considérerait comme seule bénéficiaire du contact, car le respect d'elle-même que suppose cette solitude assumée lui permet de respecter son interlocuteur en tant que personne autonome qui ne lui doit rien et ne doit pas être dupée[17].

17. Jean GARNEAU et Michelle LARIVEY, *L'auto-développement*, p. 274.

CHAPITRE 4

La conquête de la liberté d'être soi

Introduction

Chacun d'entre nous aspire à une sorte de bien-être, à une sérénité provenant de la capacité d'être soi-même dans toutes les situations. Certains pensent que cette faculté est innée, d'autres jugent qu'elle est l'apanage de privilégiés nés sous une bonne étoile, si bien qu'ils sont d'emblée découragés. Or, l'aptitude à être soi-même est une étape cruciale du développement psychique. Par définition, ce résultat implique un *travail* et un travail assidu. Ne faut-il pas imposer des exercices à l'esprit pour en éveiller tout le potentiel? Ne faut-il pas exercer son corps pour en augmenter les capacités? Le psychisme obéit aux mêmes règles. Sa croissance demande des efforts. Mais alors que nous sommes passablement renseigné sur le développement psychomoteur, intellectuel et social, ce n'est pas le cas en ce qui concerne l'évolution psychique. Si bien que, même avec la meilleure volonté, il nous arrive plus souvent qu'autrement de tourner en rond ou de prendre de mauvaises directions. Pour évoluer avec efficacité, il faut une direction et des buts qui nous permettent à la fois d'avancer progressivement et d'évaluer périodiquement le chemin parcouru.

J'ai ajouté ce chapitre au livre parce que la conquête de la liberté d'être soi se réalise dans chacune des trois dimensions du transfert, qui concernent le droit à l'existence, le droit à l'unicité et le droit d'être une personne sexuée. Avant d'y venir, voyons d'abord d'une manière générale en quoi consiste la conquête de la liberté.

Quelques illustrations

JE SUIS LIBRE LORSQUE...

...je suis capable de te dire que je t'aime et que ton amour est crucial pour moi.
...je peux risquer d'être ridicule pour faire ce qui me plaît.
...j'ose montrer que je ne suis pas sûr de moi.
...j'assume mes convictions.
...je suis capable de te demander de t'occuper de moi quand j'en ai besoin.
...je suis capable d'avouer que je suis mal à l'aise même devant des gens importants pour moi.
...je supporte facilement la critique.
...je suis capable de te montrer à quel point je te trouve attirant.
...je prends le risque de te demander des critiques.
...je suis prête à t'avouer mon amour sans être certaine de tes sentiments.

JE NE SUIS PAS LIBRE LORSQUE...

...j'attends anxieusement que tu m'aimes.
...je renonce à m'exprimer par peur du ridicule.
...je bégaie par manque d'assurance.

...je te manipule pour que tu t'occupes de moi.
...je te cache combien tu me séduis.
...je croule sous tes critiques.
...je me hais de rougir en m'exprimant.
...j'ai besoin d'être approuvé, mais que je n'ose le demander.
...je cherche à capter l'attention en faisant mine de rien.
...je considère mes besoins affectifs comme infantiles.
...je m'excuse quand tu n'aimes pas ce que je ressens.

Qu'est-ce que la liberté d'être soi ?

LA LIBERTÉ INTÉRIEURE

La liberté d'être soi s'éprouve comme une indépendance intérieure. C'est la liberté qui me permet d'oser être moi-même, en tout temps, avec toutes les personnes qui ont de l'importance à mes yeux. Celle qui me permet d'être moi-même sans avoir à me durcir ou à compter sur des substances relaxantes pour faciliter mon expression.

Il s'agit éminemment d'une liberté intérieure, d'une sorte d'affranchissement de nos propres inhibitions et des interdits que nous avions plus ou moins projetés sur le monde extérieur. Cette liberté correspond à l'idée que nous nous faisons d'être bien dans sa peau : être à l'aise d'être soi-même, que l'on soit seul ou en relation avec d'autres personnes.

LES DANGERS QU'IL Y A À ABDIQUER

Même si atteindre cette liberté est un objectif crucial dans toute vie humaine, certains d'entre nous y renoncent. C'est généralement l'ignorance, le découragement devant la difficulté ou encore l'usure laissée par de vains essais qui les conduit à cet état. Leurs tentatives n'ont pas donné les résultats escomptés et ils n'ont plus l'espoir d'y arriver ni l'énergie de continuer.

Mais en abandonnant, ils acceptent de vivre à la merci de leur entourage. Il peut s'agir d'un parent :

- *Alice n'ose jamais raconter ses bons coups à son père, car il ne manque pas de lui souligner ses faiblesses.*

Alice est à la merci de son père en ce sens que l'expression de ce qui lui importe dépend de la réaction (ici de l'acceptation) de son père. Alice n'est pas libre avec son père.

Il peut s'agir d'un conjoint :

- *Nicolas fait semblant de tout accepter de sa jeune épouse, car s'il a le malheur de la critiquer elle fait une crise. Il a peur de ces crises. Il a peur de perdre son amour.*

Nicolas est à la merci de sa femme, car son expression dépend de la réceptivité de cette dernière et non de l'importance de donner son opinion. Nicolas n'est pas libre avec son épouse.

Il peut s'agir de notre propre enfant :

- *Étienne redoute les nuits. Chaque soir, vers minuit, son fils Sacha, deux ans, hurle à fendre l'âme jusqu'à ce qu'il se décide à le bercer.*
- *Josée se laisse interrompre chaque fois que sa fille Natacha s'adresse à elle. Qu'elle soit au téléphone, en train de lire, en conversation avec son mari, à la porte avec un livreur ou occupée à une tâche qui demande beaucoup d'attention, la fillette a toujours la priorité. Josée craint que, si elle ne se rend pas au désir de son enfant, celle-ci soit frustrée et, en conséquence, l'aime moins.*

Étienne et Josée sont à la merci de leur enfant. Leur action est déterminée par ce que veut leur enfant, quels que soient leur propre besoin à eux et les conséquences de leur comportement sur leur enfant. Ils choisissent d'être l'esclave des désirs et caprices de leur enfant en se sacrifiant. Ils ne sont pas des parents libres.

Il peut s'agir de son employeur :

- *Hugo est toujours consentant à accepter les tâches que lui confie son patron, et ce, même si les conditions sont objectivement inacceptables. C'est parce qu'il craint de perdre son emploi qu'il est prêt à payer ce prix tous les jours.*

Hugo est à la merci de son patron. Il est incapable de prendre le risque de déplaire à ce dernier pour respecter ses besoins, son rythme, en fait ses capacités réelles d'exécution. Il n'est pas libre avec son patron.

Toutes ces personnes sont en situation de transfert avec la personne devant qui elles abdiquent. Elles accordent une importance « démesurée » à la réaction de l'autre. Une importance en fait disproportionnée par rapport à ce qu'elles sacrifient, soit être elles-mêmes. Si elles sont inconscientes du phénomène, il y a de fortes chances pour qu'elles continuent de se replier sur elles-mêmes, car le risque affectif de se confronter à l'autre leur paraît trop grand. Ce repli les conduit à s'éteindre comme personne, c'est-à-dire à taire ce qui leur importe, à cacher leurs propres couleurs, à retenir leurs réactions, à réprimer leurs besoins… Ce faisant, elles choisissent de parsemer leur existence de frustrations qui les mèneront petit à petit à un état dépressif. D'autres fois, l'abdication est immédiatement catastrophique. Ne parvenant pas à être bien dans leur peau, elles optent pour des solutions extérieures à elles. Certaines s'aident de la culture actuelle qui vante les antidépresseurs et les anxiolytiques. D'autres recourent à l'alcool, aux stupéfiants, se plongent dans le travail ou développent diverses assuétudes qui leur procurent l'illusion de vivre pleinement[18]. L'adoption de ces pseudo-solutions est parfois situationnelle, mais elle peut imperceptiblement devenir définitive.

---

18. Bruno ROBERGE, *Les Dérives de la vie quotidienne*, Québec, Éditions Bruno Roberge, 1988.

Si ces personnes choisissaient de porter attention à leur expérience intérieure chaque fois qu'elles optent pour le renoncement, elles s'apercevraient déjà de l'effet dévastateur qui l'accompagne. Par exemple, ce n'est pas avec «amour» qu'Étienne berce Sacha chaque soir, mais avec une certaine irritation qui dit bien qu'il n'est pas dupe du caprice auquel il se soumet. En osant ressentir sa colère, il identifierait sa crainte de perdre l'amour de Sacha. Et il comprendrait que c'est en fait lui-même qu'il protège en berçant Sacha... Son esprit se clarifierait probablement suffisamment pour qu'il mesure l'effet pernicieux et à courte vue, sur le développement du caractère de son enfant, du choix de se protéger lui-même.

De son côté, si Nicolas portait attention à son expérience intérieure, il s'apercevrait que chaque fois qu'il renonce à s'exprimer devant sa femme il met une distance entre eux. Durant les heures qui suivent un tel renoncement, il est mécontent et plus froid. Il deviendrait sensible à l'amertume qui se développe graduellement en lui au fur et à mesure qu'il s'éteint. C'est dans ces moments pénibles qu'il puisera un jour la force de donner le coup de barre nécessaire pour se permettre d'exister auprès d'elle et, puisqu'il s'agit d'un transfert, auprès des autres interlocuteurs en face de qui il a tendance à se retirer. Cette capacité d'être attentif à notre expérience intérieure, même si celle-ci est subtile, est nécessaire pour bien diriger notre vie en voyant à nos besoins ainsi qu'à tout ce qui nous importe. Elle se développe aisément avec de l'aide, éventuellement, et de la pratique.

Le chemin de la liberté

À quelles conditions est-il réaliste d'aspirer à gagner cette liberté intérieure ? Par quelle voie finirons-nous par nous sentir bien dans notre peau et satisfait de la qualité de notre présence dans toutes nos relations ? Il n'existe pas de recette miracle, mais un chemin bien particulier à parcourir. On pourrait dire que ce chemin n'est pas très fréquenté, principalement parce qu'il est inconnu. Il faut reconnaître aussi qu'il rebute à première vue, car il comporte des cahots propres à décourager le voyageur. Mais ce chemin est comme certaines montagnes et certaines mers : une fois que l'on devient habile à le fréquenter malgré son aspect aride, aucun autre ne nous paraît meilleur et plus satisfaisant.

M'ASSUMER TEL QUE JE SUIS

Qu'est-ce que m'assumer ? C'est prendre le risque d'être et de me montrer tel que je suis. Selon la situation, ce peut être avec l'émotion que j'éprouve, avec mon besoin (désir ou préférence), avec mes valeurs ou mes aspirations, etc.[19] Chaque fois que je m'assume, je fais un pas en direction de ma liberté intérieure.

Il peut être étonnant de lire que le chemin pour atteindre la liberté repose sur la capacité de s'assumer. La plupart d'entre nous avons beaucoup d'objections à accorder une telle place à nos émotions et à nos besoins, surtout lorsqu'ils nous mettent mal à l'aise ou nous compromettent. Il est plus rassurant de croire que c'est l'acceptation des autres qui nous procurera cette liberté. Nous rêvons d'être accepté et aimé inconditionnellement tel que nous sommes, croyant que c'est ainsi que s'acquiert la sécurité

---

19. Le chapitre de Jean GARNEAU, « Fidèle à moi-même », *Les émotions source de vie*, offre d'importants éclaircissements sur cette question.

nécessaire pour nous sentir libre d'être nous-même. C'est d'ailleurs avec cette conviction que nous nous acharnons parfois à obtenir l'amour, l'acceptation, l'approbation.

LES CROYANCES POPULAIRES TROMPEUSES

Force nous est de constater que même lorsque nous obtenons ce que nous recherchons, et souvent gratuitement, le miracle ne se produit pas. Tout l'amour du monde et toute l'acceptation des êtres chers ou estimés ne parviennent pas à nous transformer en personne libre et en harmonie avec elle-même.

Pourquoi Marie qui désire tant qu'on la trouve extraordinaire est-elle incapable d'accepter un seul compliment ?

Selon la croyance populaire, la reconnaissance de ses qualités devrait contribuer à rendre Marie plus sûre d'elle. Or, non seulement les compliments n'ont aucun impact positif sur elle, mais elle les refuse ; souvent même, elle méprise la personne qui les lui adresse.

Pourquoi Georges qui se trouve minable est-il incapable d'admettre que Marie-Claire l'aime ; pourquoi est-il incapable de jouir de cet amour ?

Selon la croyance populaire, l'amour de Marie-Claire devrait transformer Georges. Il devrait augmenter l'estime qu'il se porte et lui donner une meilleure image de lui-même. Mais il n'en est pas ainsi. Non seulement Georges ne croit-il pas à l'authenticité de l'amour de sa femme, mais il se met petit à petit à la mépriser d'avoir des sentiments pour lui.

La désespérance devant l'incapacité d'atteindre cette liberté a influencé la croyance populaire dans une autre direction. Celle selon laquelle nous devrions pouvoir nous passer des autres et nous donner nous-même la reconnaissance dont nous avons besoin. Ainsi Marie pense-t-elle qu'elle devrait se reconnaître elle-même, que c'est la seule façon d'arriver à se rehausser à ses propres yeux. Georges est convaincu qu'il doit commencer par s'aimer lui-même avant de pouvoir recevoir l'amour de son épouse. Mais comment Marie peut-elle sincèrement se rassurer sur sa valeur alors qu'elle n'a justement pas une haute opinion d'elle-même ? Comment Georges arrivera-t-il à s'aimer, lui qui ne s'aime précisément pas ? Tel est le paradoxe à l'intérieur duquel bon nombre de personnes se débattent, ce qui n'enlève rien à leur désespérance, au contraire.

LES LOIS DE LA PSYCHÉ

Le psychisme a ses propres lois, tout comme le corps a les siennes. Par exemple, il nous est impossible d'inverser des étapes du processus de digestion. C'est parce que toutes les étapes ont été franchies que les aliments ingérés peuvent fournir l'énergie nécessaire. Ce sont certains exercices bien particuliers qui contribuent à augmenter la masse musculaire. Si nous répétons, même avec toute la bonne volonté du monde, des exercices inappropriés, nous échouerons à coup sûr. Malheureusement, en ce qui concerne la vie psychique, nous nous laissons souvent guider par la pensée magique : ainsi ne cessons-nous de répéter des gestes qui ne donnent jamais le résultat escompté.

En réalité, Marie n'arrive pas à recevoir un compliment parce qu'elle refuse d'*avoir besoin* de l'approbation des autres. Georges, de son côté, ne peut se laisser toucher par l'amour de sa femme parce qu'au fond il refuse d'en avoir tant besoin.

Il est faux de penser que l'amour et la reconnaissance des autres peuvent, à eux seuls, nous transformer alors qu'au fond nous refusons d'en éprouver le besoin. Refuser la présence du besoin équivaut à « fermer le canal » par lequel ce que nous recherchons pourrait nous parvenir. L'amour, l'acceptation, la reconnaissance des personnes qui ont de l'importance à nos yeux sont une nourriture affective qui contribue à nous construire, mais il y a des conditions pour qu'ils donnent ce résultat. Ces conditions sont les suivantes :

— je dois consentir au besoin (ou à l'émotion qui révèle le besoin)[20] ;

— je dois ensuite prendre l'initiative d'exprimer mon besoin ;

— et cela, à une personne qui a de l'importance à mes yeux.

Ces règles mettent en lumière le fait que ce n'est pas l'acte de recevoir qui augmente notre solidité et notre liberté d'être, mais bien d'accepter et de montrer ce que nous sommes. En effet, en consentant à vivre mes émotions, à éprouver les besoins qu'elles me révèlent et en exprimant ceux-ci, j'obtiens deux résultats importants : non seulement je m'assume comme personne, mais en plus j'augmente l'estime que je me porte. C'est en empruntant ce chemin que je parviendrai à m'aimer et à m'attirer davantage de considération, car *l'amour de soi* est en fait de la considération de soi, et nous ne pouvons y parvenir qu'en agissant d'une manière que nous estimons[21].

Le cul-de-sac

Affirmer qu'il faut assumer nos besoins ouvertement est « contre-culturel » pour la plupart d'entre nous. Nous avons en effet appris à refuser les sentiments qui nous mettent mal à l'aise.

20. Pour identifier le message transmis par les diverses émotions, voir Michelle Larivey, *La puissance des émotions : comment distinguer les vraies des fausses,* Montréal, Les Éditions de l'Homme, 2002. Voir aussi <http://redpsy.com/editions>.

21. Michelle Larivey, « Apprendre à m'aimer », *La lettre du Psy*, mars 2000, <http://redpsy.com/infopsy/dependance3.html>.

Nous avons aussi acquis la conviction que la dépendance à l'égard d'une personne aimée ou estimée est un signe de faiblesse psychologique, une sorte de preuve que nous sommes incapable de vivre par nous-même. Cela nous porte parfois à nous rebeller contre l'ascendant qu'une personne exerce sur nous et à le cacher devant elle. L'exemple de Laura le montre :

- *Pour être conforme à l'idée qu'elle se fait d'une personne saine et adulte, Laura s'efforce de garder son indépendance. Elle s'abstient de montrer ses sentiments, même lorsqu'elle est très affectée. Elle adopte cette attitude à l'égard de toutes les personnes qui ont de l'importance pour elle : ses amoureux, mais aussi son père, sa sœur aînée, ses deux adolescents, son patron... Son refus de dépendance est à l'origine de nombreuses querelles avec ses amoureux ; ceux-ci lui ont souvent reproché sa raideur et sa difficulté à se laisser atteindre. Pour lui éviter de perdre la face, ils doivent d'ailleurs deviner ses besoins (sinon elle leur en tient rigueur). Comme ils n'y arrivent pas toujours, il lui faut inventer des façons indirectes de manifester ses besoins. Elle a donc développé un répertoire de subterfuges qu'ils doivent décoder pour lui prouver qu'ils l'aiment vraiment.*

De plus, lorsqu'une personne comble son besoin, Laura ne peut exprimer complètement sa satisfaction ou sa reconnaissance, car ce serait montrer l'existence de son besoin. Or, elle craint qu'on prenne par là davantage de pouvoir sur elle ou qu'on abuse de sa vulnérabilité.

Voilà comment, malgré toute sa bonne volonté, Laura s'aliène de plus en plus dans ses relations avec les autres et a l'impression d'être de plus en plus prisonnière d'elle-même. En outre, elle se sent dévalorisée par ses nombreux échecs qui viennent de ce qu'elle est aussi insatisfaite que son partenaire. Comment sortir de cette prison dans laquelle elle s'emmure ?

Comment conquérir sa liberté ?

La conquête de la liberté est un travail de développement personnel. J'insiste sur le mot *travail,* car bien des gens ne savent pas que la croissance psychique se fait avec des efforts et en prenant des risques. Cela dit, si nous sommes le moindrement attentif aux résultats, nous constatons qu'ils sont immédiatement gratifiants, cela même lorsque le but ultime n'est pas encore atteint. C'est cette gratification immédiate qui nous insuffle la motivation nécessaire pour continuer.

Les quatre étapes suivantes sont essentielles à la conquête de sa liberté.

RESSENTIR SES ÉMOTIONS

Ressentir ses émotions signifie les accueillir, bien sûr, mais c'est plus que cela. Je dois les ressentir complètement et les laisser être présentes durant tout le processus qui constitue leur « vie »[22]. Vivre totalement une émotion, c'est lui permettre de traverser plusieurs étapes, toutes aussi essentielles les unes que les autres. Si je n'obstrue pas ce processus vital, l'émotion peut m'informer de ce qui m'atteint, positivement aussi bien que négativement, de ce qui me manque comme de ce qui me comble et de ce qui m'importe[23]. L'intensité de l'émotion est également importante, parce qu'elle me dit jusqu'à quel point je suis touché. Il faut donc laisser place à l'intensité telle qu'elle se présente. C'est ainsi que je pourrai non seulement connaître mes besoins sans équivoque, mais aussi savoir comment en tenir compte.

---

22. Ce processus est décrit en détail dans Jean GARNEAU et Michelle LARIVEY, « La vie d'une émotion », *Les émotions source de vie*, et dans « Le processus naturel de croissance », *L'auto-développement*.
23. Michelle LARIVEY, *La puissance des émotions.*

ACCEPTER LE BESOIN

L'existence des besoins n'est pas une affaire de volonté

> Un besoin est une exigence dictée de l'intérieur, une nécessité qui dépend directement de la nature de l'être vivant auquel il appartient. C'est pourquoi la réponse au besoin est souvent considérée comme nécessaire à la survie. Lorsque l'exigence n'est pas vitale, on parle plutôt de désir, d'appétit, d'envie, de goût ou de caprice[24].

Comme l'émotion donc, le besoin s'impose à moi. Mon pouvoir sur son existence se limite à le combler ou à refuser de le combler. Il m'est impossible de l'éliminer. Quoi qu'on en dise, le raisonnement, ou la rationalisation, ne le fait pas disparaître. Tout au plus, par ces moyens, réussirai-je à l'éloigner de ma conscience, mais cela n'équivaut pas à l'annihiler. Faisons une analogie avec le corps : j'ai faim parce que mon organisme est en manque ; je refuse ce besoin, car je veux maigrir ; j'ingurgite donc un coupe-faim qui me donnera l'illusion que ma faim a disparu. Mais ce n'est pas parce que ma faim a disparu de ma conscience que le besoin de manger se trouve éliminé pour autant. Dès que l'effet du coupe-faim aura cessé, ce besoin réapparaîtra sans vergogne !

Il en est de même des besoins affectifs et psychiques. Quand je choisis de les ignorer, ils continuent d'exister et prennent même de l'ampleur, parfois à mon insu. Alors, le manque donne naissance à toutes sortes de symptômes qu'après un certain temps je ne suis même plus capable de relier au besoin[25].

Pour utiliser une fois encore l'analogie avec le corps physique, ce n'est pas parce que j'ignore ma faim qu'elle disparaît. Le signal habituel par lequel ma faim m'est indiquée pourra

24. Jean GARNEAU et Michelle LARIVEY, *Les émotions source de vie*, p. 31.
25. Jean GARNEAU et Michelle LARIVEY, *L'enfer de la fuite*.

s'estomper, me laissant avec l'impression que je n'ai plus faim. Mais il sera remplacé par d'autres signaux : faiblesse, mal de tête... Et si je cesse de m'alimenter sous prétexte que je ne ressens pas la faim, c'est sur ma santé elle-même que je constaterai des répercussions qui se manifesteront par de graves symptômes.

Le combat *contre* un besoin est donc une lutte parfaitement stérile, car l'existence du besoin n'est pas soumise à la volonté. À cet égard, les besoins psychiques obéissent à la même règle que les besoins physiques : ils s'imposent. Cependant, alors que les besoins physiques trouvent la plupart du temps une réponse automatique, la réponse aux besoins psychiques est soumise à notre libre arbitre. Voilà pourquoi nos besoins affectifs sont souvent malmenés !

Consentir : la seule option saine

Pour vivre en bonne santé physique et mentale, nous n'avons pas d'autre solution que de consentir aux besoins que nous impose notre organisme. Consentir signifie d'abord admettre leur existence et ensuite les accepter. L'acceptation doit être réelle, à défaut de quoi nous ne tiendrons pas vraiment compte de nos besoins. Si, par exemple, je n'accepte pas que l'exercice physique est essentiel à la forme, il y a peu de chance que j'en fasse. Si je n'admets pas que j'ai besoin de contacts plus nourrissants dans ma vie pour chasser mon humeur dépressive, il y a peu de chance que je m'efforce de faire des pas dans ce sens. C'est donc la qualité de l'acceptation qui sert de moteur à ma démarche pour combler mon besoin.

S'EXPRIMER RÉELLEMENT

Chaque fois que je m'exprime quand un enjeu est important pour moi, je contribue à m'assumer un peu plus. Mon expression peut prendre diverses formes : gestes, paroles, actions, choix, etc. Je puis m'exprimer par mon attitude, mon habillement, en faisant une demande, en répondant. M'exprimer réellement, c'est extérioriser ce qui m'importe. Mais pour que cette expression contribue à me construire, elle doit être faite en contact avec *ce que* je ressens et en contact avec *celui ou ceux* à qui je m'adresse.

S'impliquer

Pour ce faire, la qualité de mon expression est capitale : je dois m'impliquer. Cela signifie que mon expression doit traduire mes émotions. Je dois donc être en contact avec moi-même, c'est-à-dire avec ce que j'éprouve au présent, de même qu'en contact avec mon interlocuteur. Cette dernière idée est probablement moins familière ; elle mérite quelques explications.

Toucher son interlocuteur

M'exprimer en étant *en contact* avec mon interlocuteur signifie essentiellement que je me compromets et que je demeure ouvert à sa réaction. Déjà, si mes paroles ou mes gestes sont empreints d'une émotion réelle, mon interlocuteur est rarement indifférent. Mais si je le regarde en lui parlant et si mon expression est fidèle à l'intensité de mes émotions, mes chances sont encore plus grandes de l'atteindre. De plus, si je vais directement à l'essentiel plutôt que d'édulcorer ou d'aseptiser ce que j'ai à dire, mes chances de l'atteindre augmentent encore. Enfin, si je garde une attitude ouverte devant ce qu'il vit à mon égard à ce moment-là, et réagis en retour en exprimant ce que je ressens devant ce qu'il me manifeste, j'ai réussi à m'exprimer en étant en contact avec lui. Il n'est peut-être pas atteint de la manière que je le souhaiterais, il ne réagit peut-être pas comme cela m'arrangerait, mais je l'ai touché.

Cette forme d'expression n'est pas répandue. Nous avons plutôt tendance à dissimuler ce que nous vivons et à nous fermer devant les propos qui nous atteignent. Mais avec de la pratique (et de l'aide si nécessaire), il est possible de devenir habile à s'exprimer en faisant de la place au contact[26].

PRENDRE EN CHARGE LA SATISFACTION DE SES BESOINS

Il ne faut pas confondre *combler moi-même* mes besoins et *prendre en charge* la satisfaction de mes besoins. Il existe en effet des besoins que je ne puis combler que grâce au contact avec d'autres personnes. C'est le cas des besoins fondamentaux vécus dans le transfert. Dans ce cas, prendre mes besoins en charge signifie prendre l'initiative de faire ce qu'il faut pour les combler. Il s'agit parfois de faire des demandes en exposant ce dont j'ai besoin; d'autres fois, il s'agit d'agir comme je l'entends afin de me respecter en dépit des objections de l'entourage; d'autres fois encore, il me faudra insister, revenir à la charge, etc. Dans tous ces cas, je dois me considérer comme le responsable à part entière de la conquête de cette dimension de moi-même, de la satisfaction de mes besoins.

Quelques objections à assumer sa responsabilité

Pour un certain nombre d'entre nous, il est difficilement acceptable de porter l'entière responsabilité de nos besoins. Nous nous y refusons parce que le fait qu'un autre prenne l'initiative de nous satisfaire est à nos yeux une preuve d'importance et d'amour.

> *Si tu m'aimes vraiment, tu devrais me deviner. Si tu réponds à mon besoin parce que je l'ai manifesté, cela n'a plus de valeur pour moi, car il ne s'agit plus d'un geste gratuit.*

26. « L'expression qui épanouit », dans *Les émotions source de vie*, p. 31, donne un aperçu de ce genre d'expression. Pour un apprentissage pratique, voir Jean GARNEAU et Michelle LARIVEY, *Maîtriser l'expression efficace, Programme d'auto-développement*. Montréal, Red éditeur, 2004. Voir aussi <http://redpsy.com/editions/exo.html>.

Pour d'autres parmi nous, manifester nos besoins est trop risqué. En osant nous dévoiler, nous avons le sentiment de fournir des armes à notre interlocuteur. Nous nous sentons vulnérable à l'idée qu'il sache l'importance qu'il revêt à nos yeux.

- *Je ne vais quand même pas lui dire que j'ai besoin de son appréciation. J'aurais l'air beaucoup trop dépendante !*
- *Elle ne semble pas avoir autant besoin de mon amour que j'ai besoin du sien. Cela lui donne un avantage sur moi et j'ai peur qu'elle en abuse.*

En exprimant ce dont j'ai besoin, je reconnais l'importance et de ces besoins et de certaines personnes dont leur satisfaction dépend en partie. Ce faisant, je cours évidemment des risques. Le pire semble que le besoin de l'autre ne soit pas identique au mien, ou que l'importance que l'autre a pour moi ne soit pas identique à celle que j'ai pour lui. J'interprète alors cette différence comme un rejet, cela me peine ou me blesse dans mon orgueil et je me dévalorise. Si je considère comme dramatique l'un ou l'autre de ces scénarios, il est évident que je m'abstiendrai. Je choisirai alors de renier mon besoin ou d'attendre que l'autre le prenne en charge sans que j'aie à m'impliquer. Si, au contraire, je suis prêt à prendre le risque d'un refus, j'aurai fait un pas de plus vers le respect de ce qui m'importe. Même insatisfait, j'en sortirai alors plus libre, grandi.

Voilà à quoi se résume essentiellement le chemin qui mène à la liberté. Le parcours peut s'avérer relativement facile lorsque l'on transige avec certaines personnes et très difficile avec d'autres. Le risque d'être nous-même est particulièrement grand avec les personnes qui ont le plus d'importance à nos yeux.

La fausse liberté

Il n'est pas possible d'aborder la question de la recherche de liberté sans discuter de quelques idées qui sont parfois présentées comme des solutions pour parvenir à ce genre de sérénité. Je vais donc signaler ici certains écueils, qui ne sont pas toujours visibles à première vue, pour permettre à ceux qui le désirent de faire des choix plus éclairés.

L'ACCEPTATION INCONDITIONNELLE

Il existe des mouvements de croissance personnelle qui prônent l'acceptation et l'amour inconditionnels. Dans ces groupes, les gens sont assurés d'être acceptés et aimés pour ce qu'ils sont, avant même d'être connus ; il n'y a, disent-ils, aucun risque d'être critiqué ou rejeté si l'on se montre « authentique ».

Or, l'acceptation inconditionnelle est une attitude préconisée par le psychologue Carl Rogers pour faciliter chez le client une ouverture à sa vie intérieure et, à la longue, une plus grande acceptation de son expérience. L'acceptation inconditionnelle est une *attitude thérapeutique* qui ne peut se pratiquer qu'en situation thérapeutique, parce qu'elle exige que l'interlocuteur, en l'occurrence le thérapeute, soit complètement centré sur le client. C'est d'ailleurs le nom que Rogers a donné à son approche : psychothérapie centrée sur le client[27].

Cette attitude n'est ni naturelle ni saine dans une relation interpersonnelle ordinaire. Même la mère la plus aimante ne peut maintenir continuellement cette position avec son enfant. À certains moments, ce que vit ou fait son enfant la bouleverse et elle réagit. Elle ne pourra, par exemple, accepter inconditionnellement que

27. Carl R. ROGERS, *Client-Centered Therapy*, Boston, Houghton Mifflin Co., 1951.

son bébé la repousse, que son adolescent se comporte comme s'il la méprisait. Préconiser un mode de relation basé sur l'acceptation inconditionnelle, c'est oublier que celle-ci n'est possible que dans la mesure où ce que vit ou fait l'autre n'a pas réellement d'effet sur nous ou sur notre existence. Ce qui n'est jamais le cas dans nos relations avec les personnes qui ont de l'importance à nos yeux. Exiger l'acceptation inconditionnelle, c'est donc encourager les personnes à nier ce qu'elles vivent ou à le fausser artificiellement. En plus, cela laisse faussement croire à ceux qui n'y arrivent pas qu'ils sont inadéquats[28]. Enfin, on peut comprendre, à partir des explications données précédemment, qu'à cause de l'absence de risques qu'elle implique l'acceptation inconditionnelle ne peut à elle seule conduire à la liberté intérieure, même si elle peut s'avérer très utile pour apprendre à tenir compte de ce que l'on vit. Faire l'expérience d'être réellement accepté inconditionnellement peut en effet inciter à accueillir davantage son expérience.

L'ABSENCE DE RISQUE

Il est tellement difficile d'oser être à la hauteur de ce que l'on vit et de l'exprimer ouvertement que l'on cherche souvent à minimiser les risques. Nous prenons par exemple la précaution de prévenir notre interlocuteur de ce qu'il pourrait éprouver en nous écoutant, ou nous nous excusons d'avance de l'impact que nos gestes ou nos propos pourraient avoir, etc. Être en possession de nous-même signifie être capable de nous assumer en cas d'adversité, car nous y sommes prêt intérieurement. Il n'est pas nécessaire que l'adversité se manifeste, il est seulement indispensable qu'elle existe dans notre esprit, que le risque de ne pas être accepté soit subjectivement présent en nous.

---

28. Jean GARNEAU, « Les mythes amoureux II : l'amour inconditionnel », *La lettre du Psy*, août 2000, <http://redpsy.com/infopsy/inconditionnel.html>.

À la lumière de ces précisions, il est facile de comprendre pourquoi la culture de certains groupes de croissance et de soutien ne conduit pas à une plus grande possession de soi comme personne. Mais il est une raison pour laquelle il peut apparaître si tentant de rechercher de tels groupes : ils offrent protection et sécurité.

L'AUTARCIE

Une autre idée fort à la mode réside dans l'autosuffisance. Allant à l'encontre de l'interdépendance qui nous caractérise comme être vivant au sein de la nature, nous choisissons de nous donner nous-même ce qu'il nous faudrait recevoir d'autres. Cette façon de voir repose en partie sur une conception particulière de la responsabilité qu'il est possible de résumer ainsi : il s'agit de mes besoins, c'est donc à moi d'y répondre. C'est dans cette perspective que certains thérapeutes et auteurs recommandent de « s'aimer soi-même », d'« être son propre parent », de « s'encourager soi-même », etc. Il s'agit la plupart du temps d'un choix qui repose sur une sorte de découragement, d'impuissance ou d'incompréhension de certains phénomènes psychiques. Lorsque c'est le client qui prend l'initiative de se faire de telles recommandations, c'est habituellement parce qu'il trouve trop difficile (au sens de risqué) de s'adresser à la personne avec qui il désire combler son besoin. Alors, au moyen de quelques rationalisations, il se convainc que la solution est l'autarcie. Cette tentative maladroite d'indépendance est un choix qu'un certain nombre de personnes font après plusieurs échecs dans les relations interpersonnelles. D'autres fois, c'est une peur excessive de la dépendance qui les entraîne dans cette direction. Mais il faut se rendre à l'évidence : ça ne marche pas !

Cette méthode permet peut-être de moins se retrouver dans des impasses relationnelles, mais c'est au prix de la grande solitude qui en découle nécessairement et des manques affectifs qui l'accompagnent. En fait, un tel choix n'est guère prometteur de satisfaction, car il est impossible de se suffire sur le plan affectif. Les échanges avec les autres procurent une nourriture psychique dont nous avons besoin la vie durant. Par ailleurs, comme la stratégie de l'autarcie s'appuie sur un retrait et un évitement du contact avec les autres, elle ne permet pas non plus de renforcer le sentiment d'être une personne libre, capable d'être entièrement elle-même en relation avec les autres. C'est donc sur une fausse piste qu'elle nous conduit. Pour dire les choses simplement: être responsable de mon besoin ne signifie pas que je peux remplacer adéquatement le soutien affectueux de ma mère en me montrant affectueux envers moi-même…

SE « LAVER » LE CERVEAU

L'autopersuasion est une tactique qui prend de plus en plus d'ampleur dans les cercles de développement personnel. Elle vise à passer outre les difficultés réelles vécues par rapport à soi et par rapport aux autres. Grâce à elle, nous sommes censé nous défaire de ce que nous vivons de difficile en nous convainquant que cela n'a pas de raison logique d'exister. Mais c'est faire fi de la « psychologique », laquelle est supérieure à la logique et l'englobe.

L'approche uniquement logique réussit parfois à nous convaincre sur le plan intellectuel, mais comme elle exige généralement d'ignorer le vécu profond pour obéir aux directives de la raison, *le cœur ne suit pas*. C'est comme si nous tentions d'avancer en étant « déconnecté » de nous-même. Pour cette raison, le chemin parcouru dans cette optique, c'est-à-dire sans tenir compte de la totalité de notre vécu, ne mène pas à une plus grande possession de soi mais au sentiment inverse : nous nous sentons « dépossédé ». À l'issue d'un cheminement de ce type, certains disent d'ailleurs : « Je suis perdu. Je ne sais plus ce que je veux exactement. Je ne sais plus qui je suis au fond. »

La liberté intérieure ne s'en trouve pas non plus accrue. Au contraire, nous avons l'impression que seuls la persuasion et un contrôle perpétuel sont à même de nous fournir le cadre dont nous avons besoin pour fonctionner. En somme, nous nous retrouvons dans une prison différente dont nous sommes nous-même le gardien, mais sans plus de liberté.

Si j'ai évoqué ces quatre tactiques de soi-disant développement personnel, c'est parce qu'elles sont à la mode et qu'elles se situent aux antipodes du type de cheminement dont j'ai parlé dans ce chapitre, celui qui mène à la liberté intérieure. J'ai voulu établir les distinctions qui s'imposent pour clarifier des concepts et des interprétations parmi lesquels il est parfois difficile de se retrouver. En développement personnel, il n'est pas vrai que tous les chemins mènent à Rome. Certains ne mènent qu'au village voisin, et d'autres nulle part. Or, la destination ne nous est pas toujours précisée quand nous nous engageons dans ce voyage, souvent parce que celui qui nous le propose ne la connaît tout simplement pas !

Conclusion

Frederick Perls, le père de la Gestalt, disait qu'il faut d'abord être ce que l'on est si l'on veut changer. À première vue, cela ressemble à une tautologie ; en réalité, être ce que l'on est n'a rien d'évident. Dans les termes de ce chapitre, on pourrait dire que pour devenir intérieurement libre, il est nécessaire que nous soyons en contact avec nous-même et que nous nous manifestions tel que nous sommes lorsque c'est important. Cela signifie d'abord nous autoriser à être atteint par les événements et les personnes de la manière et avec l'intensité que nous le sommes, donc ressentir et avoir conscience des émotions et des besoins que nous éprouvons réellement. Cela signifie ensuite vivre ouvertement tel que nous sommes dans les situations qui sont significatives pour nous. La liberté d'être qui ne s'éprouve qu'en catimini n'en est pas une.

En d'autres termes, je pourrais dire : « J'existe, donc j'ai le droit d'exister », « Je ressens, donc j'ai le droit de ressentir », « J'ai tel besoin, donc j'ai le droit de l'avoir », car, en fait, je suis le seul qui puisse m'octroyer ces droits et décider d'exister. Si j'ai besoin des autres dans cette démarche d'affirmation libératrice, c'est surtout à titre de témoins à qui j'accorde une valeur ou un pouvoir.

Questions-réponses

L'AMOUR DE SOI

Question : Je crois que la solution à tous nos problèmes est l'amour de soi. Combien de fois ai-je entendu dire qu'il faut s'aimer soi-même, que c'est ainsi que l'on est heureux et que l'on peut aimer vraiment les autres. Mais personne n'explique ce que signifie au juste s'aimer soi-même et comment on y arrive. Pourriez-vous me donner un « truc » pour m'aimer de façon inconditionnelle ?

Réponse : Il n'y a pas de « truc » pour s'aimer soi-même, comme il n'y a pas de truc pour aimer quelqu'un. J'aime une personne parce qu'elle m'apporte quelque chose de bon et parce que je trouve chez elle des qualités qui ont de la valeur à mes yeux. Ce sont les ingrédients essentiels qui déclenchent mon affection pour quelqu'un.

Mais je ne pense pas que je puisse éprouver pour moi-même un amour identique à celui que je connais pour les autres. Personne n'éprouve de l'affection pour lui-même. Par contre, je peux avoir de l'importance à mes propres yeux, désirer me faire du bien, me respecter suffisamment pour faire de la place à ce qui m'importe. Tout cela n'est pas synonyme d'amour, mais d'une attitude de *bienveillance* et de *considération* envers soi. Bien que j'estime qu'il est difficile de recevoir l'amour d'un autre lorsque nous avons peu de valeur à nos propres yeux, je ne conseillerais jamais à quelqu'un de s'aimer lui-même. Je lui recommanderais, par contre, d'augmenter sa valeur à ses propres yeux.

Comment rehausser notre sentiment de valeur personnelle ? Essentiellement en nous investissant pour réaliser des choses qui nous tiennent à cœur. Nous avons tous des besoins, des aspirations, des buts, des projets, des causes, des relations qui nous importent… Faire les efforts nécessaires, prendre les risques inévitables pour une réalisation qui nous tient à cœur ont des retombées directes sur l'estime de soi et, par ricochet, sur la considération que nous avons pour nous-même. C'est par ce chemin que nous parvenons à gagner de la valeur à nos propres yeux[29].

Nous sommes porté à croire que c'est l'amour de soi qui nous procure l'énergie nécessaire pour voir à nos besoins, mais c'est exactement l'inverse. C'est en prenant soin de ce qui nous importe que nous bâtissons l'estime qui nous procure l'énergie pour continuer. C'est une chance, car nos besoins sont omniprésents et il est facile d'en tracer la hiérarchie. Cette conscience nous permet de nous en occuper assidûment. Ce faisant, nous augmentons la valeur que nous avons à nos propres yeux. Ce sentiment ne grandit pas d'une manière spectaculaire mais petit à petit, au même rythme que nos réalisations. Chaque fois que nous réalisons quelque chose d'important pour nous, son augmentation est palpable, pourvu que nous y portions attention. C'est un peu comme dans la nature : rien ne se développe d'une manière éblouissante, si ce n'est une fleur éphémère — mais la fleur vit et s'épanouit.

---

29. Michelle LARIVEY, « L'estime de soi », *La lettre du Psy*, mars 2002, <http://redpsy.com/infopsy/estime.html> et « Comment développer l'estime de soi », *La lettre du Psy*, avril 2002, <http://redpsy.com/infopsy/estime2.html>.

Il est aussi intéressant de savoir que le sentiment de valeur personnelle n'est pas directement lié à nos réussites. Il provient plutôt de nos efforts pour respecter ce qui nous tient à cœur ainsi que la qualité de notre investissement. Ainsi, à ce stade de ma vie, si la chose la plus importante à mes yeux est de m'affirmer tel que je suis, c'est m'exercer réellement à prendre ma place qui alimentera la valeur que j'ai à mes yeux, même si je ne réussis qu'une fois sur cinq au début[30].

ASSUMER LA RESPONSABILITÉ DE SES BESOINS

Question : Le chemin de la liberté peut s'avérer très difficile quand celui qui prétend nous aimer n'est pas prêt à nous soutenir. Que signifie au juste assumer son besoin, quand on sait que la réponse à ce besoin implique l'autre ?
Réponse : Être responsable de mes besoins signifie plusieurs choses :

- Cela signifie d'abord considérer mes besoins comme *m'appartenant et n'appartenant qu'à moi seul.* Les autres ont leurs propres besoins et ils en sont aussi responsables. Cela ressemble à une tautologie, il n'empêche que nous voulons parfois que nos besoins aient, pour l'autre, la même importance qu'ils ont à nos yeux, quitte à ce qu'ils renient les leurs.
- Cela veut aussi dire *exprimer* ce dont j'ai besoin quand il est important que l'autre le sache. Mais cela ne signifie pas pour autant que, parce que j'ai pris connaissance de mon besoin, l'autre doive y répondre. C'est parfois possible et suffisant, mais ça n'a pas à être ainsi. L'autre n'est pas toujours disponible ; il a sa propre vie et ses propres besoins. Il peut volontiers m'apporter un verre d'eau si ça lui fait plaisir. Mais s'il le fait parce qu'il est incapable de me refuser un caprice, son geste

30. Le chapitre « Fidèle à moi-même », *Les émotions source de vie* (Jean Garneau et Michelle Larivey), illustre bien mon propos en plus de servir de guide à qui veut augmenter sa valeur et son estime de soi.

est malsain pour lui autant que pour moi. Tôt ou tard, nous paierons tous les deux pour cet esclavage volontaire. Il peut faire des choses qui demandent beaucoup plus d'investissement de sa part: mes déclarations de revenus, mes repas... S'il le fait avec plaisir, par affection, il n'y a pas de problème. S'il le fait parce qu'il considère que c'est un échange équitable compte tenu de ce que je fais de mon côté pour lui, tout va bien aussi... Il n'y a pas de nuages à l'horizon de la relation. En résumé, *l'autre est libre* devant mon besoin.

• Prendre mon besoin en charge signifie aussi *faire moi-même les efforts pour le satisfaire* plutôt que de compter sur les autres. Par exemple, je mets les autres au service de mes besoins si, tout en ayant la santé pour gagner ma vie, je choisis de me laisser entretenir par l'assistance sociale sous prétexte que les prestations sont plus élevées que le maigre salaire que je suis capable de gagner. Par contre, si j'accepte d'assumer moi-même mes besoins, je ferai le nécessaire pour augmenter mes revenus, en travaillant davantage, en augmentant ma compétence ou encore en me mobilisant pour inventer des solutions. Je paierai moi-même le prix pour ce que je veux.

Si, au contraire, je mise sur les efforts de l'autre pour éviter de m'assumer, je m'engage dans un processus malsain à la fois pour lui et pour moi. Par exemple, si j'ai l'habitude d'annoncer verbalement à mon amoureux que j'ai le goût de faire l'amour et que c'est là une manière d'attendre de lui l'initiative, je lui attribue la responsabilité de satisfaire mon besoin. J'agis probablement ainsi par peur de montrer mon désir ou pour éviter un refus. Dans ce cas, j'évite d'assumer mon désir. C'est un mauvais choix du point de vue de mon évolution sexuelle. Quant à mon partenaire, il souffrira éventuellement de ma retenue, s'il n'en souffre pas déjà.

• Prendre mon besoin en charge signifie aussi *poser les actions compromettantes nécessaires à sa satisfaction*. Même s'il est plus rassurant de laisser à l'autre le soin de prendre les initiatives plus audacieuses ou gênantes, c'est à moi de le faire en ce qui concerne mon besoin. En risquant de faire moi-même ces pas compromettants, je crée les conditions qui me permettront de profiter vraiment des résultats.

- Être responsable de mes besoins signifie aussi *assumer les conséquences des gestes* que je fais pour les combler. Imaginons que je décide de prendre une semaine de vacances en sachant que mon mari et ma famille n'aiment pas le dérangement que cela leur cause. Il faudra bien que j'accepte que ma décision ne les réjouit pas. Il serait tentant de faire pression sur eux pour qu'ils acceptent plus facilement, parce que cela m'éviterait d'éprouver une certaine culpabilité. Si j'ai cette tendance, il me faudra être vigilante afin de ne pas les accuser injustement de vouloir me rendre coupable (de me manipuler pour que je change d'idée) s'ils ne jouent effectivement pas cette carte. Ma culpabilité est mienne, et elle n'est pas forcément générée par les autres. Elle traduit peut-être ma difficulté personnelle à déranger les autres pour voir à mes propres besoins.
- Prendre en charge mes besoins signifie enfin *assumer les conséquences de ce que j'omets* de faire pour les combler. Imaginons que devant le mauvais accueil qu'a reçu mon projet de voyage je décide de renoncer à cette semaine de vacances. Je prends cette décision parce que je ne veux pas avoir à supporter le désaccord de ma famille et de mon époux (je me sens trop coupable !). Mais si je refuse de prendre la responsabilité de me satisfaire, je le ferai sans doute payer, lui et notre fille, pour ma décision en la leur reprochant. Alors qu'en réalité, j'ai fait le choix de me priver de vacances parce que cela était plus facile pour moi que d'affronter leur désaccord[31]...

31. Michelle Larivey, « La culpabilité saine » et « La culpabilité de dissimulation », *La puissance des émotions.*

La notion de responsabilité personnelle paraît si complexe quand on s'y objecte (mais tellement évidente quand on l'accepte) qu'il faudrait un article complet pour l'expliquer[32].

QUAND IL Y A CONFLIT AVEC LE BESOIN DE L'AUTRE

Question : Le chemin de la liberté peut s'avérer très difficile, surtout lorsque nous transigeons avec des personnes qui n'éprouvent pas le même besoin que nous. Par exemple, je désire me rapprocher de la ville pour être plus autonome, mais il faut pour cela vendre notre maison et mon mari n'est pas du tout chaud à cette idée. Il vit très bien dans notre campagne. Que puis-je faire pour assumer mon besoin ?

Réponse : Il est rare que l'autre éprouve le même besoin que nous. Ce qui ne veut pas dire que nous devions être continuellement frustré à tour de rôle. La question est moins épineuse lorsqu'il s'agit de sujets banals. Mais elle peut provoquer des ravages si le sujet est capital pour l'une des deux personnes impliquées. Précisons d'abord que la priorité dans ce cas n'est pas de viser à partager le même besoin au même moment. Non seulement il est rare que les besoins de l'un et de l'autre coïncident, mais, de plus, nous n'aurons jamais des besoins identiques puisque nous sommes deux êtres différents. Au sein d'une relation, l'important est plutôt d'arriver à ce que chacun soit satisfait. Le succès de l'opération repose sur le partage de cette volonté par les personnes impliquées.

Cela acquis, c'est d'abord en nous exprimant de part et d'autre sur nos besoins, au sens strict du terme, que nous pourrons trouver une solution qui convienne aux deux. Il est très important ici de distinguer les *besoins* des *moyens*. M'installer en ville est un moyen de répondre à mon besoin d'autonomie. Je souhaite me

32. Une lecture sur le déni de la solitude et de la liberté pourrait compléter avantageusement cette réponse ; voir Jean GARNEAU et Michelle LARIVEY, « Les questions existentielles », *L'auto-développement*.

rapprocher des transports en commun afin de me déplacer sans que ce soit trop coûteux en temps et sans devoir compter sur la disponibilité de mon mari pour me conduire. Mon mari ne recherche absolument pas cette autonomie puisqu'il conduit et qu'il n'est pas intéressé à ce qu'offre la ville. Ce n'est donc pas ce besoin-là qui nous permettra de nous rejoindre. Mais il a d'autres besoins. Peut-être que mon bonheur et mon confort lui tiennent à cœur ? Peut-être préfère-t-il vivre avec une femme dont l'existence est stimulante parce qu'elle voit elle-même à ses besoins ? Sa réponse est affirmative, mais il est accablé par tout ce que représente la vente d'une maison, l'achat d'une autre et le déménagement. C'est ici que la force de ma motivation me permet d'intervenir en prenant sur moi de faire une bonne partie des démarches qui me permettront d'atteindre mon but tout en le soulageant d'une tâche qui lui pèse.

La qualité de la relation à court terme et à long terme est un enjeu capital dans la négociation entre partenaires. C'est pourquoi, lorsque le moyen privilégié par l'un des partenaires ne convient pas à l'autre, il est nécessaire d'identifier avec précision quel besoin est en cause chez chacun, de même que son importance. À partir de tous ces éléments, il est toujours possible de trouver une solution qui convienne réellement aux deux parties. Mais il faut parfois faire preuve de créativité[33] !

33. Jean GARNEAU, « Négocier avec un partenaire », *La lettre du Psy*, janvier 1999, <http://redpsy.com/infopsy/negocier.html>.

Chapitre 5

La conquête du droit à l'existence

Introduction

Quelle que soit notre éducation ou notre personnalité, nous cherchons tous, au cours de notre vie, à atteindre une forme d'harmonie intérieure qui consiste à être capable d'être nous-même dans toutes nos dimensions et avec qui que ce soit. Pour la plupart d'entre nous, c'est la conquête de toute une vie. Mais pour certains qui en connaissent le chemin, l'essentiel est atteint plus tôt, ce qui leur permet d'en jouir en se contentant d'y ajouter des raffinements.

La croyance populaire veut que cette capacité d'être soi nous soit léguée par les êtres qui nous aiment ; d'abord nos parents, puis nos partenaires amoureux ainsi que les êtres qui ont de l'importance dans notre vie. En réalité, ce n'est pas ainsi que cela se passe. Cette liberté, il faut la conquérir.

Comme nous l'avons vu au premier chapitre, elle peut se concrétiser dans trois domaines : la recherche du droit à l'existence, la recherche d'une identité distincte et la recherche d'une identité sexuelle. À l'intérieur de chacun de ces champs, du fait de la complexité du sujet et des nombreuses subtilités impliquées, c'est graduellement que les acquisitions se font. Chaque domaine présente un degré de complexité suffisant pour que je lui consacre un chapitre complet. C'est pourquoi il ne sera question, dans celui-ci, que de la première étape de la recherche de soi : la conquête du droit à l'existence.

Le transfert concernant le droit à l'existence

La conquête du droit à l'existence ou la résolution du transfert qui s'y trouve liée, comme toute résolution de transfert, se fait au fil de nos relations avec les personnes importantes de notre vie. Elle commence avec nos parents et se poursuit avec les diverses personnes qui prennent une valeur particulière dans notre existence. Dans ce cadre, on appelle *relations transférentielles* les relations actuelles dans lesquelles nous reproduisons des modèles de comportement que nous avions développés avec nos parents dans le but d'obtenir le droit d'exister. Même si ces comportements sont totalement inefficaces, les psychothérapeutes en autodéveloppement considèrent que ces tentatives ont pour but de régler ce problème fondamental. En effet, tout se passe comme si l'organisme ne pouvait tolérer que nous ne soyons pas capable de nous respecter entièrement dans ce que nous sommes et dégageait une force qui nous pousse à gagner cette liberté. Cette force, à l'instar de Maslow, nous l'appelons la *tendance actualisante*. Elle désigne l'énergie de vie qui nous pousse à nous réaliser comme personne.

Cette quête est si capitale que nous recherchons activement le contact avec des personnes avec qui nous pouvons potentiellement établir un transfert. Sans nous en rendre tout à fait compte, nous exploitons toutes les situations possibles pour ce faire. L'intensité du besoin nous conduit souvent à vivre des expériences palpitantes, comme l'amour fou, le coup de foudre, l'implication totale dans des causes, etc. Mais elle nous entraîne aussi parfois dans des expériences qui prennent une tournure misérable : des conflits qui s'éternisent, la dépendance affective ou des séparations douloureuses à répétition.

Pourquoi ? D'abord parce que nous menons notre quête auprès de personnes qui ont de l'importance à nos yeux ; il est donc normal que nous éprouvions des émotions fortes. Ensuite, parce que nous nous comportons comme jadis avec nos parents ; même si le scénario a toujours donné de piètres résultats et même s'il nous laisse toujours le même goût amer, nous le reproduisons aujourd'hui. Enfin, c'est parce que l'enjeu de la quête du droit à l'existence est crucial que celle-ci nous fait vivre des expériences fortes.

Qu'est-ce que le droit à l'existence ?

Avoir le droit d'exister, c'est vivre avec la conviction profonde que *je suis ce que je suis et que j'ai le droit de vivre ce que je vis*. Cela revient fondamentalement à m'autoriser à ressentir mes émotions et à tenir compte de mes besoins. Mais c'est plus. C'est me sentir *à l'aise* avec ceux-ci, qu'ils soient agréables ou non. C'est également, et par extension, accepter d'avoir mes propres goûts, mes désirs particuliers, mes caractéristiques personnelles et être capable d'en profiter.

Enfin, avoir le droit d'exister, c'est aussi être capable de me donner la vie que je souhaite et d'apprécier le moment présent. Le droit d'exister tel que je suis implique en effet que mon existence m'appartienne et, par conséquent, que je sois responsable de ma vie. J'acquiers donc, d'une part, le droit d'être ce que je suis et, d'autre part, j'en assume la responsabilité. Autrement dit, je prends sur moi de m'occuper de mes besoins, de mes goûts et de mes désirs, tout en assumant les conséquences de mes choix.

AVANT LA RÉSOLUTION DU TRANSFERT

L'expérience intérieure d'une personne qui n'a pas totalement acquis son droit à l'existence pourrait ressembler à ceci :

> *Au fond de moi, je me sens tout petit. Je ne suis pas sûr d'avoir beaucoup de valeur et d'être intéressant pour les autres. Toutefois, j'aspire à ce que l'on m'accepte comme je suis et m'aime tel que je suis. Je refuse d'avoir à faire des choses pour gagner cet amour. Je veux qu'il soit « gratuit », sinon il n'a aucune valeur à mes yeux. Je me sens comme un bébé qui n'aspire qu'à être pris, bercé et cajolé sans qu'on lui demande rien en retour. Un bébé qui est regardé avec amour et qu'on a envie de serrer parce qu'on trouve son contact agréable. Parce qu'on l'aime, on va au-devant de ses besoins. Parce qu'on l'aime, on le prend en charge. Il me semble que ça me ferait tellement de bien de pouvoir me reposer sur une épaule en me sentant bienvenu et sans que l'on me demande quoi que ce soit.*

Le passage d'un état où notre valeur dépend de l'amour des autres, et dans lequel nos besoins affectifs sont soumis à leur volonté, à un état où nous sommes devenu quelqu'un à nos propres yeux exige une expérimentation systématique et continue. Nous devons explorer de nouvelles avenues au fil desquelles nous reprendrons petit à petit le pouvoir d'être que nous avons abandonné à nos parents et abandonnons aujourd'hui aux personnes qui les représentent (et parfois encore à nos parents). Mais la tendance naturelle ne va pas dans ce sens. Notre réflexe consiste plutôt à nous abstenir d'emprunter ces nouvelles avenues, comme l'illustrent ces exemples :

- *Je suis rarement bien dans ma peau. Je suis assaillie par des émotions que je n'aime pas et j'ai peur d'être emportée par elles si je m'y attarde. J'ai peur de l'inconnu dans lequel elles peuvent me conduire. Alors je les bloque ou je tente de les remplacer par des émotions positives.*

- *Je n'aime pas parler de ce que je ressens. Il me semble que je ne suis pas intéressant pour les autres… Je ne le suis même pas pour moi !*
- *Lorsque j'ai l'impression que les gens devinent ce qui se passe à l'intérieur de moi, je suis mal à l'aise. J'ai peur qu'ils me jugent. Je ne sais jamais si ce que je ressens est correct. Je préfère m'esquiver.*
- *J'envie ceux qui sont bien dans leur peau. La vie a l'air si facile pour eux. On a beau me dire que j'ai le droit d'être moi, je n'ose pas me montrer telle que je suis. Parfois je trouve que je suis insipide, d'autres fois je crois que ce que je vis est trop gros. J'ai peur qu'on ne me comprenne pas, qu'on me juge, qu'on me rejette.*

La résolution de ce type de transfert est difficile, parce qu'elle exige de nous que nous acceptions nos émotions et nos besoins sans pour autant avoir l'assurance, donc la sécurité, d'être accepté tel que nous sommes. Cela équivaut à nous donner le droit d'être ce que nous sommes alors que nous ne nous accordons pas suffisamment de valeur pour nous l'octroyer. C'est une difficulté de taille, mais elle n'est pas insurmontable. C'est d'ailleurs la principale que nous devons surmonter au cours de ce transfert.

LES PRÉOCCUPATIONS LES PLUS COURANTES

Nous savons que la problématique transférentielle qui nous occupe à un moment donné de notre vie est omniprésente (voir chapitre 2). Nous savons aussi qu'elle prend une forme à peu près identique avec les diverses personnes importantes de notre vie. Voici un aperçu du genre de préoccupations qui nous habitent lorsque nous sommes aux prises avec la recherche du droit à l'existence :

- *Je désire être important aux yeux des personnes qui le sont pour moi. Je voudrais…*
  … qu'elles m'aiment.
  … qu'elles s'intéressent à moi.
  … qu'elles accordent de l'importance à ce que je vis, à ce que je dis.
  … qu'elles m'aiment comme je suis.
- *Je tiens à ce que les gens m'acceptent. J'aimerais…*
  … qu'ils me prennent comme je suis.
  … qu'ils acceptent que je ne sois pas parfait.
  … qu'ils s'abstiennent de me critiquer.
- *Je veux être aimé. Je tiens à…*
  … conquérir le cœur de ceux qui m'attirent.
  … être aimé par tous, même par ceux à qui je ne tiens pas particulièrement.
- *Je veux avoir de la valeur aux yeux des autres. Je souhaiterais…*
  … qu'on me trouve bon dans ce que je fais.
  … qu'on accepte mes idées.
  … qu'on me trouve extraordinaire.

LES FORMES MALSAINES DE CETTE RECHERCHE

Ces exemples sont des expressions brutes de la recherche du droit à l'existence. Comme cette recherche est difficile, c'est souvent par des stratégies indirectes que nous tentons d'atteindre notre but. Une des façons de faire les plus courantes consiste à se comporter avec l'autre comme s'il nous devait quelque chose. Nous faisons alors de nos besoins, et même de nos désirs, des exigences. Une autre stratégie fort répandue est de s'attendre à ce que les autres devinent nos besoins. Certains vont jusqu'à adopter un style impénétrable qui oblige l'autre à faire tout le travail. D'autres choisissent la méthode des pressions invisibles pour faire sentir ce qu'ils veulent.

Ces attitudes sont néfastes parce qu'elles sous-entendent que la responsabilité de nos besoins revient aux autres et parce que nous n'assumons pas nos demandes. Elles sont aussi nocives pour la relation parce qu'elles font comme si un seul des partenaires était impliqué. Voici quelques formes communes de stratégies malsaines :

- *Je désire être importante pour les personnes qui le sont pour moi, aussi doivent-elles…*
  … m'aimer même si je me comporte comme une peste.
  … m'aimer même lorsque moi je ne les aime pas.
  … être à l'affût de mes besoins et y répondre.
  … me porter constamment attention.
  … me placer au centre de leur univers.
- *Je tiens à ce que les gens m'acceptent inconditionnellement, aussi…*
  … je refuse toute critique, parce que cela me détruit.
  … je rejette tout reproche, car j'ai le sentiment que tout reproche me diminue.
- *J'essaie d'obtenir l'affection…*
  … en faisant pitié.
  … en jouant l'incapable (j'ai toujours besoin qu'on m'aide).
  … en me rendant malade.
- *Je désire qu'on me trouve bon…*
  … sans avoir à faire la preuve que je le suis.
  … sans me donner la peine de réaliser des choses.
  … sans me comparer à d'autres.

La quête du droit à l'existence, lorsqu'elle est menée de cette manière, produit de constantes frustrations. Faite indirectement et sans qu'il y ait de réelle expression de soi, elle est forcément inefficace. De plus, elle crée des conflits relationnels qui deviendront inextricables à la longue. Mais comment changer des attitudes si bien ancrées ? Autrement dit, comment devenir efficace dans la conquête du droit à l'existence ?

Comment conquérir le droit à l'existence ?

C'est le fait d'*assumer ses besoins* qui permet réellement de gagner le droit à l'existence et non le fait d'obtenir des réponses adéquates à ces besoins. Cela semble paradoxal, car nous croyons que c'est parce que nous ne nous accordons pas ce droit que nous n'arrivons pas à assumer nos besoins. C'est pourquoi il nous apparaît si difficile, à première vue, de considérer la solution évoquée : c'est qu'elle implique une volte-face complète par rapport à nos croyances sur le sujet. Aussi, cette nouvelle façon de voir suscite-t-elle habituellement de grandes résistances.

Je tiens toutefois à préciser que le besoin d'être aimé et ainsi confirmé dans notre valeur ne disparaît pas parce que nous n'obtenons pas la réponse souhaitée. Il peut arriver que nous soyons entouré de personnes peu nourrissantes sur le plan affectif, mais qui ont tout de même de l'importance à nos yeux ; c'est le cas dans la prétendue dépendance affective[34]. Si telle est la situation, il est possible que nous butions régulièrement sur une fin de non-recevoir. Mais il est essentiel de savoir que nous assumer devant ces personnes nous permettra de bâtir des forces qui nous rendrons éventuellement capable de nous orienter vers d'autres personnes qui, elles, seront susceptibles de nous aimer. Entre-temps, notre estime aura grandi de même que la considération que nous nous portons, si bien qu'il sera plus facile pour ces nouvelles per-

34. Michelle Lariviey, « Dépendance affective... », « Se renier par la dépendance affective », *La lettre du Psy*, octobre 1999, <http://redpsy.com/infopsy/dependance2.html>, et « Apprendre à m'aimer » (Sortir de la dépendance affective).

sonnes de reconnaître notre valeur et pour nous d'accepter leur reconnaissance.

La démarche la plus efficace pour conquérir notre droit à l'existence est donc celle qui consiste à consentir à nos besoins et à les respecter en les exprimant et en agissant de manière à les combler. Cela implique de les reconnaître et de les accepter en plus de prendre en charge la démarche et les actions qui mènent à leur satisfaction. Par exemple, si je suis constamment préoccupé parce que je souhaite compter pour des personnes qui ont de l'importance à mes yeux et être aimé d'elles, je dois consentir à être habité par ces préoccupations et à les exprimer à ces personnes. Accepter et dire mon besoin constitue donc le cœur de ma démarche.

Un tel cheminement est relativement long et complexe, parce que pour avancer il me faudra m'exprimer chaque fois que le besoin surgira. De plus, je devrai m'exprimer différemment selon l'événement et le contexte, mais si je garde le contact avec ce que je ressens, je saurai exactement ce que j'ai à dire et à faire.

Il est impossible d'encadrer une démarche de ce type au moyen d'un livre. Je n'ai donc pas la prétention de le faire dans ce chapitre. Je fournirai toutefois quelques indications permettant de devenir plus conscient de la présence du transfert et de faire des efforts plus productifs pour le résoudre.

PORTER DAVANTAGE ATTENTION...

Aux émotions intenses

Je dois être à l'écoute des signes de mon organisme. Il faut considérer comme important le fait d'éprouver une émotion intense devant un événement bénin. Lorsque cela se produit, je dois la ressentir afin de mieux comprendre les forces qui se manifestent ainsi.

Je suis bouleversée parce que mon patron est passé en trombe, l'air absorbé, sans me faire le sourire chaleureux qu'il a l'habitude de m'adresser. Je choisis de supporter mon inquiétude au lieu de me rassurer en cherchant des explications à son comportement (il doit avoir des soucis, il a sans doute eu une querelle avec sa femme...). En restant en contact avec mon inquiétude, je m'aperçois que j'ai peur qu'il m'en veuille parce que je n'ai pas fait les heures supplémentaires qu'il m'a demandées hier. J'ai peur qu'il ne m'aime plus. Je crains de perdre mon statut particulier et de devenir une parmi d'autres à ses yeux. Je me rends compte que je tiens à ma place dans son cœur. Je pense tout à coup à tout ce que j'ai fait pour gagner cette place et à tout ce que je fais pour la conserver.

Aux émotions qui surgissent à répétition

Je dois aussi considérer comme un signe le fait d'éprouver la même émotion de façon régulière avec le même genre de personnes. Il faut alors m'attarder à ressentir cette émotion et la laisser suivre son cours afin de cerner l'enjeu de mon interaction avec ces personnes[35].

Chaque fois que je suis en présence d'un certain type de femme, je me sens gêné et je perds mes moyens. En m'arrêtant à ce que je vis, je constate que j'estime ces femmes et que j'aimerais beaucoup être considéré par elles. Je me sens toutefois tout petit et j'ai tendance à m'effacer et à les admirer à distance.

Aux comportements répétitifs

Des comportements répétitifs dans les situations chargées d'émotions signalent généralement une expérience transférentielle. J'ai

35. Pour mieux comprendre ce que signifie « laisser l'émotion suivre son cours », voir « La vie d'une émotion », *Les émotions source de vie* (Jean Garneau et Michelle Larivey).

alors tout intérêt à identifier ce que je vis pour mieux comprendre ma façon d'agir.

Lorsque mon conjoint est absorbé par ses préoccupations ou qu'il s'amuse par lui-même, j'ai tendance à le déranger. C'est le moment que je choisis pour lui exposer un problème. En m'observant, je constate que lorsqu'il me porte peu d'attention, je crains qu'il n'ait pris de la distance. Je suis immédiatement inquiète. C'est alors pour vérifier si j'ai toujours de l'importance pour lui que j'attire son attention. Si sa réponse me donne l'impression que je le dérange, je deviens encore plus inquiète. Je me mets en colère. Et invariablement, l'échange prend la tournure d'une dispute.

Aux évitements

Les évitements aussi peuvent concerner un transfert. Ils sont les situations que je fuis, les personnes que j'essaie d'éviter, les actions auxquelles je tente de me soustraire, et les émotions que je bannis de ma vie. En voici quelques exemples :

- *J'essaie toujours de ne pas déplaire.*
- *J'aime mieux ignorer mes besoins que négliger ceux des gens que j'aime. Si quelqu'un que j'aime est fâché contre moi, je fais tout pour qu'il change d'humeur.*
- *Lorsque le contact avec quelqu'un me rend nerveux (ou même seulement sa présence), je fais le pitre.*
- *Je me tiens loin des gens agressifs, car, chaque fois qu'on me parle rudement, j'ai l'impression qu'on ne m'aime pas.*

En étant plus conscient de mes évitements, je peux m'attarder à ce que je ressens dans ces situations et laisser mes émotions suivre leur cours afin de mieux comprendre ce que je fuis. Il me devient alors possible de progresser plus rapidement dans la conquête de mon droit de vivre.

DIRE SON EXPÉRIENCE

Comme je l'ai expliqué dans le premier chapitre, l'expression qui unifie est une expression d'une qualité particulière qui permet de résoudre un transfert. Son contenu est différent selon le type de transfert, mais elle impose toujours les mêmes exigences. Dans le transfert concernant le droit à l'existence, c'est en osant assumer mon besoin et les émotions qui y sont liées que j'acquiers la capacité d'être moi. Mais il est indispensable que, lorsque je m'exprime, je m'adresse à une personne à qui j'accorde le pouvoir de me confirmer ma valeur comme personne, pouvoir identique à celui qu'avaient jadis mes parents ou l'un de mes parents à mes yeux. Le fait de m'assumer ouvertement devant cet interlocuteur transférentiel concrétise mon droit d'exister tel que je suis. Chaque fois que je m'exprime ainsi, j'élargis le champ de ma liberté d'être. Voici à quoi pourrait ressembler une telle expression :

- *Même si tu es un homme, je m'adresse à ma mère à travers toi, car je vis avec toi la même chose qui m'a fait souffrir durant toute ma vie avec elle. Avec elle, j'avais l'impression de ne jamais compter. Elle n'en avait que pour mon frère. Moi, je recevais les gifles et les critiques alors que je me mettais continuellement en quatre pour lui plaire. Lui, c'était son petit roi ! Avec toi, c'est différent, je sais que je compte pour toi. Mais dès que tu es mécontent, comme ce matin, j'ai peur de te perdre. Je suis anxieuse, incapable de faire quoi que ce soit, tourmentée à l'idée de perdre ton affection dont j'ai tant besoin. Quand je me sens aimée de toi, j'ai l'impression d'être quelqu'un. Sinon, je ne suis plus rien. C'est un peu gênant pour moi de te dire cela, j'ai peur que tu me trouves lourde et que ça te donne le goût de t'éloigner, mais c'est la vérité. Tes yeux sont doux en ce moment. Ça me fait chaud. Je prends le risque de me blottir dans tes bras. Je risque : « Est-ce que tu me trouves envahissante ? »*

Tu me réponds que non. Je suis surprise et émue que tu m'acceptes dans cet état. Je suis comme une petite fille et tu ne me rejettes pas. Je me serre davantage sur ton cœur. Tu me serres, toi aussi. Je me mets à pleurer comme un bébé. Une grande peine m'envahit, je la laisse monter et sanglote. Tu me serres plus fort et mes sanglots augmentent. J'ai encore peur que tu me repousses, mais je suis si bien dans tes bras. J'éprouve de la joie en même temps que de la peine. Jamais cela ne m'est arrivé d'être enlacée ainsi et de pouvoir me laisser aller. J'ai tant souhaité cela avec ma mère. À cette pensée, ma tristesse augmente à nouveau… Je te regarde et je perçois de la bonté dans tes yeux. J'ajoute : « Tu as vraiment l'air bien avec moi. » Tu acquiesces. Je suis estomaquée, je te le dis…

Toutes mes tentatives d'expression ne se soldent pas par la satisfaction du besoin. Dans l'exemple qui précède, le contact avec l'interlocuteur est non seulement nourrissant, mais rassurant quant à l'importance que je revêts à ses yeux. Pourtant, ainsi que je l'ai déjà dit, ce n'est pas obtenir une réponse qui compte pour avancer dans le transfert, mais prendre le risque de s'exprimer. Voici un exemple où les choses se passent autrement :

- *J'éprouve avec toi le même sentiment qu'avec mon père, et c'est en partie à lui que je m'adresse en te parlant en ce moment : je ne compte absolument pas. J'ai beau faire des pieds et des mains pour que tu sois heureuse et contente de vivre avec moi, je n'y arrive jamais. Parfois j'ai l'impression d'être au bord de la dépression tellement je me sens en manque d'amour. De ton amour. On dirait que tu t'en aperçois ; à ce moment-là, tu m'en donnes une petite dose qui me remonte un peu. Mon espoir renaît aussitôt et je reprends le collier : je suis gentil, je vais au-devant de tes besoins, je m'approche timidement de toi (pour ne pas te déranger, te déplaire). Mais tu*

as cet air, comme maintenant, qui me laisse croire que tu as hâte que j'en finisse et te laisse tranquille.
J'ai besoin de toi, j'ai besoin de ton amour pour me sentir en vie, pour me sentir quelqu'un. Mais tu es sèche avec moi et tu me traites comme une nullité. Je suis tellement triste et découragé. Je ne sais plus quoi faire pour gagner ton amour. Comme d'habitude, tu ne dis mot et tu es fermée comme une huître. Quoi qu'il en soit, je suis content de t'avoir dit tout cela. Pour une fois, j'ai exprimé exactement ce que je vis, au risque de te déplaire, et j'en suis fier.

Dans les deux exemples, l'expression complète de soi menée en contact avec l'interlocuteur transférentiel concerné non seulement procure une satisfaction, celle de l'expression unifiante, mais elle solidifie. Je m'aperçois que je suis capable de relever le défi de dire exactement ce que je ressens et de le soutenir même si je risque d'être rejeté. Cette force supplémentaire, que j'acquiers à chaque nouvelle tentative, m'aide à poursuivre la résolution de mon transfert ; car il va sans dire que m'exprimer une seule fois ne peut suffire à me redonner la capacité d'être ce que je suis. La conquête du droit à l'existence se fait graduellement, au fil de tentatives multiples et avec différents interlocuteurs transférentiels — elle n'a rien de « magique »... Pourquoi en est-il ainsi ? Je pense que c'est une question d'équilibre. Plus je me suis renié en passant outre ce que je ressentais réellement et en renonçant à mes besoins affectifs, plus mon droit à l'existence est précaire et plus j'ai à prendre le risque d'être moi pour le rendre plus solide.

RÉAJUSTER SON EXPRESSION

Il est très difficile de devenir transparent devant des personnes qui nous impressionnent, que nous admirons ou que nous aimons et aux yeux de qui nous aimerions être important. Il nous arrive donc de ne nous dévoiler que partiellement. Il nous arrive aussi de retomber dans nos vieilles façons de faire à la première difficulté. De plus, au début de la démarche, c'est surtout dans le but d'obtenir une réponse ou de faire changer l'autre que nous nous efforçons d'exprimer notre besoin. Il s'ensuit de grandes frustrations. Mais nous prenons éventuellement conscience du fait que nous exprimer est en soi revigorant. Les risques que nous courons en le faisant nous procurent de la fierté et nous finissons par prendre goût au défi de nous respecter.

Nos tentatives ne donnent cependant pas toujours le résultat que nous avions escompté : plus de facilité à être ce que nous sommes. Au contraire, nos propos causent souvent des effets imprévus qui déclenchent en nous une série d'émotions nouvelles. Le malaise nous pousse à nous exprimer de nouveau. Nous sortons alors des sentiers connus et consentons à l'imprévisible. Ce faisant, nous devenons de plus en plus vivant. Nous nous réajustons continuellement à la réalité que nous contribuons à créer.

Par ailleurs, notre nouvelle façon de nous exprimer produit des changements dans nos échanges avec les autres. Cela peut les obliger à se réajuster eux aussi. Notre style, en effet, s'accordait à celui de nos proches, plus particulièrement à celui de nos intimes. En adoptant un style plus vivant, nous introduisons un déséquilibre dans la dynamique de la relation. L'autre réagit nécessairement et nos relations changent.

En prenant continuellement position dans nos relations à partir de ce qui nous paraît important, nous suivons la bonne voie pour travailler à la conquête de notre droit à l'existence. Nous donnons notre couleur à nos relations.

Les principaux écueils

LA CRAINTE D'ÊTRE VULNÉRABLE

La démarche qui vise à retrouver le pouvoir d'être soi par la résolution du transfert est exigeante. De nombreux écueils nous guettent tout au long du parcours. Parfois, ceux-ci ralentissent nos élans; d'autres fois, ils vont jusqu'à nous empêcher d'entreprendre la démarche. Nous montrer vulnérable est ce que nous appréhendons le plus.

Imaginons par exemple que nous nous trouvions extrêmement «insignifiant» comparativement à notre interlocuteur qui, lui, nous impressionne. C'est alors un grand risque pour nous de nous exposer et de lui montrer tout ce qu'il représente pour nous. Nous nous trouvons donc dans un pur paradoxe. Il est évident que notre réflexe premier serait d'éviter, autant que possible, de nous mettre dans cette situation. Il faut connaître le phénomène du transfert et en comprendre les enjeux pour prendre le chemin préconisé dans ce livre, car nous avons tous une crainte viscérale de prendre le risque de nous montrer vulnérable.

LE TABOU DES BESOINS INFANTILES

Pour récupérer notre pouvoir d'être nous-même, il faut non seulement avoir conscience de notre besoin, mais encore le montrer à des personnes qui ont un ascendant sur nous. La plupart des gens trouvent que ces besoins sont infantiles. Ils estiment que la charge émotive qui les accompagne est un signe d'immaturité. Il nous est particulièrement difficile d'affronter ce tabou quand nous ne sommes pas encore capable de reconnaître la légitimité de notre expérience. Cela nous paraît aussi paradoxal que de nous comporter soi-disant comme un enfant alors que nous aspirons à être en pleine possession de nous-même.

LE REFUS DE LA DÉPENDANCE

Le refus de la dépendance est intimement associé à la conquête de la liberté d'être. Nous parvenons à cette liberté en récupérant le pouvoir d'être nous-même, que nous avions jusqu'ici concédé aux figures importantes de notre vie. Notre dépendance est réelle et elle est l'enjeu de notre recherche. De plus, comme notre recherche vise l'expression entière de soi-même devant l'autre, nous devons nous avouer notre dépendance et la vivre. C'est encore un paradoxe : il faut nous montrer dépendant alors que nous aspirons à l'indépendance. Certains d'entre nous éprouvent tant de difficulté à reconnaître leur dépendance, pourtant évidente, qu'ils ont recours à toutes sortes de moyens artificiels pour tenter de l'éliminer. Mais c'est en vain : ce qui est est et ne peut disparaître, quelle que soit la force du déni que nous lui opposons.

LA RÉSISTANCE À RESSENTIR ET À S'EXPRIMER

D'autres embûches viennent compliquer la conquête du droit d'exister : la résistance à éprouver complètement nos émotions et la difficulté à les exprimer. Dans ces cas, les psychothérapeutes en auto-développement conseillent de travailler sur la résistance et sur l'habileté à s'exprimer. Ce travail peut se faire en psychothérapie, pourvu que l'approche thérapeutique choisie donne aux émotions leur valeur réelle et permette l'instrumentation afin d'acquérir les habiletés nécessaires. Il peut aussi se faire grâce à des outils tels que des programmes d'auto-développement, qui permettent d'effectuer seul la démarche[36].

36.Voir Jean GARNEAU et Michelle LARIVEY, *Savoir ressentir* et *Maîtriser l'expression efficace* ; et, pour apprendre à se centrer, Eugene T. GENDLIN, *Focusing au centre de soi*, Montréal, Le Jour, 1992.

LE DÉNI DE LA SOLITUDE

La solitude est une réalité existentielle que connaît tout être vivant. L'homme n'échappe pas à cette réalité. Chacun de nous est le seul à vraiment savoir ce qui est bon pour lui et est l'unique responsable de sa satisfaction[37]. Les personnes qui refusent cette réalité sont incapables de travailler activement à la conquête de leur droit à l'existence. Elles continuent d'espérer être prises en charge par les autres. La puissance de leur déni est parfois si grande que toute leur vie est organisée autour de lui. Elles s'acharnent à tisser des liens de dépendance qui leur permettent d'éviter de se confronter à la réalité de la solitude. Elles réussissent partiellement grâce à la complicité d'interlocuteurs qui sont aux prises avec le même déni dans sa version inverse : prendre l'autre en charge. Inutile de préciser que leurs interlocuteurs transférentiels sont investis d'un pouvoir dont elles ne veulent absolument pas les départir. Il faut souvent un choc important pour qu'elles acceptent de regarder la situation en face.

Dans la mesure où le travail de résolution du transfert conduit à transgresser un grand nombre de normes sociales, l'accompagnement d'un psychothérapeute peut s'avérer nécessaire. Si les embûches sont nombreuses, il est possible que cette aide soit indispensable. Mais chacun est à même de savoir s'il progresse ou non dans son cheminement et s'il a ou non besoin d'aide.

37. Jean GARNEAU et Michelle LARIVEY, « Les implications existentielles », *L'autodéveloppement*.

Les enjeux

Conquérir notre droit à l'existence nous permet de récupérer toute l'énergie que nous consacrions auparavant plus ou moins consciemment à nous faire aimer ou accepter, à acquérir de l'importance aux yeux d'autrui. Nous récupérons par la même occasion le temps et l'énergie que nous mettions à soigner et à rétablir nos relations problématiques. Cette énergie prend la forme d'une plus grande vitalité : nous nous sentons plus vivant. Nous sommes plus ouvert, plus mobile et plus expressif.

Nous gagnons aussi du pouvoir sur notre vie. Nous pouvons davantage vivre comme nous le souhaitons et en accord avec nos choix. Une certaine paix s'installe en nous, qui fait contraste avec les anxiétés et les tourments d'antan. Ceux-ci étaient liés à ce que nous appelions faussement notre « mal de vivre », que nous considérons maintenant comme notre incapacité à être ouvertement ce que nous sommes.

Grâce à de multiples tentatives pour être nous-même en prenant le risque de nous exprimer, nous avons acquis une confiance fondamentale dans le fait que ce que nous vivons est important. Nous développons pour nous-même un respect qui nous aide à tenir compte de ce qui est important, même lorsque cela nous est difficile. Sur le plan de l'expérience, voici à quoi peut ressembler le vécu d'une personne qui se donne maintenant le droit d'être ce qu'elle est :

- *Je suis à l'aise avec mes émotions, quelles qu'elles soient, même si elles sont parfois difficiles à vivre. J'accepte aussi que j'ai des besoins de divers ordres et je considère que je suis responsable de veiller à ma satisfaction. Je suis une personne qui a de la valeur. Je sais que je suis aimable et que je mérite d'être aimée et bien traitée. Je sais que je « goûte bon », que mon contact est agréable et que je puis être nourrissante dans une relation. Les gens ne sont pas obligés de m'aimer, mais je puis choisir mes relations et m'entourer de personnes qui me font du bien et me nourrissent sur le plan affectif. Je suis capable d'accepter qu'on ne m'accepte pas inconditionnellement sans que cela me détruise, car je comprends que les autres ont aussi des besoins et que je ne suis pas toujours à même de les combler. Même s'il peut me faire mal, le rejet de la part d'autrui ne me fait pas peur non plus, car il ne signifie nullement que je doive me rejeter moi-même. Je ne ressens plus de déchirure intérieure comme lorsque j'avais le sentiment de devoir renoncer à ce que j'étais pour me faire aimer. J'éprouve plutôt une sorte de paix, un sentiment d'harmonie et d'unité intérieure.*

Conclusion

La question du droit à l'existence est incontournable. Nous devons tous y faire face au cours de notre vie. Nous menons généralement cette démarche par tâtonnements. Elle est plus ou moins longue selon les leçons que nous tirons de nos essais et de nos erreurs.

En comprenant mieux la nature de notre quête, il nous est possible de la diriger. Nous pouvons ainsi jouir davantage du plaisir que procure la résolution de ce transfert. Une fois que nous avons reconquis notre droit à l'existence, des préoccupations d'une autre nature nous attendent : celles qui sont liées à la recherche d'une identité distincte. Les mêmes habiletés à ressentir et à s'exprimer seront alors tout aussi cruciales.

Questions-réponses

S'EXPRIMER OU ASSOUVIR UN BESOIN…

Question : Vous dites que c'est le fait d'assumer ses besoins qui permet réellement de gagner le droit à l'existence et non le fait d'obtenir des réponses adéquates à ces besoins. Je ne comprends pas. Pire : je suis bouleversée par votre vision. Cela veut-il dire qu'il me suffit d'accepter mes besoins pour être « guérie du transfert » ? Si c'est le cas, je peux vous dire que ça ne marche pas. J'assume maintenant que j'ai besoin de tendresse et j'en ai encore besoin !

Réponse : En premier lieu, le transfert n'est pas une maladie dont il faut guérir. Il est le signe que nous faisons dépendre de nos interlocuteurs transférentiels notre droit de combler certains de nos besoins affectifs. Ce qui permet de changer dans la conquête du droit à l'existence, c'est d'assumer effectivement mon besoin devant ces figures transférentielles parce que c'est ainsi que je me retrouve moi-même.

« Assumer » et « assouvir » un besoin ne sont pas la même chose. Mais je dois absolument assumer mon besoin pour pouvoir l'assouvir. Pensons à une personne qui a besoin de reconnaissance, mais qui se défend d'éprouver ce besoin. Elle peut faire l'objet de nombre d'appréciations positives sans que cela change quoi que ce soit : son besoin est toujours aussi grand et sa sécurité personnelle toujours aussi précaire. L'incapacité de cette personne à recevoir de la reconnaissance s'explique par le fait qu'elle refuse d'avoir ce besoin. On peut remarquer, d'ailleurs, qu'elle ne fait jamais état de son désir d'être appréciée aux personnes qui la considèrent. Au contraire, elle se comporte comme si elle était indifférente.

La qualité de l'acceptation est cruciale

Ce n'est que lorsque j'ai reconnu la légitimité de mon besoin que je deviens capable de prendre des mesures pour le combler. Une précision s'impose ici. La qualité de l'acceptation est fondamentale pour que nous puissions dire que nous nous *assumons*. Accepter par dépit n'est pas une acceptation réelle. Accepter en étant en colère à l'idée d'avoir à tolérer ce besoin ne constitue pas non plus une acceptation valable. Considérer ce besoin comme une calamité qu'il faut bien supporter n'équivaut pas non plus à l'assumer. En somme, je puis dire que j'assume réellement mon besoin lorsque je le reconnais avec une certaine bienveillance, la même que celle avec laquelle j'accueillerais les pleurs de mon enfant qui a faim, reconnaissant qu'il est légitime qu'il ait faim. Sans une acceptation de cette nature, il est certain que je ne prendrai aucun risque pour répondre à mon besoin. Il est certain également que je ne serai aucunement disponible pour recevoir une réponse à mon besoin si la réponse m'est offerte sans que je l'aie recherchée. Tout se passe comme si l'acceptation suivie de la manifestation du besoin ouvrait une voie en moi par laquelle des réponses peuvent me parvenir. Mais l'ouverture initiale ne peut venir de l'extérieur et certainement pas par le biais de l'interlocuteur, quelle que soit sa volonté de combler mon besoin.

Il ne m'est pas possible d'accepter d'un seul coup et d'assumer soudain un besoin que j'ai jusqu'ici porté comme un poids. C'est graduellement que j'y parviendrai, en commençant d'abord par le constater, même si sa présence me déplaît; en me révoltant contre son existence s'il suscite ma révolte; probablement ensuite en le considérant comme incontournable, même s'il m'encombre. Alors seulement je deviendrai capable d'en faire état, même si c'est avec réticence. Petit à petit, le fait de m'exposer ainsi me convaincra de la pertinence de lui faire une place dans ma vie. Parvenu à un certain stade, je serai même capable de prendre des risques avec mes interlocuteurs, pour le combler. Le cas échéant, c'est moi qui prendrai la main de l'autre quand j'aurai envie que ce soit lui qui le fasse. C'est moi qui poserai ma tête sur son épaule ou le serrerai plus fort lorsque j'aurai envie qu'il m'invite à le faire…

Assumer le besoin ne le fait pas disparaître

Mais il ne faut pas croire que le fait de reconnaître mon besoin le comble. Il s'agit de deux démarches différentes, bien que liées. Pour la croissance et l'équilibre psychiques, assouvir le besoin est aussi important que l'assumer. Il ne suffit pas d'identifier un besoin de sucre lors d'une crise d'hypoglycémie : il faut consommer du sucre pour retrouver l'équilibre. Il en est de même du besoin affectif : il faut se nourrir de l'affection nécessaire pour cesser d'en manquer et se rééquilibrer. Mais c'est seulement lorsque j'assume mon besoin que je peux exprimer à mes interlocuteurs transférentiels l'importance qu'ils ont à mes yeux, de même que celle de leur affection et de leur considération. Pour obtenir l'affection ou la considération dont j'ai besoin, je serai alors prêt à prendre le risque de faire face à leurs jugements, voire à leur rejet. J'irai vers eux avec mon besoin en main aussi souvent qu'il se manifestera.

C'est aussi parce que j'assume mon besoin que je suis capable de décider d'orienter mes demandes vers d'autres personnes que celles qui me frustrent constamment. Ainsi voit-on souvent une personne qui ne recevait que du dénigrement au lieu de la tendresse de la part de son conjoint cesser de s'acharner auprès de lui et se tourner vers d'autres personnes qui sont davantage susceptibles de répondre à son besoin d'affection.

LE TRANSFERT AU QUOTIDIEN ET EN PSYCHOTHÉRAPIE

Question : Je suis familiarisé avec le transfert envers l'analyste, mais j'ai été très surpris d'apprendre que l'on peut faire des transferts sur d'autres personnes que son psychothérapeute. D'après

ce que vous dites, nous aurions des relations transférentielles avec plusieurs personnes ? Quelle est la différence entre ces transferts ?
Réponse : Comme j'ai expliqué cette différence dans le premier chapitre, je me centrerai à présent sur des exemples concrets. Rappelons d'abord quelques caractéristiques du transfert :

- Il s'agit du phénomène par lequel nous réagissons à une personne comme si elle était une autre, en l'occurrence l'un de nos parents. Nous reportons sur elle des attentes que nous avions jadis à l'égard du parent (et que nous avons parfois encore). Nous répétons aussi les comportements qui nous caractérisaient vis-à-vis de ce parent concernant les besoins affectifs en cause.
- Une réaction transférentielle se reconnaît au fait qu'elle est disproportionnée par rapport à la situation qui la provoque. Par exemple :
  - *Il me regarde d'un air chaleureux et je suis tout bouleversé.*
  - *Elle semble préférer une autre que moi ; j'ai peur qu'elle me rejette.*
  - *Elle parle d'une manière affirmative ; je m'oppose automatiquement.*
  - *Il est président et, de ce fait, il m'impressionne.*

La situation thérapeutique est idéale pour susciter l'apparition du transfert. Dans la mesure où le professionnel demeure peu expressif de lui-même, le client peut facilement lui « prêter un vécu ». Dans ce cas, les idées qu'il se fait à propos de son thérapeute sont révélatrices de ses propres conflits et besoins fondamentaux.

Dans la vie de tous les jours, ce n'est pas la neutralité des gens qui nous permet d'avoir accès à nos réactions transférentielles. C'est leur attitude, leurs gestes, et parfois même leur statut, comme l'illustrent les exemples cités. Ces réactions spontanées et viscérales révèlent tout autant nos conflits et besoins fondamentaux que les réactions que nous aurions devant un psychothérapeute peu expressif. C'est parce que je prête une signification au regard chaleureux de telle personne que je suis bouleversé. Je suis tout chaviré par ce regard parce que j'en conclus que j'ai de l'importance pour elle. Or, cette signification, je l'invente à partir de mes conflits et de mes besoins.

Nous faisons donc, avec les personnes de notre vie, les mêmes extrapolations qu'avec notre analyste ou notre psychothérapeute. Nos interprétations et nos extrapolations portent sur le même sujet fondamental : nos besoins psychiques fondamentaux. J'ai expliqué pourquoi il en est ainsi dans le deuxième chapitre.

ENTREPRENDRE SEUL LA RÉSOLUTION DE SON TRANSFERT

Question : Le transfert n'est-il pas un problème que l'on doit régler en thérapie ? N'est-il pas dangereux de faire ce travail dans la vie courante, sans aide thérapeutique ?

Réponse : Le seul danger de travailler à la résolution de ses transferts dans la vie courante est de se révéler à des personnes à qui il n'est pas réellement opportun de le faire. Dans la mesure, toutefois, où ce travail se fait « en contact », il n'y a pas de conséquence désastreuse à prévoir. La pire est peut-être de perdre la face. Mais qu'y a-t-il de grave à perdre la face ? Il est plus dangereux, à mon avis, de ne pas travailler à résoudre nos transferts, car cela nous condamne à évoluer très lentement, voire à stagner, dans nos scénarios répétitifs. Et les échecs répétés qui en résultent mettent en péril la qualité de notre vie et la survie de nos relations importantes.

En réalité, que ce soit d'une façon consciente ou non, tout le monde cherche à régler ses transferts. Par exemple, même si nous parvenons toujours à nous mettre dans les mêmes impasses, nous ne répétons pas exactement les mêmes scénarios. D'une fois à l'autre, nous apprenons. Nous tentons de régler nos conflits avec les personnes qui ont de l'importance à nos yeux, nous tentons de « faire la paix » avec nos parents avant qu'ils ne meurent, etc.

Il est donc juste de dire que nous tentons d'avancer. C'est une démarche que nous faisons naturellement mais par tâtonnements. C'est pour cette raison qu'elle est longue et frustrante.

En auto-développement, nous « outillons » nos clients pour les rendre capables de diriger cette démarche de résolution de leurs transferts. À travers la relation avec le psychothérapeute ou avec les participants des groupes de thérapie, ils commencent par prendre conscience des transferts qui ressemblent à ceux de leur vie quotidienne. Ils travaillent ainsi à leur résolution avec l'aide du psychothérapeute et peuvent ensuite le faire par eux-mêmes. C'est un travail complexe et fin, mais un défi humain et universel. Un chef d'orchestre doit être capable de déchiffrer les partitions et de reconnaître les sons de tous les instruments pour les harmoniser. Pourquoi serait-il étonnant que l'être humain puisse acquérir l'expertise nécessaire pour diriger la symphonie de son développement personnel ? Il suffit qu'il dispose des connaissances et des habiletés requises pour ce faire.

APPRENDRE À S'EXPRIMER DEVANT SON PSYCHOTHÉRAPEUTE

Question : Je suis en psychothérapie depuis deux ans et je suis encore incapable d'avouer à ma psychothérapeute à quel point elle est importante pour moi et combien je suis attachée à elle. Jamais je n'oserais lui dire que je me sens abandonnée comme une enfant lorsqu'elle part en vacances. Jamais je n'oserais lui dire que je crains constamment de la perdre. J'ai peur de ce qu'elle penserait de moi et de me mettre à pleurer au point de ne plus pouvoir parler. Je sais que je cherche la tendresse et l'affection et que j'en ai un immense besoin. Je manque de confiance en moi et j'ai toujours besoin de sentir quelqu'un pas trop loin si je vais mal ou si je me sens déprimée. Je sais que ce n'est pas en fuyant que j'irai mieux, mais je n'arrive pas à faire autrement.

Réponse : Le psychothérapeute attentif, compréhensif, capable de recevoir son client avec tout ce qu'il vit devient rapidement quelqu'un de très important pour la personne qui fait peu confiance à ses émotions et peu de place à ses besoins. Celle-ci fait rapidement un *transfert positif* sur son thérapeute. Elle le considère comme le « bon parent » par qui elle s'attend à être soutenue et parfois même prise en charge. La relation est alors tout à fait inégale et le client trouve qu'il est très compromettant d'avouer ouvertement l'importance que son thérapeute a prise.

Ce n'est pas dans toutes les approches thérapeutiques que le psychothérapeute utilise le transfert. Mais lorsque c'est le cas, celui-ci est soucieux, d'une manière ou d'une autre, d'aider son client à reprendre possession de son pouvoir. Il lui en fournit l'occasion et le soutient partiellement pour qu'il s'assume progressivement devant lui. Mais pour ce faire, le thérapeute doit être informé de ce que vit son client.

Si le client considère que son besoin est exagéré ou infantile, il est évidemment encore plus difficile pour lui d'avouer à son thérapeute l'importance qu'il revêt à ses yeux. Paradoxalement, il faudrait déjà qu'il assume ce qu'il ressent pour pouvoir l'exprimer. Or, ce n'est pas le cas ! Par contre, il peut mettre à profit cette situation pour travailler à accepter sa dépendance et ses attentes et les besoins psychiques qui les sous-tendent ; elle est idéale pour cela. La meilleure solution est souvent de procéder par étapes. Voici un exemple de cheminement graduel dans ce domaine :

- Je peux commencer par écrire à mon thérapeute. Il est plus facile d'identifier clairement tout ce que je vis à l'égard d'une personne qui a de l'ascendant sur moi quand je ne suis pas en sa présence. Il est également plus facile de trouver les formulations qui traduisent bien mes sentiments, mes attentes et mes besoins. Il est indispensable, durant cette opération, que je demeure en contact avec moi-même, ouvert aux émotions qui émergent pendant que j'écris. Cette conscience m'aidera à reprendre possession de ce que je vis.

- Je peux ensuite lire cette lettre à haute voix comme si je m'adressais à mon psychothérapeute. À nouveau, il est important que je sois en contact avec ce que j'éprouve durant la lecture et ouvert à ce qui peut surgir d'inattendu (si c'est la première fois que je fais cet exercice, il ne serait pas surprenant que des émotions insoupçonnées apparaissent, ou encore des images nouvelles). Le seul fait d'imaginer la présence de mon thérapeute pendant que je m'adresse à lui me fait sentir davantage la charge et l'impact de ce que j'ai écrit.
- Le pas suivant pourrait consister à lui annoncer que je lui ai écrit et à lui parler de mes réticences à lui remettre cette lettre. À partir de ce moment-là, parce qu'il est informé, le psychothérapeute peut m'aider à examiner mes résistances (mes peurs). Il peut aussi, sans m'empêcher de prendre des risques, me soutenir dans la confrontation graduelle à laquelle je me livre vis-à-vis de mes peurs.
- Enfin, lorsque je suis prêt à en prendre le risque, je lui remets la lettre ou, encore mieux, je la lui lis. Si je choisis cette dernière solution, il est capital que je demeure en contact avec ce que je ressens pendant ma lecture, et même que je communique ce que j'éprouve au fur et à mesure. Pour obtenir le maximum d'effet, il est aussi indispensable que je reste ouvert aux réactions du psychothérapeute et que je puisse être atteint par cette expérience, car elle provoquera inévitablement des émotions. C'est en ressentant ouvertement ces émotions et en les exprimant tout en étant en contact avec l'autre et moi que je les assumerai mieux, ainsi que les besoins qui les sous-tendent.

Il faut considérer ce premier pas vers l'expression de soi comme l'amorce de la résolution du transfert, c'est-à-dire de la reprise de possession de mes sentiments et de mes besoins dans le cadre de ma relation avec le thérapeute (figure transférentielle). À partir du moment où ce sujet est ouvert, le mieux que je puisse faire pour travailler mon transfert est de continuer à réagir ouvertement au psychothérapeute. Chaque nouvelle expression de ma part constituera une occasion de mieux assumer mes sentiments et mes besoins. C'est ainsi que, petit à petit, je récupérerai mon droit d'être ce que je suis devant mon psychothérapeute et, par extension, vis-à-vis du parent qu'il représente.

CHAPITRE 6
La conquête d'une identité distincte

Introduction

Au chapitre précédent, il a été question de la capacité d'accepter nos émotions et nos besoins. Nous avons vu que la préoccupation concernant le droit à l'existence est omniprésente et se manifeste constamment tant que celui-ci n'est pas acquis.

Le développement psychique ne s'arrête pas à cette victoire. Une fois que nous avons conquis le droit d'exister avec nos émotions et besoins propres, nous entreprenons, avec autant de volonté et de détermination, une autre conquête : celle du droit d'être distinct. Notre nouvelle tâche consiste à devenir capable de nous assumer et nous montrer tel que nous sommes devant les autres, quel que soit leur degré d'approbation. C'est ainsi que nous gagnons notre *autonomie psychique*.

Alors que dans le premier genre de transfert l'essentiel consistait à nous autoriser à être ce que nous sommes, l'essentiel de la démarche de croissance consiste à affirmer notre *différence*. Lorsque la démarche est bien menée, elle nous permet d'assumer graduellement notre propre individualité et nos singularités.

Ceux qui parviennent au terme de cette conquête sont capables d'être eux-mêmes au sein de leurs relations, sans éprouver de tension intérieure et sans provoquer inutilement des conflits avec leur entourage. Mais il faut du temps pour atteindre une telle sérénité, et le chemin pour y parvenir n'est pas de tout repos. Il comporte des émotions intenses et une bonne dose d'insécurité.

Dans ce chapitre, nous allons voir en quoi consiste cette recherche et quels sont les difficultés et les écueils les plus courants. Nous expliquerons aussi pourquoi cette quête s'avère souvent stérile et se solde par une lutte infinie sans réel gain d'indépendance[38].

La conquête d'une identité distincte

UN INTENSE DÉSIR D'ÊTRE SOI

La conquête du droit d'être une personne distincte est une autre étape importante du développement psychique. C'est un défi de croissance que tout humain est appelé à relever. L'élan qui déclenche cette recherche émerge comme un intense désir d'être soi. Ce désir a deux aspects : d'une part, nous reconnaissons avoir nos propres émotions, besoins, goûts, opinions, voire nos caprices, et, d'autre part, nous tenons à les affirmer ouvertement.

Comme pour les autres besoins affectifs fondamentaux qui font l'objet de transferts, nous recherchons, plus ou moins consciemment, les personnes et les occasions qui nous permettront de progresser dans cette voie. Voici à quoi une quête de cette nature peut ressembler :

38. L'ouvrage *L'auto-développement* offre une présentation résumée de ce type de transfert.

- *Pendant les premières années de sa vie maritale, Nicole évitait tout ce qui aurait pu provoquer son mari irascible. Lors de leurs discussions, elle se ralliait rapidement à son idée ou faisait comme si elle n'avait pas d'opinion, de peur qu'il ne « sorte de ses gonds ». Elle était facilement anéantie par ses jugements et cherchait le plus possible à les éviter. Sa liberté intérieure était donc très restreinte et il lui était difficile d'« exister » en relation avec son époux. Après un travail personnel important, elle se surprend à avoir de plus en plus le goût d'affronter ce mari. Non seulement elle n'évite plus ses colères, mais elle ne manque aucune occasion de lui signaler ce qui la dérange. Elle se fait même un point d'honneur de ne rien laisser passer. Nicole a aussi changé d'attitude dans son milieu de travail. Elle prend maintenant des responsabilités qu'elle refusait auparavant de peur de subir les critiques de ses pairs. Elle va même jusqu'à s'opposer ouvertement à sa directrice, ce qu'elle n'aurait jamais osé faire par le passé.*
Il lui arrive de trouver sa nouvelle attitude exagérée, mais cela ne l'arrête pas. Elle craint encore le jugement, la désapprobation et parfois le rejet de son mari, de collègues et de sa patronne, mais elle ose quand même exprimer son point de vue, car c'est devenu pour elle une question de fidélité vis-à-vis d'elle-même[39].

Comme il ressort de cet exemple, la peur du rejet est la principale difficulté à laquelle nous devons faire face dans notre recherche du droit d'être distinct. En nous affirmant tel que nous sommes, nous courons toujours le risque d'être désapprouvé, jugé, voire rejeté. La peur de perdre l'amour, de perdre l'estime, d'être abandonné… est si forte qu'il est tentant de contourner le défi. Nous examinerons les principales formes d'évitement de ce défi dans la dernière partie de ce chapitre.

---

39. Pour en savoir plus, voir « Fidèle à moi-même », *Les émotions source de vie* (Jean Garneau et Michelle Larivey).

Cette conquête du droit à une identité distincte se fait essentiellement par l'expression de soi. C'est en prenant le risque de nous affirmer et d'être ouvertement nous-même que nous parvenons à nous assumer dans notre singularité et notre différence. Personne n'a le pouvoir de nous donner cette liberté intérieure ; il nous faut la gagner. Pour que cette conquête ait un effet, nous devons nous affirmer devant les personnes concernées, c'est-à-dire celles dont l'estime et l'affection nous importent vraiment (nos figures transférentielles), qui ne sont pas nécessairement les mêmes que celles à qui s'adressait notre transfert précédent. Ce sont les seules, en plus du parent qu'elles représentent, auprès de qui nous pouvons gagner notre autonomie en prenant le risque de les perdre. Nous sommes heureusement dépendant de plusieurs personnes. Cela nous procure un grand nombre d'occasions d'explorer cette problématique et de relever les défis qu'elle comporte.

ÊTRE SOI AVEC SES DIFFÉRENCES VU DE L'INTÉRIEUR

Je suis un adulte. J'ai des besoins, désirs et aspirations qui sont différents des tiens, papa (ou maman, ou mon interlocuteur transférentiel). Je désire être moi-même. Je voudrais que tu me donnes ta bénédiction afin que je puisse exprimer ce que je suis sans risquer de te déplaire ou d'être rejeté. Mais je n'obtiens jamais cette bénédiction. Aussi, chaque fois que je m'efforce d'être moi-même, de suivre ma voie, j'ai peur. J'ai peur de te perdre. Je le fais, mais je jette toujours un regard sur toi pour m'assurer que je n'ai pas perdu ton amour. Je tiens à ton amour. Je suis donc souvent déchiré. Je passe beaucoup de temps à justifier mes choix afin d'obtenir ton approbation. Souvent je me retiens, je n'ose pas. Et souvent je t'en veux. Nous avons des altercations sur des sujets qui n'ont rien à voir, et moi je sais que c'est parce que je te reproche de ne pas m'accepter toujours dans ce que je suis et dans mes choix. Et lorsque j'ose m'affirmer devant toi, j'éprouve un sentiment d'insécurité tant que je ne suis pas certain que tu ne m'en veux pas ou que tu ne m'as pas rejeté. Même lorsque je fais le fanfaron, je demeure dépendant de ton approbation. Tout cela est difficile, mais je ne puis renoncer à être ce que je suis, même si je te déçois parce que je ne suis pas tel que tu l'aurais souhaité.

LES GRANDES ÉTAPES DE CETTE CONQUÊTE

Les premières manifestations du besoin d'autonomie apparaissent chez l'enfant vers l'âge de deux ans. Cette période de croissance psychique est communément appelée la *phase du Non*. Jouissant de nouvelles capacités motrices et fort de sa curiosité naturelle, l'enfant peut se laisser aller à explorer son univers et à faire des expériences. Ce faisant, il s'extrait partiellement de l'emprise de ses parents pour tenter de faire des choses seul. Il arrive que ce passage vers une plus grande autonomie dérange les parents. En effet, de poupon complètement dépendant, l'enfant devient graduellement une petite personne qui manifeste une volonté propre. Certains parents peuvent trouver difficile d'encadrer adéquatement cette *crise de croissance*, comme l'appelle Erikson[40]. Même si par la suite la conquête de l'autonomie n'est plus la dominante dans le développement de l'enfant, elle continue de demeurer un enjeu crucial. Le danger est de sanctionner les tentatives d'autonomie de l'enfant, car cela le prive de la sécurité nécessaire pour oser de nouvelles expériences, comme le souligne Maslow dans le texte qui suit :

40. Erik H. Erikson, *Enfance et société*, Neuchâtel, Delachaux et Niestlé, 1966 (traduit de l'anglais *Childhood and Society*).

> La vie est faite d'une longue série de choix. Chacun de ces choix se fait entre la sécurité (plus généralement la défense) et la croissance. À partir du moment où l'enfant n'a pas besoin de choisir la sécurité, parce qu'il l'a déjà, il est normal qu'il choisisse le développement. Il a alors les moyens d'oser.
> Pour pouvoir [*sic*] faire ses choix en accord avec sa propre nature et développer celle-ci, on doit permettre à l'enfant de retenir comme critère de choix l'expérience subjective du plaisir et de la satisfaction. L'autre possibilité est de faire ses choix selon la volonté d'une autre personne. Quand cela se produit, il y a perte du soi. Cela restreint les possibilités de choix à la sécurité, jusqu'à ce que l'enfant puisse laisser opérer ses propres critères de choix sans avoir peur de perdre protection, amour, etc. [...]
> Le choix essentiel, la croisée des chemins, se fait entre la fidélité à sa personnalité propre ou à la personnalité des autres. Si le seul moyen d'être fidèle à soi-même est de se séparer des autres, l'enfant sacrifie habituellement sa propre personnalité pour la raison que l'on a déjà dite : la sécurité est le besoin essentiel et primordial de l'enfant. Elle est bien plus nécessaire que l'indépendance et la réalisation de soi. Si l'adulte le force à choisir entre deux exigences vitales, l'enfant choisira la sécurité, même au prix de sa personnalité et de son développement. En principe, il n'est pas nécessaire d'obliger un enfant à faire un tel choix. Mais les gens le font souvent parce qu'ils sont malades ou ignorants[41].

Si les parents à la fois laissent à l'enfant une liberté suffisante et lui mettent les balises nécessaires, celui-ci gagnera petit à petit son autonomie. À l'adolescence, une autre crise de croissance marquera son besoin de se dissocier de ses parents pour former

41. Abraham Maslow, *Vers une psychologie de l'Être*, Librairie Arthème Fayard, 1972, respectivement p. 67 et 61 (traduit de l'américain *Toward a Psychology of Being*).

sa propre identité. Encore là, s'il peut réussir à explorer son potentiel et à exprimer ce qu'il est sans subir de rejet intempestif de la part de ses parents, il sortira de cette phase avec un sentiment d'identité accrue. Mais bien qu'il soit conscient de son identité particulière, et donc différente de celle des autres, cette identité n'est pas encore affirmée. C'est par un travail subséquent qu'il y arrivera.

LE PARENT INTERLOCUTEUR

La recherche du droit à l'existence se fait en regard du parent avec qui le rapport affectueux a été le plus déficient. Ainsi une personne peut s'être sentie acceptée et aimée de son père durant toute son enfance, mais avoir vécu l'inverse avec sa mère. Elle sera alors portée à travailler à la conquête de son droit à l'existence avec des interlocuteurs (hommes ou femmes) qui représentent sa mère. Le critère de choix, c'est qu'elle se sente avec eux comme elle se sentait (et peut-être se sent encore) avec sa mère.

La quête d'une identité distincte, quant à elle, s'amorce avec le parent qui est perçu comme le plus autoritaire. Elle se poursuit par les relations transférentielles avec des personnes qui sont dans un rôle d'autorité ou à qui nous accordons un statut d'autorité. Par exemple, un mari qui se comporte avec sa femme ainsi qu'il le faisait avec sa mère, qui agissait comme la « patronne » de la maison, peut avoir le sentiment que sa femme est la figure d'autorité de leur couple.

LES INTERLOCUTEURS TRANSFÉRENTIELS

Les relations transférentielles que nous vivons dans le cadre de la conquête de notre autonomie se tissent avec les personnes de notre entourage qui « équivalent » aux personnes importantes de notre enfance. Que notre relation avec nos parents ait changé ou non, si nous n'avons pas résolu les difficultés que nous avions avec eux, celles-ci se retrouveront transposées dans nos relations actuelles : avec notre conjoint, l'un de nos enfants, notre patron ou une collègue de travail ; nous revivrons avec eux les mêmes inhibitions, les mêmes frustrations, les mêmes attentes déçues que celles que nous avons connues avec nos parents.

Par cette merveilleuse astuce de notre psychisme que l'on appelle le transfert, nos besoins affectifs irréductibles trouvent de nouvelles cibles. C'est ce qui nous fournit l'occasion de mener à terme ce que nous avions laissé en suspens durant l'enfance et qui nous poursuit depuis lors ; ce faisant, nous élargissons notre territoire psychique. Comme la conquête de la liberté d'être, celle de la liberté d'être distinct, c'est-à-dire notre autonomie, s'accomplit graduellement. Elle peut s'étendre sur quelques années et elle n'est peut-être jamais tout à fait terminée, car nous avons toujours de nouveaux aspects de nous à assumer. De nouvelles situations de vie nous y invitent ; il peut s'agir de donner notre opinion devant un nouvel auditoire, d'assumer des changements corporels importants, de présenter notre dernière création ; ou encore de faire notre place auprès de nouvelles personnes : un nouvel amoureux, une nouvelle classe d'étudiants, une nouvelle patronne…

Ce transfert est résolu lorsque nous sommes capable de nous respecter vraiment avec les personnes qui sont importantes pour nous, au risque de les affecter (les déranger, les inquiéter, leur faire de la peine, etc.), d'être blâmé, voire d'être rejeté. L'homme qui est maintenant capable de « tolérer les pleurs de sa mère » pour respecter ce qui lui importe, n'obtempérant plus à l'interjection de son père « Ne fais pas pleurer ta mère ! », est résolument sur la voie de la conquête de son autonomie. La femme qui ose s'affirmer calmement et avec sécurité dans un domaine professionnel qui, jusqu'ici, était réservé au sexe opposé l'est aussi. Comme nous le verrons dans ce qui suit, gagner notre autonomie psychique suppose que nous manifestions à la fois nos besoins de dépendance et d'affirmation. Cela veut dire prendre le risque de perdre l'autre pour se respecter soi, mais aussi lui faire part de l'importance que revêt pour nous son approbation. Assumer ouvertement et ensemble ces deux aspects de notre expérience est sans doute la difficulté majeure.

L'autonomie

L'IMPORTANCE DE L'AUTONOMIE

Pour survivre, les êtres vivants doivent être autonomes. L'acquisition de cette autonomie est plus ou moins complexe selon les genres et les espèces. Chez les humains, elle s'étend sur un grand nombre d'années, même si elle est encadrée par un système d'éducation particulièrement élaboré.

L'autonomie est avant tout au service de la survie. C'est pour cela qu'elle fait partie d'un développement harmonieux et qu'il est tout à fait naturel pour les humains de la rechercher.

Comme je l'ai déjà rappelé, dès que le jeune enfant découvre qu'il est capable de faire des choses par lui-même, il se met à multiplier volontairement les occasions de le faire. Si les parents le laissent explorer en lui fournissant l'encadrement et le soutien nécessaires, il acquiert de la confiance et de la solidité. De même, dans sa quête pour son identité propre, le jeune adolescent tente éperdument de se différencier de ceux qui ont eu une influence prépondérante sur lui, particulièrement de ses parents. Cette recherche de son identité le pousse à s'affirmer et à s'opposer, quitte à subir la désapprobation. S'il parvient à traverser cette phase sans être trop violemment rejeté par les personnes importantes de sa vie, il gagne une partie importante de son indépendance psychique.

EN QUOI CONSISTE L'AUTONOMIE ?

Une personne autonome est capable de penser et d'agir par elle-même pour répondre à ses besoins. Cela suppose deux éléments : elle reconnaît son expérience intérieure et elle en tient compte dans ses actes. Au lieu de se laisser dicter ce qu'elle devrait ressentir, ses besoins et son comportement, par l'extérieur, cette personne est *déterminée de l'intérieur.* La personne autonome est capable de prendre vraiment le risque de s'affirmer telle qu'elle est : avec son expérience propre, ses besoins, ses émotions, ses valeurs. Elle accorde de l'importance à son expérience intérieure et à ses besoins même lorsqu'ils ne sont pas approuvés par son entourage. Elle obéit à sa propre volonté plutôt qu'à celle des autres.

Comme le droit d'être, l'autonomie est une liberté intérieure. Elle réside dans la capacité de faire les choix que nous jugeons bons pour nous et d'en assumer les conséquences réelles, particulièrement les réactions des personnes qui nous importent. Cette liberté ne peut absolument pas nous être donnée par les autres, même si ces derniers jouent un rôle important dans son acquisition.

Dépendance et autonomie

Pour gagner notre autonomie psychique, il nous faut être capable de manifester à la fois *nos besoins de dépendance et notre besoin d'affirmation* en étant en contact direct avec nos interlocuteurs transférentiels. Bien que cette évolution vers l'indépendance soit naturelle, elle ne signifie pas pour autant que la dépendance soit éliminée. Les personnes qui font cette erreur de raisonnement sont en général allergiques à la dépendance. Dans leur conception, l'indépendance est assimilée à de l'indifférence. Ces personnes aspirent à devenir indifférentes envers ceux qui exercent une influence importante sur elles.

En réalité, *l'autonomie est indissociable de la dépendance*. En effet, c'est seulement en rapport avec les personnes qui ont une grande valeur affective pour nous, donc dont nous sommes dépendant sur le plan affectif, que nous pouvons gagner notre indépendance. Mais cela n'implique pas de devenir indifférent à ces personnes. Bien au contraire !

En fait, il serait inutile de chercher à devenir autonome devant des personnes qui nous indiffèrent. Avec elles, notre liberté est déjà acquise ! C'est avec les personnes qui nous importent le plus qu'il est utile de gagner notre autonomie. Et si nous parvenions à devenir indifférent envers elles, le problème serait simplement déplacé. Il faudrait alors trouver quelqu'un d'autre pour nous fournir l'occasion de faire cette conquête. Or, comme les besoins de dépendance sont présents tout au long de la vie, nous ne pouvons les sacrifier à la recherche d'autonomie. Nous aurons toujours besoin d'être aimé. Le besoin d'être reconnu comme une personne valable, d'être considéré dans ce que nous faisons, et perçu comme une personne attirante ne disparaît jamais. Ce que nous pouvons acquérir grâce à notre évolution, c'est le courage de refuser de nous renier pour obtenir la nourriture affective dont nous avons besoin. Ce n'est donc pas en niant notre dépendance ou en évitant de nous affirmer pour minimiser les risques que nous évoluons vers l'autonomie. Toutes ces tentatives faussées aboutissent au contraire à l'échec.

Trois méthodes vouées à l'échec

La peur de nous affirmer tel que nous sommes, avec à la fois notre dépendance et le désir de nous distinguer, est habituellement très forte. Elle diminue progressivement si notre démarche est adéquate. Il est donc très tentant d'esquiver les difficultés en déployant diverses stratégies qui évitent l'affirmation de soi ou neutralisent l'importance affective de l'autre. Il va sans dire que ces stratégies condamnent la démarche à un échec.

NEUTRALISER LA DÉPENDANCE

Pour éviter de nous sentir vulnérable lorsque nous tentons de nous affirmer, nous pouvons essayer de nous persuader que les réactions de l'autre n'ont pas d'importance ou que nous n'avons pas besoin de lui. Cette méthode d'évitement prend trois formes principales.

Se durcir pour s'affirmer

Claudine a l'habitude de dire en plaisantant que si le mouvement féministe ne l'avait pas précédée, elle l'aurait initié. C'est une femme que rien n'arrête lorsqu'il s'agit de ses besoins. Il y a longtemps qu'elle a décidé de ne plus s'en faire avec les réactions de son mari. Sa phrase clé : « C'est son problème ; moi, je fais ce que je veux. »

Pourquoi, après toutes ces années d'affirmation, a-t-elle encore besoin d'élever si souvent la voix et de proclamer vigoureusement son droit à la liberté ? En fait, malgré tout ce qu'elle proclame, elle n'a pas réellement conquis sa liberté. Pour quelle raison ?

Comme nous l'avons vu précédemment, l'indépendance intérieure se gagne en prenant le risque d'être soi en étant en contact ouvert avec les autres. Or, au lieu de se laisser atteindre par les émotions de son mari, Claudine fait comme si celles-ci l'indifféraient. Elle se raidit pour ne pas ressentir d'inquiétude ou pour éviter la culpabilité. Aussi, bien que ses tentatives d'affirmation lui demandent beaucoup d'énergie, elles ne lui servent pas vraiment à s'assumer. Par contre, si elle osait exprimer tout ce qu'elle ressent dans un discours qui pourrait ressembler à celui qui suit, ses chances d'évolution seraient décuplées :

- *Chéri, je dois t'avouer qu'il m'est difficile de faire le choix que je fais en ce moment en sachant que cela va à l'encontre de tes projets et te rend malheureux. Mais cette décision est extrêmement importante pour moi. J'ai peur que tu sois fâché contre moi et que tu t'éloignes… parfois je vais jusqu'à penser que tu pourrais me quitter pour cela. Mais je prends le risque, en souhaitant ne pas te perdre, car sinon je ne me respecterais pas. Or, sur cette question, il est primordial que je me respecte… Bien sûr, il serait plus facile (je me sentirais davantage en sécurité) de m'abstenir de prendre cette décision. Mais je suis certaine que nous y perdrions tous les deux. Je ne pourrais faire autrement que t'en vouloir (même si tu ne t'es pas objecté ouvertement) de m'être rendue à ce que je pensais être ta volonté. Et mon estime de moi diminuerait. Finalement, tu ne serais pas plus gagnant que moi. Dans ces conditions, je préfère prendre le risque d'être moi-même.*

Garder ses distances

Une autre façon d'éviter de s'affirmer consiste à prendre des distances. C'est le cas de Vincent :

- *Après huit ans de mariage et trois enfants, Vincent a envie de s'occuper davantage de lui-même : sortir, suivre des cours, jouer au golf avec ses amis. Il constate que ses nouveaux intérêts dérangent son entourage, particulièrement son épouse chez qui ce mouvement d'indépendance déclenche de l'insécurité. Il préférerait de beaucoup avoir la bénédiction de Manon plutôt que de subir ses scènes de jalousie. Il est malheureux qu'elle soit si inquiète et qu'elle attribue son éloignement à une diminution de ses sentiments amoureux pour elle, car ce n'est pas ce qui le motive. Il a simplement moins besoin d'être continuellement proche de Manon. Mais comme il ne peut tolérer de la voir souffrir ainsi, il se fâche et lui reproche sa mine déçue. Il se dit peiné qu'elle se tracasse autant, d'autant plus que cela contribue à rendre peu agréables les moments qu'ils passent ensemble. Vincent croit qu'il ne pourra jamais arriver à respecter ses besoins et ses envies en vivant aux côtés de Manon. Il envisage donc la séparation dans l'espoir d'être libre, de ne plus être touché par le fait qu'elle est affectée.*

Ce n'est pas de cette façon que Vincent atteindra la liberté intérieure qui lui permettra de faire ce qui est important pour lui-même lorsque cela dérange des êtres qui lui sont chers. En s'éloignant de Manon, il tente d'éliminer un obstacle alors qu'il devrait plutôt le franchir pour gagner réellement son autonomie. S'il n'affronte pas cet obstacle maintenant, il devra y faire face plus tard, à moins qu'il ne choisisse un style de vie d'où l'intimité soit absente et qu'en conséquence il ne risque pas de se retrouver dans une situation semblable. C'est ce qu'a fait Pierre dans l'exemple suivant. Mais il n'a pas gagné sa liberté pour autant :

- *Pierre n'a jamais voulu vivre avec sa compagne afin de garder une certaine indépendance. « Comme il n'y a pas de quotidien entre nous, nous n'avons pas le problème des couples ordinaires : jamais de dispute ; lorsque ses réactions me déplaisent, je n'ai qu'à prendre mon chapeau et rentrer chez moi (et vice versa)… En somme, je fais ce que je veux, quand je veux, comme je le veux et personne ne peut trouver à y redire. »*

À première vue, nous éloigner des personnes dont les réactions nous atteignent peut apparaître comme une solution au besoin d'indépendance : « Loin de lui ou d'elle, je serai libre ! » C'est une grave erreur. Même s'il est vrai qu'ainsi nous pouvons plus facilement agir à notre guise, nous n'avons aucune chance de gagner notre autonomie psychique. Non parce que nous ne nous affirmons pas activement, mais parce que nous nions notre *dépendance réelle*. En la niant ainsi, nous ne prenons pas réellement le risque (avec ses conséquences) de nous affirmer comme une personne distincte ; c'est ce qui fait qu'il n'y a pas de gain possible du point de vue de l'autonomie.

S'éteindre

On peut aussi, comme Arthur, choisir de s'effacer :

- *Arthur a trouvé une bonne solution au fait qu'il ne supporte pas de déplaire à son épouse. Il fait tout pour oublier ses propres besoins et consacre sa vie à ceux de Florence. Ainsi, il ne l'indispose presque jamais. Ne lui demandez pas s'il veut faire un voyage. Il vous répondra qu'il faut en discuter avec Florence : « C'est elle qui décide. » Dans ces situations, il prend toujours un ton légèrement enjoué. Il ne cache pas que c'est le seul aménagement qu'il ait trouvé pour se soustraire aux réactions intenses et égocentriques qu'avait sa femme lorsqu'il manifestait des désirs différents des siens.*

La stratégie d'Arthur, on s'en doute, ne lui permet pas d'avancer le moindrement dans l'acquisition de son autonomie. D'abord, en renonçant ainsi à ce qui le distingue, il est condamné à une baisse de vitalité et probablement à une forme de dépression. Ensuite, en sacrifiant son besoin d'affirmation pour satisfaire sa dépendance vis-à-vis de Florence, il s'empêche d'être totalement lui-même. Son retrait passif lui évite sans doute de percevoir clairement combien déplorable est sa condition de vie avec Florence. Il ne lui permet pas non plus d'améliorer son sort. Mais ce serait une autre question[42]. Arthur n'est toutefois pas complètement dupe. Il sait bien qu'il n'est pas un homme libre. À la blague, il se définit comme « le mari de Florence ». « Flo, c'est le patron », répète-t-il souvent sans éprouver clairement la tristesse profonde qui l'habite alors.

---

42. Jean GARNEAU, « Les mythes amoureux », *La lettre du psy.*

Se renier continuellement comme le fait Arthur a des effets, même si ceux-ci n'apparaissent souvent qu'au bout de plusieurs années. Les personnes qui font le choix d'Arthur se gardent généralement bien d'y porter attention. Ce sont plutôt des symptômes qui les interpellent: manque d'intérêt pour la vie, sentiment de n'être rien (qui a sa raison d'être puisque durant de nombreuses années ces personnes se sont traitées comme si elles étaient rien), perte de l'estime de soi, épisodes dépressifs... Heureusement pour Arthur, il est peut-être encore temps de faire quelque chose. Mais plus le temps passera, plus la côte sera longue à remonter et la marche ardue[43].

DEMANDER LA PERMISSION D'ÊTRE SOI

Dans cette stratégie, c'est l'affirmation de soi qui subit un déplacement. Au lieu de prendre le risque de nous affirmer, nous reprochons perpétuellement à l'autre de ne pas nous permettre de le faire, ou nous lui en demandons l'autorisation. Fondamentalement, nous l'implorons de nous accorder notre liberté. C'est le cas de Muriel:

- *Muriel reproche continuellement à son ami de ne pas être « acceptant ». Pourquoi est-il si mécontent qu'elle n'ait pas voulu de la sortie qu'il lui a proposée? N'a-t-elle pas le droit de faire ce qu'elle veut? Elle lui répète souvent qu'il n'est pas « respectueux de ses besoins ». Et elle fait souvent des colères parce que les choix qu'il fait ne lui conviennent pas toujours. Muriel ne nie pas qu'elle a besoin de l'approbation de son ami. En ce sens, elle reconnaît sa dépendance. Mais son affirmation ne porte pas sur le bon sujet: au lieu d'afficher ce qu'elle veut et de vivre avec les conséquences qui en découlent, son affirmation consiste à demander continuellement à être acceptée telle quelle, sans discussion, ou à reprocher de ne pas l'être.*

43. Jean Garneau et Michelle Larivey, *L'enfer de la fuite*.

De cette façon, elle n'a aucune chance de progresser dans son autonomie psychique. Même si elle obtenait que son ami se neutralise pour son confort à elle, le problème ne serait que déplacé : Muriel se sentirait alors libre avec lui, mais elle n'aurait gagné aucune liberté intérieure. Sa difficulté de se respecter se manifesterait alors avec d'autres personnes, celles que son psychisme choisirait pour continuer sa quête.

- *François fait la même erreur que Muriel, même si sa stratégie est plus douce. Récemment divorcé, il s'est aperçu, à quelques reprises, que ses filles n'aimaient pas ses nouvelles fréquentations. Pour ne plus avoir à affronter leur fermeture et leurs sarcasmes, il a décidé de convenir avec elles qu'il leur présenterait ses nouvelles conquêtes. Elles auront dorénavant leur mot à dire lorsqu'il invitera une femme chez eux.*
- *Eugène et Émilie ont un problème semblable : chacun a l'impression d'être totalement rejeté par l'autre s'il a le malheur d'exprimer une critique. Pour eux, un jugement est un blâme qui équivaut à un rejet. Ils ont raison au sens où faire une critique, c'est effectivement souligner quelque chose qui ne nous convient pas ou avec quoi nous sommes en désaccord. Aussi, lorsque cela se produit, chacun se défend-il âprement. Mais leurs justifications n'ont qu'un but : que l'autre finisse par être d'accord avec ce qu'ils ont fait (ou au moins reconnaisse que ses motifs étaient acceptables). Il est difficile de manifester du mécontentement dans ce couple sans que les explications et les justifications ne se mettent à pleuvoir de part et d'autre. Leurs altercations sont interminables et ne produisent qu'épuisement et frustration.*

Ces exemples mettent en lumière une stratégie courante qui sert à éviter l'affirmation de soi sur le sujet pertinent. Il s'agit de demander à l'autre de se mobiliser (de faire l'effort) pour nous accepter tel que nous sommes et d'éviter toute réaction qui nous mettrait en position d'insécurité. En somme, nous le prions de nous accorder le droit d'être ce que nous sommes même lorsque nous sommes différent de ce qu'il attend, de ce qui répondrait à ses besoins. Parfois, nous allons jusqu'à souhaiter qu'il nous accepte même lorsque ce que nous avons fait va à l'encontre de ses valeurs ! En fin de compte, nous espérons que l'autre fasse seul le travail d'acceptation pour que nous puissions oser exister tel que nous sommes ! Il n'est pas étonnant que l'autonomie tarde à venir !

REVENDIQUER PAR LE BIAIS D'UNE CAUSE

Il existe une troisième façon d'investir beaucoup d'énergie dans la quête de l'autonomie, mais qui ne donne aucun résultat réel : défendre de façon compulsive une cause ou des principes en lien avec sa problématique. Bien entendu, ce ne sont pas toutes les personnes vouées à une cause qui négligent automatiquement la conquête de leur propre autonomie. Mais c'est souvent le cas lorsque nous sommes très actif pour la cause et inactif dans notre développement personnel par ailleurs. Dans ce cas, ni le besoin de dépendance ni l'affirmation ne sont niés. L'erreur réside simplement dans le champ où s'exerce notre autonomie : une cause extérieure au lieu de notre vie privée ; le besoin d'autonomie n'est pas considéré comme relevant d'une aspiration personnelle, mais des nécessités de la cause. Le problème est déplacé.

Une autre caractéristique importante de cette approche réside dans la *revendication*. Le besoin d'autonomie n'est pas considéré comme une liberté à gagner ou une ressource à développer, mais comme un droit qui devrait nous être accordé. L'affirmation de soi est mise au service de la revendication plutôt que de servir à l'autonomie. Le risque de « prendre » est esquivé et, par conséquent, il rend caducs les efforts de conquête d'une liberté intérieure. La personne revendique ainsi :

- le droit d'avoir une place dans un groupe au lieu de faire sa place ;

- le droit d'occuper un poste au lieu d'acquérir la compétence ou de faire la preuve de ses capacités pour y avoir accès;
- le droit d'être libre dans son couple plutôt que de prendre les libertés désirées.

Conclusion

À partir du moment où nous comprenons que la capacité d'être soi, avec ses singularités, est une liberté fondamentale qu'il faut acquérir par nos propres efforts, nous avons moins de risques d'emprunter des chemins sans issue. Nous devons aussi avoir à l'esprit qu'il est essentiel de mener une telle démarche de croissance vis-à-vis de personnes qui sont importantes pour nous; c'est devant elles qu'il nous faut prendre le risque de nous exposer et admettre que nous sommes vulnérable, sans pour autant nous renier.

La quête de soi est difficile parce qu'elle fait courir le risque de pertes importantes. Plus que toutes les autres étapes d'une démarche de croissance, la conquête d'une identité distincte nous met face à la solitude existentielle. C'est pourquoi l'ambivalence entre le désir de nous affirmer tel que nous sommes et celui de nous faire accepter est encore plus forte chez ceux d'entre nous qui éprouvent de la difficulté à reconnaître cette solitude, voire la dénient. Les bénéfices qu'il y a à nous affirmer tel que nous sommes rendent cette solitude moins lourde à porter[44].

Bien des gens restent à la recherche de leur autonomie psychique jusqu'à la fin de leur vie, mais ne l'atteignent jamais. J'espère que l'éclairage apporté par ces pages pourra aider certains lecteurs à modifier leur façon de faire pour y parvenir.

44. À propos du déni de la solitude, voir «Les implications existentielles», *L'autodéveloppement* (Jean Garneau et Michelle Larivey).

Les souffrances à travers lesquelles il faut passer pour arriver à l'autonomie psychique valent la peine d'être vécues. Une maturité accrue et un grand apaisement dans nos relations sont les bénéfices qui en découlent. À titre d'illustration, voici comment pourrait s'exprimer une personne qui a résolu ce type de transfert :

- *Papa (ou maman et chacun de mes interlocuteurs transférentiels), vous avez beaucoup d'importance à mes yeux, mais je suis la personne la plus importante de ma vie. Pour cette raison, je me dois de me respecter, c'est-à-dire d'être fidèle à mes valeurs, à mes choix, à mes relations et à ce que je ressens. S'il faut parfois que je vous heurte pour ce faire, ce n'est pas avec plaisir que je le ferai, j'aurai peut-être même de la peine à le faire, mais je le ferai. Je ne veux pas perdre l'amour ou la considération que vous avez pour moi, mais, s'il le faut, je suis prêt à prendre ce risque. Je m'attends à ce que le respect de vous-même soit aussi votre priorité et j'accepte les frustrations et le sentiment de solitude qui en découlera pour moi lorsque vos choix seront en contradiction avec mes propres besoins. Je me sens plus fort dans cette perspective, même si je suis très conscient de ma solitude comme être humain.*

La façon d'y parvenir n'est pas simple. Elle diffère d'une personne à l'autre et c'est le cheminement de chaque individu qui en définit la forme. Nous pouvons toutefois retenir deux principes qui sont à même de nous guider dans cette quête :

— Il faut tenir compte à la fois de notre propre désir d'autonomie et de l'importance réelle de notre lien avec l'autre ;

— C'est en exprimant ce désir de manière ouverte et directe et en étant en contact avec les personnes importantes de notre vie que nous enregistrerons des gains réels.

Questions-réponses

EXPRIMER SA DIFFÉRENCE SANS CRÉER DE CONFLITS

Question : Comment exprimer sa différence, son désaccord sans provoquer de conflits ? Si je m'exprime, j'ai l'impression qu'il va y avoir conflit, dispute. Et cela arrive réellement. Je ne suis jamais d'accord et l'on dit que je suis négative. Faux. En réunion associative, il y a certaines personnes qu'il ne faut pas contredire. Il me faut donc rester calme et posée, ce que je ne sais pas très bien faire, car la nullité des gens me met en colère.

Réponse : L'expression d'un désaccord provoque souvent des remous. Le terme « conflit » ne désigne toutefois pas la même réalité pour tout le monde. Pour certains, il y a conflit dès que l'autre manifeste du mécontentement. Pour d'autres, un échange musclé est synonyme de mésentente. Enfin, d'autres encore ne parlent de conflit que lorsqu'il y a une lutte pour empêcher, voire détruire, quelque chose.

Lorsque je choisis d'affirmer un point de vue différent, je dois m'attendre à déranger. Ferai-je seulement se lever quelques sourcils ou lancerai-je un débat animé ? Vais-je me faire des ennemis ? Cela dépend souvent de la manière dont j'introduis mon idée. Si mon but n'est pas de heurter, mais plutôt de faire valoir mon point de vue, je dois m'exprimer de manière à atteindre cet objectif. Pour y parvenir, il me faut tenir compte de mon interlocuteur, du contexte dans lequel nous sommes et souvent trouver le bon moment. Il ne sert en effet à rien de provoquer des résistances à mes propos ou de susciter l'opposition des gens que je désire influencer. Comment faire ?

Il est bon de me souvenir du fait que tout le monde déteste se faire traiter d'imbécile, de me rappeler également que la plupart d'entre nous n'aiment pas s'entendre dire qu'ils sont dans l'erreur, et que presque tout le monde est indisposé par l'arrogance.

Ces rappels peuvent m'aider à aborder mes interlocuteurs avec une attitude qui ne suscite pas automatiquement leur résistance ou des réactions vives.

Si nous sommes sensible au ton de nos interlocuteurs, nous pouvons généralement détecter leurs réactions profondes. Très souvent, ces réactions portent sur notre attitude plus que sur nos idées. Il est facile de déceler, sous un: «Je ne suis pas d'accord!» un peu sec, un message plus fondamental tel que: «Tu t'imagines peut-être détenir le monopole de la vérité!» Une objection apparemment anodine comme: «Je ne suis pas sûre que ce soit une bonne idée» cache parfois une réaction bien plus intense telle que: «Je n'ai aucune envie de t'écouter, car tu ne tiens aucunement compte de mon point de vue.»

Pour obtenir une ouverture de la part de l'autre, il est nécessaire que je montre moi-même de l'ouverture. Essentiellement, il s'agit:

— de comprendre son point de vue (même s'il ne me plaît pas);

— et de reconnaître ce qu'il contient de bon à mes yeux; si je n'y trouve rien de bon, je puis au moins reconnaître ce qu'il présente de bon pour celui qui le défend.

C'est ensuite seulement que je pourrai présenter mes idées comme un autre point de vue ou comme une bonification de celui d'autrui. Toutes ces précautions ne garantissent en rien l'harmonie, mais ont le mérite d'éviter de jeter de l'huile sur le feu.

FAUT-IL TOUJOURS RÉPLIQUER?

Question: Est-ce qu'il faut répliquer à toute personne qui a une opinion différente pour développer complètement son autonomie et affirmer son identité?

Réponse: Je ne pense pas que nous devions répliquer à toute personne qui a une opinion différente de nous en tout temps.

Notre évolution en tant que personne distincte se fait dans des contextes bien précis. C'est dans certaines circonstances qu'il est nécessaire d'oser nous affirmer si nous voulons gagner de l'autonomie. Ces circonstances dépendent d'au moins deux conditions :

- Première condition : notre interlocuteur doit être *significatif*; nous reconnaissons cette condition au fait que nous prenons le risque d'être mal jugé ou rejeté si nous osons prendre position devant lui ;
- Deuxième condition : le sujet doit *en valoir la peine* à nos yeux. Cela n'est pas facile à établir, parce que nous pouvons facilement nous leurrer nous-même en alléguant l'indifférence ; tout comme dans la fable de La Fontaine où le renard renonce aux raisins, prétendument « parce qu'ils sont trop verts », nous pouvons être tenté de nous convaincre de l'inutilité de réagir.

Il existe des personnes qui s'opposent continuellement, même sur des banalités. En y regardant de près, toutefois, il est clair qu'elles ne s'opposent pas à tout le monde. Elles réagissent ainsi seulement avec ceux qui représentent une autorité à leurs yeux. Il peut s'agir du mari, de la patronne, d'un collègue, voire du « système » (une valeur subjective bien difficile à cerner). Chez ces personnes, il est remarquable que le sujet importe généralement peu. Elles donnent parfois l'impression qu'elles s'opposent uniquement pour s'opposer. Ce sont elles qu'il est toujours difficile de rallier dans une décision de groupe, ce sont elles qui contestent en permanence l'opinion de tel collègue, elles encore qui prétendent qu'on les empêche tout le temps de s'exprimer… Lorsque cette conduite est répétitive et n'évolue pas, on qualifie ces personnes de *contre-dépendantes*. Une personne contre-dépendante s'oppose dans le but de dissimuler sa dépendance. Elle cherche à paraître « au-dessus de ses affaires » aux yeux des autres et à se convaincre elle-même de son indépendance. Cette supposée « méthode de croissance » est fort répandue et généralement assez désagréable pour les interlocuteurs. Ce qui est plus grave, toutefois, c'est qu'il s'agit d'une façon complètement stérile de tenter de conquérir son autonomie. Pourquoi ? Parce que la dépendance (l'importance de l'autre) et le besoin de s'affirmer sont niés.

MANIFESTER UNE OPINION DIFFÉRENTE, C'EST S'ATTIRER DES ENNUIS !

Question : Si j'avais adopté votre façon de faire dans la vie, je pense que je me serais attiré beaucoup plus de problèmes que ce que j'ai eu à subir. Je crois qu'il est souvent préférable de se taire, car peu de personnes sont capables d'écouter un avis différent du leur.

Réponse : Comme je l'ai écrit, la conquête d'une identité distincte n'est pas de tout repos. Elle nous oblige à affronter la critique et le rejet. Il suffit d'imaginer les problèmes auxquels nous devrons faire face si nous avons une opinion contraire à celle de la majorité dans une assemblée syndicale pour avoir une bonne idée de ce qu'implique cette démarche de croissance. La conquête de l'indépendance psychique se fait en risquant l'adversité. Aucun alpiniste n'a atteint un sommet digne de sa fierté sans une confrontation réelle avec la rigueur des éléments. L'équivalent des éléments dans la conquête de l'autonomie, ce sont les personnes qui ne nous acceptent pas d'emblée, ou même qui sont rébarbatives à nous accepter tel que nous sommes. Nous n'avons rien à conquérir devant ceux qui nous approuvent toujours. Ainsi, si ma mère est autoritaire, portée à la critique et au contrôle, alors que mon père est la douceur même et toujours accueillant envers moi, c'est ma mère (et ses représentants transférentiels) qui sera la personne importante pour la conquête de mon autonomie psychique. C'est devant elle et non devant mon père que je devrai assumer des choix qui sont contestables à ses yeux, avoir des opinions qui sont différentes des siennes, exprimer certains besoins qu'elle ne comprendra peut-être pas, afficher des valeurs qui ne correspondent pas aux siennes… Les occasions d'affirmation sont nombreuses. C'est en nous efforçant de nous exprimer à toutes les occasions propices que nous accélérerons le développement de notre autonomie.

MIEUX VAUT SE TAIRE DEVANT L'AGRESSIVITÉ

Question : Je me demande si l'on perd son identité en ne répondant pas à une personne en colère. Je crois qu'il faut d'abord écouter l'autre et considérer qu'il peut avoir raison. Il peut aussi avoir raison dans sa réalité qui n'est pas la mienne. Mais ma réaction est conditionnée par l'attitude de celui qui m'aborde. S'il est en colère et ne veut rien comprendre, il est inutile d'essayer de le contrer, car nous n'aurons pas d'échange positif. De plus, son attitude ne devrait pas me toucher.

Réponse : À mes yeux, une personne en colère n'est pas automatiquement un interlocuteur à éviter. La colère est une émotion au même titre que la tristesse, la peur, le plaisir… On ne s'arrête pas d'interagir avec quelqu'un parce qu'il éprouve une émotion[45]. Il est important d'écouter ce que la personne exprime par sa colère et d'acquiescer si elle a raison. Du point de vue du travail sur notre identité distincte, ce n'est pas une bonne idée de nous abstenir de répliquer parce que l'autre est en colère. À moins, bien sûr, qu'il s'agisse d'une personne qui a perdu le contrôle de ses actes ou que nous sachions qu'elle peut le perdre. Dans ce cas, il peut être vital de penser à notre sécurité avant de penser à notre croissance.

---

45. « Agressivité et affirmation », *Les émotions source de vie* (Jean Garneau et Michelle Larivey).

Les échanges positifs ne sont pas seulement ceux où l'autre a une attitude compréhensive. Nous pouvons nous efforcer de nous exprimer devant une personne réfractaire et en sortir satisfait, même si elle ne nous a pas compris comme nous le souhaitions. Il y a des cas, en effet, où l'autre ne pourra jamais accepter ce que nous vivons. La satisfaction, dans ce cas, vient de ce que nous sommes allé jusqu'au bout, c'est-à-dire de ce que nous nous sommes exprimé intégralement devant une personne significative. Par exemple, je sais que je serai hué si je dis mon opinion devant l'assemblée syndicale. Mais à mes yeux, il est important qu'une telle opinion soit émise même si personne n'ose le faire. Ou encore, il est essentiel pour mon intégrité que je m'oppose publiquement à la décision que le groupe s'apprête à prendre. Dans cette situation, les huées peuvent me peiner, je peux craindre les représailles de mon représentant syndical, je peux être déçu de l'attitude de certains collègues à mon égard, mais je suis fier, car je me suis respecté ! Oser m'exprimer ainsi fait grandir[46] !

Quant à être touché par l'attitude de l'autre à notre endroit, nous n'avons pas le choix. Pas plus que nous ne pouvons éviter de ressentir une douleur lorsque nous nous coinçons le doigt dans une porte. Nous pouvons toutefois nous convaincre assez facilement que nous ne sommes pas affecté. Nous y parvenons en général par une bonne rationalisation. Mais manipuler ainsi notre expérience émotionnelle n'est pas une bonne idée. Cela y introduit de la confusion et il nous est plus difficile de comprendre nos émotions et nos réactions présentes et futures. Si nous sommes touché par la réaction de l'autre, il vaut mieux encaisser le coup. Idéalement, nous devrions porter attention à ce que nous vivons pour mieux nous comprendre et agir d'une façon qui respecte ce que nous sommes.

---

46. « Fidèle à moi-même », *Les émotions source de vie* (Jean Garneau et Michelle Larivey).

QUAND L'AUTRE NE COLLABORE PAS

Question : Je sais que l'estime de soi et l'autonomie augmentent grâce à la confrontation avec les personnes qui ont de l'importance pour nous. Mais qu'advient-il si celles-ci nous répondent d'une façon qui nous donne une mauvaise image de nous-même ? Comment ne pas nous sentir dans l'insécurité et le doute lorsque ces personnes, dont l'avis compte plus que tout, remuent le couteau dans la plaie sur des sujets qui nous font déjà souffrir et pour lesquels nous recherchons leur aide afin de nous en sortir ?

Réponse : Comme l'indique cette question, nous acquérons notre autonomie en nous affirmant ouvertement devant ceux qui comptent pour nous. Nous abordons souvent ces personnes en leur disant directement ou en leur montrant par notre attitude qu'elles « devraient » comprendre ! Il est en effet tentant de penser que leur réaction a une importance primordiale. Après tout, nous sommes dans une relation de dépendance avec elles ; c'est ce qui leur confère leur ascendant sur la valeur que nous nous accordons et l'estime que nous nous portons. Il semble donc naturel de croire que le résultat obtenu dépende directement de leur approbation. Nous pensons volontiers que, si l'autre nous approuve et nous soutient quand nous nous affirmons, nous avons réussi, mais que, si par malheur l'autre nous critique ou nous ignore, nous sommes dans une impasse. Pire ! Nous imaginons que tout sera à recommencer, avec la difficulté supplémentaire qu'ajoutera le souvenir de l'échec.

C'est ce que nous croyons, mais la réalité est bien différente. En fait, c'est notre dépendance qui nous pousse à croire que la réponse de l'autre est déterminante. Comme nous lui accordons le pouvoir de juger et de déterminer notre valeur, nous avons tendance à nous soumettre automatiquement à son jugement. En réagissant ainsi, nous confirmons et renforçons notre dépendance envers cette personne. Cette réaction est tout à fait normale chez un enfant qui est en situation de dépendance réelle. Il n'a pas vraiment le choix d'agir d'une façon qui aille dans le sens des exigences du parent et il a réellement besoin de leur opinion pour former son identité. Mais quand il s'agit d'un adulte, cette dépendance n'est plus une contrainte réelle ; elle ne relève pas d'une attitude reflétant les difficultés de notre histoire personnelle et signalant quels défis de notre développement nous n'avons pas relevés avec succès. La conquête de l'autonomie est un défi fondamental pour toutes les espèces animales, mais plus particulièrement pour les humains. On peut presque affirmer que ce sont les obstacles à notre libre affirmation qui sont les ingrédients les plus favorables à l'acquisition d'une véritable autonomie. Au moment où nous sommes prêt à gagner notre droit à une existence comme être distinct, nous avons besoin de surmonter une difficulté. Il faut que notre affirmation constitue un risque réel. Sans cela, nous ne gagnerions rien et tout resterait à faire…

Si les personnes importantes à qui nous reconnaissons un pouvoir sur notre identité nous font obstacle ou nous offrent une résistance justifiée, alors elles nous fournissent les conditions les plus favorables au succès dans notre tâche de développement. Mais si, au contraire, elles aplanissent les difficultés et nous facilitent les choses en éliminant artificiellement les obstacles, elles nous empêchent d'acquérir liberté et autonomie. Elles nous maintiennent alors dans la dépendance (peu importe les motifs qui les animent).

L'acquisition de l'autonomie est toujours une tâche complexe. Elle exige de reconnaître en soi deux forces contraires : le besoin d'être différent et le besoin d'être aimé. Ces deux forces sont présentes en même temps et s'adressent au même interlocuteur. Dans cet effort nécessairement paradoxal, nous sommes toujours tenté de privilégier un pôle ou l'autre : insister sur notre dépendance en espérant le soutien artificiel de l'autre, ou insister sur notre différence en reniant notre désir de conserver l'amour de l'autre. C'est seulement lorsque nous réussissons à faire cohabiter harmonieusement ces deux forces dans notre expression de nous-même comme dans notre vécu que nous parvenons à élargir notre zone réelle de liberté.

Si les personnes qui nous importent allaient dans le sens de notre déni, elles nous conduiraient à nous fourvoyer davantage et à nous priver des indices dont nous avons besoin pour évoluer vers une réelle estime de nous-même.

LES CAUSES SOCIALES

Question : Je trouve que, comme la plupart des psychologues, vous faites porter aux individus les problèmes qui découlent en réalité de la société. C'est trop facile ! Cela débouche sur la culpabilisation des personnes alors que c'est la société qui est malade. Ne venez pas me dire que ma frustration vient du fait que j'attribue aux autres la responsabilité de ma satisfaction. S'ils pouvaient simplement m'ignorer, ce serait déjà beaucoup ! Mais ils m'exploitent, me coincent… et je me retrouve pris entre les exigences du patron, du gouvernement, des clients.

Réponse : Nous partageons tous ces frustrations, car nous vivons dans un environnement social relativement semblable. Les contraintes du travail et de la vie en société sont autant de limites à notre pouvoir ainsi qu'à notre liberté d'action et d'expression. Comment ne pas nous sentir victime d'un contexte social malsain qui nous fait continuellement violence ? Essayons donc d'imaginer où nous conduirait votre attitude.

Débrouillardise ou État providence ?

Si nous considérons que c'est la société et non l'individu qui est responsable de nos maux, nous pouvons en déduire que c'est à la société de remédier à la situation. Nous n'avons qu'à attendre qu'elle assume ses responsabilités… en espérant qu'elle le fasse bientôt. Il est assez facile de prédire le résultat : déception et frustration ! C'est une situation qui ressemble en partie à celle de la personne qui attend qu'une autre devine ses besoins et s'occupe de les combler. Même si l'autre fait de son mieux, il ne peut réussir que de façon imparfaite : il ne devine pas toujours correctement ni au bon moment, et lorsqu'il a bien identifié le besoin, il n'y apporte pas toujours les réponses qui nous conviennent... Confier une telle tâche à un autre, c'est le condamner à l'échec et nous condamner à l'insatisfaction. Le succès ne peut être que l'exception, même avec la meilleure volonté qui soit.

Mais quand nous attendons cette réponse de la société (et non d'une personne qui nous aime), nous créons une situation encore plus frustrante, voire dangereuse quand des besoins vitaux sont en jeu, car, nous le savons tous, les gouvernements et les sociétés changent très lentement. Même en supposant que la société est vraiment la seule cause d'un problème, il faut au minimum signaler le problème à quelqu'un qui est capable d'y apporter une solution adéquate. Or, les délais administratifs sont toujours très longs. Cette solution est donc inefficace face à l'urgence de certains besoins. Se contenter de signaler un problème ne peut jamais être une solution satisfaisante pour l'individu. Cela peut certainement contribuer à faire progresser la société ou le gouvernement vers une solution utile à la collectivité, mais ne peut répondre au besoin individuel dans un délai raisonnable. Il faut donc nécessairement en venir à trouver nous-même des solutions en attendant que les réponses collectives soient en place. Autrement, la situation risque de stagner durant six mois, un an, voire dix ou vingt ans. Et nous demeurerons insatisfait. Quelle pourrait être une autre solution ?

Du point de vue de la satisfaction individuelle, il est nettement plus efficace de prendre activement en charge le contentement de nos besoins. En assumant la responsabilité de voir à notre satisfaction malgré les obstacles extérieurs et les causes d'origine sociale, nous serons rapidement en mesure d'améliorer notre situation. Nous sommes capable d'agir sur notre qualité de vie.

Chapitre 7
La conquête de l'identité sexuelle

Introduction

Pas plus que toutes les autres dimensions de notre être psychique, notre identité sexuelle ne nous est donnée d'emblée. Nous sommes sexué dès la naissance, mais notre expérience en tant qu'être sexué se développe peu à peu et se transforme d'une époque de vie à une autre. Comme Freud l'a souligné il y a un peu plus d'un siècle, l'énergie et la pulsion sexuelles se manifestent dès le plus jeune âge, mais leur forme se modifie profondément au fur et à mesure des diverses phases de notre développement.

Cette évolution est surtout le reflet des diverses étapes que suit notre maturation physique et psychique. Le développement corporel permet à l'enfant, puis à l'adolescent, de faire évoluer la nature de son expérience sexuelle ; ce faisant, le jeune passe d'une sensualité globale relativement indifférenciée à une forme d'attachement sentimental et sensuel, puis à un intérêt de nature génitale. Le développement psychique, particulièrement dans ses aspects reliés à l'autonomie, contribue également à la transformation de l'expérience sexuelle. Il permet de cheminer d'une dépendance globale à un attachement sentimental, à un intérêt exploratoire pour des personnes du même âge et, éventuellement, à une forme de relation intime relativement stable et comportant des dimensions sociales importantes (couple, famille).

En ce qui concerne l'investissement sexuel, c'est le développement physique qui détermine presque complètement le passage d'une étape à l'autre. Le développement de l'autonomie, bien que moins strictement prévisible, influence lui aussi très largement l'évolution de la qualité des relations dans lesquelles s'expriment les dimensions sexuelles de la personne. Mais l'identité sexuelle elle-même doit être conquise au fil d'un cheminement complexe et parsemé de pièges, qui se fait grâce à la résolution d'un troisième type de transfert.

Cette conquête commence à l'adolescence et, idéalement, elle se poursuit durant les années qui suivent. Mais pour diverses raisons, elle est souvent laissée en suspens pour être reprise plus tard, au moment où, par exemple, la personne a fait un cheminement suffisant dans les autres champs transférentiels. Tout le monde n'atteint malheureusement pas ce degré de développement. J'en conclus que l'impulsion intérieure qui nous pousse à résoudre ce type de transfert n'est pas suffisamment puissante pour s'imposer dans un contexte peu réceptif. Je crois, par exemple, qu'un minimum d'information sur l'existence de ce transfert peut être nécessaire pour sensibiliser les personnes qui évoluent dans un milieu où la sexualité est dévaluée ou méprisée.

Ce chapitre est consacré à la reprise de la conquête de l'identité sexuelle lorsqu'elle a lieu à l'âge adulte. Même si les exemples peuvent donner à penser le contraire, ils ne concernent pas directement la recherche de l'identité sexuelle chez l'adolescent.

En quoi consiste cette conquête ?

Essentiellement, il s'agit d'assumer sa sexualité, c'est-à-dire d'en devenir à la fois l'auteur et en quelque sorte le « propriétaire ». Quel que soit l'âge auquel nous entreprenons cette conquête, nous sommes déjà homme ou femme depuis longtemps ; mais souvent, nous ne nous sentons pas libre dans notre façon de vivre notre vie sexuelle, particulièrement vis-à-vis des personnes qui sont pourtant très importantes pour nous. Pour cette raison, parce que nous craignons leur jugement désapprobateur, nous vivons notre sexualité plus ou moins « en cachette », la neutralisant en grande partie.

Conquérir notre identité sexuelle, c'est apprendre à l'assumer, à lui donner sa juste place dans notre identité interpersonnelle et sociale, dans notre façon d'être en relation avec notre environnement et dans notre comportement. Pour cela, nous devons trouver des solutions aux impasses dans lesquelles nous conduisent nos transferts sexuels ; autrement dit, nous devons résoudre les transferts qui nous interdisent d'exprimer notre désir ou notre plaisir sexuel, de défendre nos préférences ou nos choix de partenaires devant les personnes qui sont importantes à nos yeux, de nous abandonner au plaisir et de vivre pleinement nos relations intimes.

LES BASES NÉCESSAIRES

La conquête de notre identité sexuelle implique une exploration et une découverte réelles de notre expérience sur le plan sexuel. Cela suppose une ouverture à soi, un accueil de ce que nous ressentons, le sentiment que nous avons le droit d'exister tel que nous sommes. Dans la mesure où nous avons déjà mené à bien la conquête de notre droit à l'existence, nous sommes capable de vivre avec nos émotions et nos besoins propres, d'accueillir notre expérience intérieure comme une dimension importante de la réalité. Cette capacité est une assise solide qui facilite grandement l'exploration de notre expérience sexuelle. Cette conquête exige aussi que nous confrontions notre réalité intérieure et nos choix personnels avec le point de vue des interlocuteurs à qui nous accordons de l'importance. Sur ce plan, le cheminement que nous avons fait au préalable pour conquérir notre autonomie est donc un atout important qui peut faire la différence entre l'échec et le succès.

À ces conquêtes antérieures, il faut ajouter les habiletés nécessaires à la résolution de tout transfert. Mentionnons en particulier la capacité d'accéder à ses émotions, celle de les symboliser adéquatement (les formuler avec clarté et précision) et les habiletés qui rendent possible une expression réussie (exacte, complète, bien dirigée et bien assumée). Comprendre la nécessité de ces préalables permet de voir clairement que ce type de transfert n'est pas le premier auquel nous devons nous attaquer. Par ailleurs, d'autres embûches s'élèvent en cours de résolution, augmentant la difficulté de la démarche, comme nous le verrons plus loin. Mais dans la mesure où nous sommes suffisamment informé pour orienter, voire diriger notre cheminement, la résolution de ce transfert devient, comme les autres, une opération réalisable même si elle est exigeante.

TROIS VOLETS

La conquête de l'identité sexuelle implique trois volets. Ils peuvent se succéder comme des étapes, mais il arrive souvent qu'ils s'entremêlent et se développent en parallèle.

Le premier volet concerne l'*affirmation* globale de la sexualité : la personne cherche à être reconnue et appréciée en tant qu'être sexué. Elle attend cela des personnes du sexe opposé.

Marilou porte des vêtements qui mettent ses formes en valeur. Elle aime se promener ainsi vêtue dans les endroits où les hommes sont nombreux. Elle est alors aux aguets pour capter toutes les réactions des hommes qu'elle croise. Même si toute son attention est consacrée à l'observation de leurs réactions à ses charmes, elle prend bien soin de n'en rien laisser paraître. Elle se réjouit intérieurement d'un regard ou d'un sourire approbateur, mais se garde bien de laisser voir le plaisir qu'elle en retire.

Malheureusement, Marilou fait cette expérience osée sans contact avec ses interlocuteurs, neutralisant ainsi toute l'efficacité potentielle de son attitude quant à la résolution de son transfert. Si elle se permettait de laisser voir son plaisir, de rougir devant cette appréciation qu'elle désire ardemment, elle constaterait vite une nette évolution dans son transfert au lieu de répéter sans cesse son manège comme elle le fait depuis des années, reproduisant un exercice agréable mais stérile.

Pour avancer rapidement, elle pourrait aussi aborder directement le sujet qui la préoccupe avec les interlocuteurs dont l'appréciation d'elle comme femme lui importe particulièrement. Elle pourrait, par exemple, demander aux hommes comment ils réagissent à elle en tant que femme, comment ils la trouvent physiquement, quel effet elle produit sur eux. Il est certain que cette démarche placerait Marilou dans une position vulnérable. La résolution de ce transfert, comme celle de tous les autres, ne permet pas impunément l'économie de tels actes de courage. C'est la capacité de vivre pleinement une dimension de son expérience qui constitue toujours l'enjeu de cette audace.

Le deuxième volet porte sur la *légitimité* de l'expérience sexuelle. La personne est à la recherche d'une confirmation et d'une validation de son expérience intérieure. Elle cherche à s'assurer que son désir, son excitation sexuelle, son plaisir ainsi que la façon dont elle les manifeste sont légitimes. Les deux parents sont alors des interlocuteurs importants, chacun à leur façon.

Roméo aime s'assurer de l'effet qu'il produit sur les femmes; il flirte avec presque toutes celles qui lui plaisent. Il s'étonne de constater qu'il préfère flirter avec les épouses et les amies de ses copains. Cette préférence augmente son sentiment de risque, car elle peut lui attirer la colère de ces derniers, mais au fond elle est plutôt rassurante, car, malgré le désir qu'il éprouve souvent, il sait bien qu'il ne souhaite pas vraiment avoir de relations sexuelles avec ces femmes. Il sent bien qu'il cherche surtout à se tester comme homme. Il se sent « plus mâle » si la femme est flattée par ses propos, s'il reconnaît dans ses yeux l'amorce de l'éclat du désir, s'il est accueilli plutôt que condamné dans sa façon de faire la cour. Il se sent toutefois mal à l'aise lorsqu'il est surpris « en flagrant plaisir » par l'amant de l'une d'elles. Comme il tient à l'amitié de son copain, il a peur d'être condamné et même rejeté. C'est ce qui l'amène alors à se neutraliser, à se faire disparaître comme homme.

Dès que Roméo reconnaît la nature transférentielle de sa relation avec les couples amis, il devient capable de poursuivre son exploration ouvertement et en contact. Il peut avouer aux femmes le plaisir qu'il éprouve à constater l'impact qu'il a sur elles. Du même coup, il informe ses amis de son exploration en leur disant l'importance de leur soutien dans sa démarche.

Les tentatives exploratoires de Roméo sont plus ou moins agréables et fructueuses selon la sécurité de ses interlocuteurs transférentiels et la qualité de leurs relations avec leurs conjoints. Mais quel que soit le résultat interpersonnel, il en ressort grandi et plus fort chaque fois qu'il livre son expérience intérieure de la sorte, car il assume davantage l'homme qu'il est. C'est ce qui lui donne l'énergie et le courage de continuer sa démarche.

Le troisième volet se caractérise par l'*exploration* sexuelle. La personne tente de découvrir sa façon propre de se comporter en être sexué avec les pairs de son choix. Elle a besoin du soutien attentif mais discret de ses deux «parents» dans cette démarche excitante mais difficile, où les échecs et les blessures sont nombreux.

Stéphane a 45 ans et se croit possédé par le démon du midi, car il est obsédé par l'envie de papillonner de femme en femme. Depuis quelque temps déjà, il le fait du regard, se retourne au passage des belles filles, s'arrête dans des bars de danseuses, s'achète des revues de sexe explicite et rêve d'une aventure d'un soir. Mais il garde ses fantasmes pour lui, car il n'arrive pas à leur donner un sens ; comment peut-il être rendu aussi bas, lui qui est si bien marié ! En effet, Stéphane est bien et solidement marié depuis l'âge de vingt ans avec le seul amour de son adolescence. Son épouse est la seule femme avec qui il ait connu une intimité. De ce fait, Stéphane a sauté une phase importante de son développement : l'exploration de son être sexuel. Il a aujourd'hui l'impression d'être limité dans sa relation avec son épouse (et il s'est effectivement limité en explorant ce qu'il est avec une seule partenaire).

Impossible de faire taire cet appel intérieur sans que ce soit au détriment de sa vitalité. Stéphane doit trouver un moyen de compléter maintenant son développement, en tenant compte du contexte actuel. Le défi est de taille, car la relation à laquelle il tient pourrait être menacée par son désir de croissance. Nombreux sont ceux qui tentent de neutraliser complètement cet élan intérieur de peur qu'il se transforme en raz-de-marée. Comme tout travail de résolution du transfert, la conquête de l'identité sexuelle fait des remous. Il est tentant de rester sur la berge à contempler ceux-ci ou de fermer les yeux pour éviter de voir le paysage vivant dans lequel ils déferlent. Chacun doit décider lui-même s'il préfère cette sécurité qu'il ne peut obtenir qu'au prix de sa vitalité.

Les trois volets de cette résolution du transfert ressemblent à ceux qui s'amorcent normalement à l'adolescence. Durant cette phase de croissance, la fille aspire à être reconnue et appréciée en tant que femme par son père. Le garçon aspire à connaître une expérience équivalente avec sa mère. Malgré les apparences, cette recherche de validation est dénuée de tout réel désir de contact sexuel avec le parent. Il en va de même avec les interlocuteurs transférentiels, bien que des comportements donnent parfois à penser le contraire. Il faut concevoir les tentatives de séduction et même les demandes explicites de contact sexuel comme une recherche de confirmation de soi plutôt que comme un désir réel de relations sexuelles.

VU DE L'INTÉRIEUR

Selon le contexte familial, les caractéristiques particulières de chacun des parents et les événements antérieurs qui ont tissé l'histoire de la relation entre l'enfant et ses parents, l'expérience transférentielle peut prendre des formes très différentes. Il faut tenir compte de l'histoire entière de chaque individu pour saisir toute la richesse de son bagage transférentiel et comprendre les défis particuliers qu'il devra relever s'il veut parvenir à une résolution complète de son transfert.

Voici tout de même un exemple générique pour aider à comprendre la nature de l'expérience qui est en jeu. Ce texte pourrait tout à fait correspondre à l'expérience que fait l'adolescente qui est en contact avec ses deux parents. Mais il peut aussi rendre compte de l'expérience d'une femme adulte qui s'adresse à ses interlocuteurs transférentiels (ou directement à ses parents). Au moment où elle vit son expérience transférentielle, elle se sent davantage comme une adolescente que comme une femme de son âge, et son expérience intérieure s'exprime en conséquence.

Voici, en substance, comment cette femme pourrait s'exprimer si la résolution de son transfert était assez avancée pour qu'elle puisse témoigner de son expérience sans l'atténuer. Il s'agit évidemment d'une situation idéale et non d'un exemple concret tiré de mon expérience clinique :

- *Papa (ou le représentant de mon père), j'aimerais que tu me trouves belle et attirante. Je veux te séduire, mais je ne veux pas faire l'amour avec toi. J'aimerais que tu me montres que tu m'apprécies comme femme, mais que tu gardes tes distances. Je crains les réactions de maman quand je m'approche ainsi de toi. J'ai peur qu'elle m'en veuille. Je tiens à me rapprocher d'elle pour lui signifier que je l'aime aussi et que je ne veux pas lui enlever son mari. J'ai besoin de son regard approbateur autant que de ton appréciation.*
  Maman (ou la personne qui représente ma mère), j'aimerais que tu me guides pour devenir une femme. Je veux profiter de ton expérience pour mieux me comprendre et pour me sentir bien dans ma peau de femme. J'aime te parler de mes expériences et recevoir tes conseils qui me soutiennent dans ma recherche.
  Papa, je souhaite recevoir tes commentaires sur moi, mais je veux que tu me laisses libre d'explorer la personne que je suis avec les hommes qui m'attirent. J'apprécie que tu ne sois pas possessif, même si je sais que tu t'inquiètes parfois pour moi.

Le rôle des interlocuteurs selon le volet du transfert

LA CONFIRMATION DE L'IDENTITÉ

Le but principal de la personne qui fait une telle démarche est d'obtenir de l'autre qu'il lui confirme qu'elle est attrayante et désirable, autrement dit d'obtenir une confirmation de son identité sexuelle. Le comportement de cette femme et même ses demandes explicites apparaissent souvent comme des avances en vue d'une relation sexuelle complète, mais en réalité la personne ne recherche que l'assurance qu'elle a une valeur comme être sexué. Pour contribuer à cette validation, il est important que son interlocuteur transférentiel évite plusieurs pièges à la fois.

Il doit d'abord éviter de nier son impact sexuel, même s'il est tentant de contourner l'embarras et l'inconfort suscités par les manœuvres de séduction ainsi que leur efficacité dans la provocation du désir. Il doit aussi trouver le moyen de reconnaître l'attrait que suscite l'autre en lui, tout en refusant le contact sexuel et sans pour autant en arriver au rejet. Enfin, il est essentiel qu'il évite de tomber dans une séduction de nature ambiguë combinant une utilisation de l'autre et un déni.

LA RECHERCHE D'UN STYLE PERSONNEL

En plus de la confirmation de sa valeur comme personne sexuellement attrayante, le protagoniste recherche un soutien dans le développement de sa façon individuelle d'être sexué. Il souhaite être accepté et soutenu dans son affirmation sexuelle plutôt que rejeté ou puni. Il tient à rester libre dans sa recherche plutôt que subir les attitudes possessives d'un «parent» manquant de sécurité. L'interlocuteur transférentiel, comme le parent naturel, doit soutenir l'exploration et la recherche de partenaire de l'autre, plutôt qu'y faire obstacle en cherchant à conserver pour lui l'intérêt de la personne.

Il faut souligner que cette expérience ressemble à celle d'un adolescent et non à celle d'un enfant de cinq ans, comme la théorie psychanalytique pourrait nous amener à le croire. En effet, la ressemblance avec l'expérience de la phase œdipienne est plutôt de l'ordre d'une analogie, car l'expérience de l'enfant relève du fantasme et n'est pas de nature génitale. Il ne peut en être autrement du fait du manque de maturité physique et d'autonomie psychique de l'enfant. Au contraire, la relation transférentielle dont il est question ici ne peut être vécue que par une personne dont le développement physique en fait un partenaire sexuel potentiel. Il s'agit d'une découverte progressive d'un soi sexué adéquat et d'une démarche visant à posséder sa propre expérience sexuelle.

Pendant cette exploration, les deux parents sont interpellés différemment. Le parent de même sexe intervient surtout comme un instructeur expérimenté et complice, ce qui implique qu'il serve aussi de modèle. Son rôle particulier consiste à légitimer les expériences. Témoin discret mais ouvert de l'exploration, il soutient la recherche et valide les conclusions tirées de l'expérience. Le parent de sexe différent, pour sa part, sert de prototype pour tous les individus de l'autre sexe. Il sert à apprécier la valeur de la personne sexuée. Il est son interlocuteur direct dans l'exploration des expériences vécues. Autant que possible, il doit être un interlocuteur qui réagit de façon vivante et en termes sexués, en même temps qu'il doit calmement refuser de devenir un partenaire sexuel.

LA RECHERCHE DE PARTENAIRES

Les deux parents ou interlocuteurs transférentiels doivent enfin encourager la personne dans sa recherche d'autres objets sexuels. Il est important qu'ils approuvent cette recherche, la soutiennent et s'y intéressent tout en ne se montrant pas possessifs. Principalement préoccupés du bien-être du protagoniste au cours de sa recherche, ils demeurent bienveillants mais à distance.

Ils restent également disponibles pour l'écouter raconter ses moments de découverte joyeuse et d'espoir intense autant que les déceptions et les ruptures. Autant que possible, il est préférable qu'ils demeurent relativement discrets quant à leurs propres préférences, et insistent plutôt sur les conclusions qu'il est possible de tirer de l'expérience elle-même.

LES INTERLOCUTEURS ET LEURS LIMITES

Les remarques précédentes définissent une série d'exigences qui s'appliquent aux parents comme aux interlocuteurs transférentiels. Il arrive cependant assez souvent que les personnes qui font l'objet de ce genre de transfert ne soient pas à la hauteur, tout simplement parce qu'elles ne disposent pas de la sécurité et de l'équilibre intérieur nécessaires.

Dans certains cas, c'est leur propre identité qui n'est pas suffisamment solide pour maintenir la distinction entre l'appréciation de l'autre et son exploitation sur le plan sexuel. Mais c'est souvent par ignorance des implications de leur attitude que ces personnes adoptent un comportement inadéquat qui nuit à la démarche. Cette naïveté n'est pas entièrement involontaire, mais elle constitue souvent la seule solution pour des interlocuteurs dont les ressources personnelles sont insuffisantes. Voici une liste des pièges les plus fréquents.

Le déni

Il arrive souvent que l'interlocuteur soit très mal à l'aise devant le comportement séducteur de la personne qui l'a choisi comme objet de son transfert. Que ce soit par crainte de ne pas réussir à contrôler son désir ou par peur de laisser voir sa propre immaturité sexuelle, il peut être tenté de nier tout simplement les aspects sexuels de la relation.

Ce déni peut prendre diverses formes : faire semblant de ne rien voir, devenir distant ou bourru, imposer une pudeur excessive, prétendre n'avoir aucune réaction, etc. Par ces tactiques, l'interlocuteur cherche à atténuer le malaise qu'il ressent du fait que son identité sexuelle n'est pas suffisamment solide. Ces façons de faire déclenchent parfois un comportement encore plus séducteur qui vise à vaincre la résistance fragile. Le plus souvent, elles réussissent à anéantir le peu de confiance de la personne et à tuer dans l'œuf tout désir de vivre ouvertement sa sexualité, mais elles engendrent, par contrecoup, une colère et une révolte qui vont devenir les nouveaux moteurs de la démarche transférentielle et de la recherche d'identité sexuelle. Ce fut le cas chez Justine :

- *Justine a eu un père prude. Adolescente, elle a tenté par tous les moyens d'obtenir des réactions de sa part vis-à-vis d'elle comme jeune femme en fleur, mais en vain. Alors qu'elle adorait sa chevelure, son père menaçait constamment de la lui couper sous prétexte qu'elle laissait trop de cheveux sur son passage ! Sur ce sujet, ce fut une déception continuelle. Dernièrement, Justine a avoué son amour à son psychothérapeute. Depuis, elle ne cesse d'insister pour qu'ils se voient en dehors des séances de thérapie. Il lui arrive aussi de se déplacer durant les séances pour se rapprocher de lui. À la fin, elle l'embrasse toujours de façon sensuelle. Il semble que plus son thérapeute demeure imperturbable, plus elle devient provocante, tant dans son habillement que dans son comportement.*

  Son thérapeute est en effet très mal à l'aise devant un tel comportement. Ne sachant comment traiter une telle situation, il choisit de faire comme si elle n'existait pas, jusqu'au jour où il met fin à la thérapie en alléguant qu'il ne peut répondre aux avances de Justine… le code de déontologie de sa profession le lui interdisant formellement. Justine est choquée par cette réaction et se sent profondément humiliée. Elle qui s'est compromise fait non seulement face à une fin de non-recevoir, mais se voit punie pour avoir eu des sentiments « non appropriés » !

La transgression

Cette variante est également une forme de déni. L'interlocuteur choisit d'ignorer le caractère non approprié d'une relation sexuelle avec la personne qui l'investit de façon transférentielle. Il peut le faire par opportunisme ou par insécurité (souvent les deux à la fois). Dans le premier cas, il ferme volontairement les yeux pour se procurer une satisfaction sexuelle qui lui manque par ailleurs. Lorsqu'il le fait par insécurité, il se sert de la dépendance de la personne pour se rassurer sur sa propre valeur et oser s'impliquer dans un contact sexuel dont il serait incapable avec un partenaire se trouvant à égalité avec lui.

Celui qui cède ainsi aux avances d'une personne en situation de transfert crée une fausse situation, car il profite du pouvoir démesuré que celle-ci lui accorde pour s'en servir comme d'une source de satisfaction personnelle. Cet interlocuteur sait bien qu'il n'est pas en relation avec un partenaire égal, et que son partenaire actuel lui attribue des mérites et des qualités qui ne sont pas vraiment les siens, mais il préfère ne pas en tenir compte afin de pouvoir l'utiliser comme objet sexuel. Le motif sous-jacent à ce genre de transgression est souvent plus narcissique que sexuel ; dans ce cas, l'occasion d'être considéré comme un partenaire valable et d'être admiré comme interlocuteur compte alors plus que la satisfaction sexuelle elle-même.

• *Cette fois, Justine choisit comme psychothérapeute un homme qui a la réputation de n'avoir pas peur de la sexualité. Il lui semble que celui-ci pourra reconnaître ses charmes. Cette reconnaissance aura d'autant plus de valeur à ses yeux qu'il s'agit d'un homme expérimenté. Justine reprend sa nouvelle psychothérapie à peu près là où elle avait laissé la précédente : sa préoccupation dominante est toujours de séduire son thérapeute. Et cette fois, elle réussit ! C'est le thérapeute qui lui propose de la rejoindre à l'hôtel à la fin de leur séance. Justine est surprise et confuse. Elle a la vague impression que cela ne lui convient pas. Cette proposition est beaucoup plus terre à terre que ce qu'elle souhaitait (d'ailleurs elle ne sait pas très bien ce qu'elle souhaitait ; peut-être simplement faire de l'effet). Mais elle n'ose pas parler de cela à son thérapeute de peur d'avoir l'air jeune et inexpérimentée. De plus, on lui a enseigné qu'une femme qui réussissait à séduire un homme se devait de satisfaire les désirs de celui-ci. C'est donc avec un certain tremblement intérieur qu'elle se rend aux rendez-vous. Elle continue d'aller à l'hôtel durant quelque temps, puis met fin à la psychothérapie.*

La jalousie

Bien des parents trouvent difficile de renoncer à leur statut et au pouvoir qui va avec lui. Après avoir été l'univers entier, puis le centre de l'univers et enfin le principal modèle et l'idole de son enfant, il n'est pas facile d'endosser un rôle secondaire et d'accepter de se retrouver en retrait. C'est pourquoi les parents deviennent si souvent possessifs et jaloux lorsque leurs adolescents commencent à trouver hors du milieu familial leurs principaux interlocuteurs et leurs sources de plaisir ou de satisfaction. Cette situation se reproduit souvent chez les couples, comme en témoigne l'exemple qui suit :

- *Jules se sent très menacé par le nouveau comportement de son amie Ursula. Elle est séductrice et provocante avec tous les hommes. Jaloux, il ne se prive pas de lui faire des scènes. Jusqu'à maintenant, c'est avec lui seulement qu'Ursula avait été sexy. Il a perdu sa place et son statut privilégié. Ursula lui explique pourtant qu'elle ne veut pas d'aventure avec ces hommes, elle s'amuse tout simplement à exercer ses charmes et la réaction des hommes lui fait un grand bien. Jules soutient que, comme il est son ami, le privilège de reconnaître ses charmes lui revient exclusivement. Ursula lui répète que sa reconnaissance à lui ne lui suffit pas. Elle a besoin de plus. Jules lui fait payer cher le fait de tenir compte de son besoin et, par moments, ses menaces réussissent à neutraliser Ursula. Mais c'est toujours avec une colère sourde au fond d'elle-même qu'Ursula obtempère aux « ordres de son mec ».*

  Elle est maintenant certaine que ce n'est pas de Jules qu'elle obtiendra le soutien nécessaire à sa démarche. Elle décide d'aller chercher celui d'un psychothérapeute et conseille à Jules de faire la même chose, car selon elle il n'a pas de raison de se sentir réellement menacé. Elle l'aime toujours et c'est encore lui qu'elle choisit.

La situation du «parent transférentiel» est un peu semblable. Il est facile de s'habituer au statut privilégié que nous accorde la personne qui se trouve en situation de transfert, particulièrement lorsque son intérêt sexuel nous semble flatteur ou lorsque sa dépendance nous rassure. Il est souvent tentant, dans ces conditions, d'oublier que nous n'étions qu'une occasion de développement et non un véritable partenaire. Il n'est pas étonnant que les personnes ainsi investies deviennent souvent possessives ou jalouses lorsque l'autre commence à se tourner vers d'autres partenaires pour poursuivre son exploration. Tout comme les parents déguisent souvent leurs motifs égoïstes derrière des craintes légitimes quant à la sécurité de leur enfant, les interlocuteurs transférentiels peuvent facilement dissimuler leur jalousie derrière des prétextes tels que le bien-être de la personne ou la qualité de son développement. Ils ne sont qu'à moitié dupes de cette imposture, mais celle-ci leur permet souvent de maintenir la relation de dépendance pendant un moment.

Le dogmatisme

Les parents qui sont menacés par l'exploration sexuelle de leurs enfants ont souvent tendance à chercher le réconfort en dictant des normes rigides. Ils tentent d'imposer les limites que leur fait vivre leur insécurité en les transformant en normes ou en valeurs. Même avec les meilleures intentions, si ces parents ne réussissent pas à accueillir et à soutenir leurs adolescents dans leur recherche et les dédales de leur exploration, ils sont voués à se retrouver à l'écart. Cette variante est la moins nocive de toutes, parce qu'elle porte en elle-même les germes de son échec. Les normes rigides, les valeurs trop étroites et les règles sévères ne réussissent jamais à guider le comportement d'une personne qui mène une exploration active ; le résultat typique de leur attitude est qu'elle stimule à la fois la transgression des normes et la dissimulation. Malheureusement, c'est toute la possibilité d'une complicité avec le jeune et d'un soutien de sa recherche qui se trouve éliminée par la même occasion.

La personne qui est l'objet d'un transfert peut aussi être tentée par le dogmatisme. Plutôt que de jouer son rôle d'accompagnement, elle cherche alors à imposer ses propres conclusions, à appliquer ses propres normes et à faire de ses valeurs ou de ses choix les seules options acceptables. Comme pour le parent, son succès dans cette entreprise est de courte durée et détruit toute possibilité de contribuer à une saine exploration de l'autre par lui-même. La suite est prévisible : une révolte de plus en plus affirmée contre les normes trop étroites que l'interlocuteur a voulu imposer et contre tout ce qui semble aller dans leur sens. On devine facilement qui occupera alors le rôle laissé vacant : tout individu plus avancé qui ne ressemble pas au « parent » dogmatique. Heureusement, le transfert permet d'essayer à nouveau avec un nouvel interlocuteur.

COMPENSER POUR LES LIMITES DE L'INTERLOCUTEUR

Comme nos parents, nos interlocuteurs transférentiels ne sont pas nécessairement à la hauteur des attentes que nous avons envers eux. Peu importe que ce soit parce qu'ils ne veulent pas répondre à nos demandes, parce qu'ils en sont incapables ou parce que nos revendications ne sont pas réalistes. Dans tous les cas, la résolution du transfert et même la réponse à notre besoin réel reposent avant tout sur nos propres efforts.

En fait, il semble bien que les réponses inadéquates de nos interlocuteurs transférentiels soient les plus propices à une résolution complète, même si elles nous compliquent la vie. Elles nous forcent en effet à assumer plus complètement notre expérience en tenant compte à la fois de notre désir et des limites que nous avons besoin de respecter pour que cette interaction nous convienne vraiment. Les difficultés que nous occasionnent ainsi nos interlocuteurs transférentiels font partie des dimensions importantes de la démarche de résolution. Parce qu'elles introduisent des éléments de réalité que nous sommes appelé à rencontrer souvent, elles nous présentent des défis qui nous poussent à aller plus loin que nous ne l'aurions fait dans des conditions idéales. Il faut notamment nous charger nous-même de respecter et de faire respecter les limites nécessaires. Pour y parvenir, nous devons rester lucide quant à nos besoins réels et accepter vraiment les risques d'une expression complète. Normalement, il suffit de rester bien attentif à ce que nous ressentons pendant cette démarche pour trouver notre chemin dans ce dédale complexe. Même lorsque l'affirmation est difficile, la direction est claire.

En principe, la transgression est un piège facile à éviter pour la personne qui tient réellement à se respecter intégralement, parce que celle-ci connaît les limites réelles de son bien-être. Lorsque le patron, le parent ou le thérapeute tente de profiter de la situation transférentielle pour se satisfaire, la personne qui se trouve en situation de transfert sait « instinctivement » que cette réaction ne répond pas à son besoin réel. Les abus de ce genre seraient rares s'ils ne pouvaient pas s'appuyer sur une relation de dépendance envers l'interlocuteur transférentiel ; ils sont malheureusement plutôt fréquents, parfois à cause de cette dépendance et parfois aussi à cause d'une démarche faussée, comme celles dont il sera question dans la suite de ce chapitre.

Même s'ils sont moins envahissants, les autres pièges sont souvent plus difficiles à contrer à cause de leur caractère indirect ou de la dissimulation qu'ils mettent en jeu. Pour une personne peu sûre de ce qu'elle affirme, le fait d'être ignorée ou condamnée est plus pernicieux, d'autant plus qu'il s'accompagne la plupart du temps d'un message plus ou moins implicite de l'interlocuteur, laissant croire qu'il se soucie avant tout du bien de la personne alors qu'en fait il sabote ses tentatives d'affirmation.

Le père qui fait comme s'il ne voyait pas les manœuvres de séduction de sa fille et s'en éloigne sans explication croit généralement bien faire. Il essaie de se mettre à l'abri de la tentation et de ne pas encourager les façons d'agir qui l'embarrassent, mais, par ce silence, il donne à sa fille l'impression qu'elle est inintéressante, voire méprisable. Si elle ne réagit pas en le provoquant davantage, c'est parce qu'elle en est venue à la conclusion qu'elle n'a pas de valeur. Le même scénario se reproduira à l'âge adulte avec les divers interlocuteurs transférentiels qu'elle aura choisis pour jouer le rôle de père indifférent et distant. Il se répétera ainsi jusqu'à ce qu'elle réussisse enfin à obtenir une réaction claire de la part de l'autre.

Les variantes dans le cheminement

Bien sûr, la description qui précède ne présente que les volets principaux du transfert visant à conquérir son identité sexuelle. Les variations individuelles à partir de ces types sont nombreuses et complexes. Chaque personne trouve son unité au fil d'une série de tentatives visant à résoudre diverses impasses et qui finissent par former une espèce de mosaïque. Mais dans cette collection presque infinie, il est possible d'identifier quelques variantes qui reviennent plus fréquemment.

LES VARIANTES SELON LE SEXE

La démarche de résolution d'un homme et celle d'une femme passent par les mêmes étapes, comportent des demandes équivalentes et donnent des résultats analogues. Mais l'expérience m'a montré que le sexe de la personne peut occasionner certaines variations dans ce cheminement, principalement parce qu'il peut faciliter certains aspects de la démarche et en rendre d'autres plus difficiles. Ces différences sont liées au contexte culturel dans lequel évoluent les personnes et à l'éducation qu'elles ont reçue. Elles sont donc appelées à varier d'un pays à l'autre et, dans un même milieu, d'une génération à l'autre. Les observations que je résume ci-après s'appliquent surtout au Québec, et principalement à la génération des *baby-boomers*. Il vaut mieux garder un esprit ouvert lorsqu'on envisage de s'en servir dans un autre milieu ou auprès d'une autre génération, car des adaptations sont certainement nécessaires.

J'ai constaté que les femmes ont plus de facilité que les hommes à reconnaître qu'elles sont en relation transférentielle, probablement parce qu'elles ont moins d'objections à se retrouver en situation de dépendance. Elles ont aussi plus facilement tendance à voir leur père comme un être sexué et à s'en approcher sous prétexte de tendresse pour se montrer ensuite plus érotiques dans le contact. Le fait que l'initiative sexuelle soit traditionnellement laissée aux hommes n'est sans doute pas étranger au fait que les femmes voient plus volontiers leur père comme un mâle.

Réciproquement, il me semble évident que la plupart des femmes ont plus de difficulté à s'éprouver concrètement comme sexuées et à approcher ouvertement une personne de façon sexuelle, car elles ont le sentiment que l'initiative ne leur appartient pas. Elles ont aussi plus de difficulté à s'abandonner complètement à leur expérience dans le domaine sexuel (car il leur revient habituellement de poser les limites). Moins habituées à prendre l'initiative du contact sur le terrain de la séduction, elles ont également plus de difficulté à tolérer des échecs dans leurs tentatives.

De leur côté, les hommes approchent plus volontiers l'autre de façon explicitement sexuelle et se laissent aller plus aisément à éprouver leur désir et à en ressentir l'intensité. C'est comme si la dimension sexuelle était mieux enracinée dans leur identité, au point d'en faire partie d'emblée.

Étant plus habitués et systématiquement entraînés par leur éducation à être « responsables », les hommes ont aussi plus de difficulté à consentir au transfert lui-même. Ils sont souvent portés à le nier longtemps et même à poser des gestes pour le contrecarrer, avant d'accepter d'en reconnaître l'existence. Encore parce qu'il leur revient traditionnellement de prendre les initiatives dans le domaine sexuel comme dans plusieurs autres, les hommes sont facilement portés à passer à l'action avant d'être vraiment prêts à le faire. Ils ont plus de difficulté que les femmes à respecter leur rythme émotif et sexuel ; l'apprentissage est généralement plus ardu pour eux.

Il me semble évident, malgré mon expérience plus limitée avec cette génération, que ces différences entre les genres ne s'appliquent pas aussi bien aux jeunes adultes actuels. Ceux-ci n'ont pas subi les mêmes influences et leur génération définit autrement les rôles masculins et féminins. Les effets du mouvement féministe, au fil des années, font partie des facteurs qui ont transformé les paramètres auxquels les hommes et les femmes se réfèrent pour définir leurs rapports.

Il n'est pas facile de déterminer quelles sont les différences au sein d'un groupe donné, car il faut faire la distinction entre les influences culturelles et les influences éducatives ainsi qu'entre les modes passagères (normes d'un groupe relativement homogène), d'une part, et les dimensions qui s'appliquent vraiment à la démarche transférentielle de la personne, d'autre part ; parce qu'elles découlent moins des dimensions culturelles, les explications suivantes sur les formes les plus typiques de recherche faussée fournissent quelques repères utiles à cet égard.

LA RECHERCHE FAUSSÉE DE L'IDENTITÉ SEXUELLE

Dans la recherche de l'identité sexuelle comme dans les autres types de transferts, nous pouvons souvent observer des démarches stagnantes qui se caractérisent surtout par la répétition compulsive d'une même façon d'agir. Ces tentatives avortées restent stériles parce que certains éléments cruciaux pour la résolution du transfert sont systématiquement faussés pour des raisons défensives. La personne échoue alors de la même façon dans plusieurs relations différentes et avec des partenaires qui, au départ, étaient pourtant bien différents (et choisis pour leurs différences). Je décris ci-après les deux types les plus répandus.

La pseudo-sexualité

Pour bien des adultes, des hommes en particulier, le besoin d'être aimé ne peut être comblé qu'à travers les relations sexuelles. À leurs yeux, les autres façons de témoigner de l'affection appartiennent à l'enfance et devraient avoir été dépassées par tout adulte. Ces hommes laissent donc souvent à l'abandon leur besoin d'amour, caractéristique de la conquête du droit à l'existence, alors qu'ils auraient le plus grand intérêt à s'en occuper activement. Il ne suffit pas de décider qu'un besoin est infantile pour que ce dernier cesse d'exister et de réclamer satisfaction. Lorsqu'on le traite ainsi, le besoin d'être aimé est condamné à se manifester de façon indirecte et à chercher en secret les satisfactions qui permettront de le combler. La tentation est donc grande d'approcher l'autre sous un prétexte sexuel (parce qu'on le considère comme plus adulte) afin d'obtenir le rapprochement et l'affection dont on a besoin. Cette façon de nier la dépendance inhérente au besoin d'être aimé vise principalement à éviter de ressentir la vulnérabilité qui est au cœur de toute relation affective.

Souvent, les hommes ne connaissent pas d'autre façon de rechercher l'amour de leur interlocuteur transférentiel. Ils sortent profondément insatisfaits de ces rencontres qui ne leur procurent pas la réponse à leur besoin réel (être aimé sans avoir à le gagner). Ils sont frustrés, et cela d'autant plus que la rencontre sexuelle qui servait de prétexte au rapprochement demeure en général peu satisfaisante ou même problématique.

Un phénomène analogue afflige également les femmes. Dans une recherche d'affection, elles peuvent être tentées d'utiliser leurs atouts sexuels pour attirer la personne qui répondra à leur besoin d'amour. Cette tactique apparaît souvent prometteuse à celles qui croient que les hommes ne s'intéressent qu'à la sexualité et n'ont aucun intérêt pour l'affection ou l'amour. En réalité, l'aventure débouche, pour elles aussi, sur une profonde insatisfaction quant à leur besoin réel et sur une détérioration de l'image qu'elles ont d'elles-mêmes.

Il faut comprendre que les besoins qui se trouvent au cœur d'une démarche transférentielle ne peuvent jamais être satisfaits de façon indirecte ou malgré la dissimulation. Laisser voir notre vulnérabilité, notre besoin réel et le pouvoir que nous accordons à l'interlocuteur est essentiel à la résolution du transfert. Même en obtenant de l'autre exactement les réponses qu'elle recherche, la personne qui n'assume pas clairement son besoin demeure incapable de s'en nourrir.

L'affirmation de soi durcie

Encore ici, la tentative de contourner la vulnérabilité inhérente à la conquête de l'identité sexuelle conduit à un comportement répétitif stérile. Au lieu de tenter d'obtenir satisfaction de façon indirecte en dissimulant son besoin réel, la personne affiche sa sexualité de façon ostensible. Mais pour y parvenir malgré l'insécurité qui l'habite, elle doit se durcir intérieurement, s'empêcher de ressentir les aspects plus subtils de son expérience.

Chez les hommes comme chez les femmes, cette façon artificielle de s'affirmer peut prendre plusieurs formes. Les plus fréquentes sont un habillement et un comportement toujours provocants, une consommation effrénée de partenaires sexuels différents, une utilisation compulsive de pornographie ou de prostitution. Chacune de ces façons de faire permet de contourner, en la banalisant, la dimension interpersonnelle de l'affirmation sexuelle. Et c'est en évitant ainsi l'implication personnelle qui devrait en faire partie que la personne parvient à éviter d'assumer sa vulnérabilité réelle.

Le don Juan et la nymphomane, tout comme l'homosexuel trop ostensible, ont en commun cette façon de vouloir rester invulnérables en utilisant leurs interlocuteurs comme des objets interchangeables et de simples reflets d'eux-mêmes. Parce qu'ils évitent le contact réel avec la personne et par conséquent avec l'interlocuteur transférentiel, ils ne peuvent obtenir la sécurité intérieure que devrait leur procurer leur affirmation. Ils sont voués à répéter sans cesse le même jeu compulsif sans en tirer le moindre bénéfice du point de vue de leur identité sexuelle.

Mais ce blocage dans le développement n'est pas le seul inconvénient qu'occasionne une affirmation de soi durcie. L'insensibilisation volontaire qui la rend possible conduit rapidement à une perte réelle de sensibilité. Il faut alors plus de stimulation pour avoir l'impression de ressentir quelque chose, pour se sentir vivant. Dans ce cas, la douleur devient souvent la solution la plus accessible, car il est relativement facile d'en augmenter l'intensité. Il s'agit toutefois d'une solution bien imparfaite, car elle crée un nouveau cercle vicieux, une escalade dangereuse conduisant à augmenter sans cesse la douleur pour être «satisfait». Je crois, malgré les explications typiques des personnes concernées, qu'il faut comprendre ainsi le *piercing* multiple qui devient de plus en plus extrême, les tatouages qui envahissent la majeure partie du corps et les automutilations récréatives comme on les observe dans les spectacles Jackass[47].

---

47. Ce terme désigne un phénomène récent qui prend la forme d'événements-spectacles au cours desquels les «acteurs» se font à ce point mal qu'ils se tordent de douleur. Les spectateurs en sortent survoltés et ont tendance à s'adonner à toutes sortes d'excès, si bien que la présence d'escouades anti-émeutes est souvent requise par mesure de prévention. On voit apparaître, dans le même esprit, des groupes de jeunes qui s'amusent à s'infliger divers sévices. Ce phénomène, qui transcende les frontières, semble avoir été inspiré par le film *Jackass* de Jeff Tremaine. S'y trouvent présentées un certain nombre de séquences dans lesquelles Johnny Knoxville et sa bande exécutent maladroitement des manœuvres risquées qui se terminent en accidents particulièrement douloureux. Le côté hilarant du film viendrait de l'intensité des douleurs subies et de la stupidité manifeste des héros-victimes; voir http://www.imdb.com/title/tt0322802.

Certains se servent plutôt des drogues pour obtenir une intensité accrue sans avoir à retrouver leur sensibilité qu'ils ont abandonnée. Là encore le raccourci n'est pas aussi efficace qu'on peut le croire à première vue. La personne se retrouve facilement dans une escalade à laquelle il lui est difficile d'échapper sans avoir subi des dommages irréparables.

Conclusion

La conquête de l'identité sexuelle est le plus complexe et le plus exigeant des trois types de transferts que je présente ici. Cette difficulté vient en partie du fait qu'une résolution véritable n'est possible qu'en prenant appui sur un cheminement préalable réalisé sur les plans de la conquête de l'autonomie et de celle du droit à l'existence. Elle est également due au plus grand nombre de dimensions que la personne doit englober dans son affirmation : deux parents différents et complémentaires, la combinaison de l'affirmation de soi avec la vulnérabilité et la dépendance, la recherche d'un style personnel dans un aspect de la vie qu'elle connaît relativement peu.

Plusieurs déviations dans le cheminement sont possibles et chaque personne en explore un certain nombre, motivée principalement par le désir d'éviter les aspects de son expérience qui sont les plus difficiles à assumer. Mais, comme pour les autres genres de transferts, ces raccourcis conduisent toujours à des impasses et, dans ce cas, la personne doit revenir à l'expérience qu'elle avait tenté de contourner.

Questions-réponses

VISION FREUDIENNE?

Question :Vous distinguez trois types de transferts selon le champ qu'ils concernent. Il serait difficile de ne pas déceler des rapports avec la conception freudienne classique.Vos trois types de transferts ressemblent étrangement aux défis de développement que posent à l'enfant les stades oral, anal et phalliques, tels qu'ils ont été définis par Freud. Parlez-vous de la même chose? Sinon, quelles sont exactement les différences?

Réponse : En simplifiant beaucoup, on pourrait dire que les trois types de transferts que je différencie correspondent à une version adulte des stades que Freud a distingués dans le développement de l'enfant. Les besoins et les enjeux fondamentaux sont en effet très semblables, la grande différence vient de ce que les transferts et les effets de leur résolution apparaissent à un âge beaucoup plus avancé.

Bien sûr, en tant que psychothérapeutes en auto-développement, nous connaissions la théorie freudienne depuis longtemps au moment où nous avons commencé à opérer cette synthèse. D'une part, cette théorie a influencé notre conception en organisant notre perception des faits que nous observions; un regard complètement naïf aurait peut-être conduit à un découpage différent. D'autre part, notre connaissance de la conception de Freud nous obligeait à faire un choix entre deux options: apporter des enrichissements à la conception classique ou élaborer une synthèse en des termes différents. Nous avons choisi cette dernière voie parce qu'elle nous permettait mieux de mettre l'accent sur les éléments les plus importants de notre vision des choses et sur des conclusions auxquelles notre expérience clinique nous conduisait.

Selon nos observations, les défis que présentent les trois types de transferts relèvent réellement de préoccupations d'adultes vécues au quotidien et non d'expériences infantiles qui se répètent à l'âge adulte à l'occasion d'un transfert avec un psychothérapeute. Cette distinction est d'une importance capitale, mais elle demeure plutôt subtile du fait de la compulsion et de la dépendance, deux aspects évidents dans toute relation de transfert. Je vais donc expliquer soigneusement les éléments essentiels de ces aspects avant d'aller plus loin dans la définition des différences précises qui existent entre les deux conceptions.

La personne en situation de transfert réutilise des comportements qui lui ont servi de méthode d'adaptation pendant son enfance. Il est facile de sauter à une conclusion apparemment évidente que nous pourrions formuler ainsi : la personne régresse vers un fonctionnement psychique infantile, avec les comportements et les besoins caractéristiques de cet âge. Le corollaire paraît tout aussi évident : une personne adulte n'éprouverait jamais un besoin comme celui-ci, elle adopterait un comportement plus approprié à son âge, à son rôle, à son statut, etc.

- *Prenons comme exemple le besoin d'être aimé sans avoir à le mériter (le besoin le plus « infantile » à première vue). Imaginons un instant qu'il s'agisse d'un besoin tout à fait normal chez les adultes, autant que le besoin de manger ou de respirer. Il ne nous viendrait pas à l'idée de déclarer qu'il s'agit d'une régression simplement parce que ce besoin existe également chez le bébé (tout comme le besoin de nourriture et d'oxygène).*

Les personnes que je rencontre dans mon cabinet de consultation ne sont pas des « malades mentaux » incapables de fonctionner dans la réalité ou d'exercer un métier. Il s'agit pour la plupart de personnes hautement performantes occupant des postes de responsabilité ou œuvrant dans le domaine de la création. Lorsque ces personnes souffrent de ne pas se sentir mieux aimées, lorsqu'elles recherchent activement un amour nourrissant auprès des personnes qui leur importent le plus, il n'est pas facile de les considérer comme infantiles ou victimes d'une régression. Elles ont toute la maladresse caractéristique des personnes qui ne s'accordent pas encore entièrement le droit d'exister, mais elles ne sont sûrement pas limitées à des comportements d'enfant pour obtenir ce qu'elles recherchent. Même leur dépendance, tout en rappelant clairement la relation d'un enfant avec son parent, garde une coloration adulte, à la hauteur de leurs ressources actuelles plutôt que de celles d'un nourrisson. Mais il faut bien sûr définir l'adulte autrement que comme une personne avant tout raisonnable ne faisant preuve d'aucune émotivité et ne montrant jamais ses besoins affectifs.

Cet exemple est à la fois le plus difficile et le plus facile. Il est difficile parce qu'il impliquerait, selon la conception freudienne, la régression la plus profonde. Mais il est facile parce que chacun de nous sait, au moins au fond de lui-même, qu'il a un impérieux besoin d'être aimé pour se sentir « à sa place » sur la terre. Les personnes qui perpétuent une vision régressive de ce besoin entretiennent un mythe qui maintient dans la culpabilité ceux qui acceptent au contraire d'y croire. Plutôt que de se fier à ce qu'elles connaissent directement à travers leur expérience, ces personnes se soumettent à une vision désincarnée de l'être humain, une vision caractéristique de l'époque victorienne.

Examinons maintenant les besoins et les actions de la personne qui se mesure au défi le plus exigeant des trois : la conquête de l'identité sexuelle. Encore ici, la conception « régressive » des besoins ne semble pas correspondre à ce que je peux observer dans ma pratique clinique.

L'adulte qui entreprend de résoudre des transferts de ce type ne ressemble vraiment pas à un enfant en période œdipienne. Bien sûr, l'amour et la séduction sont au cœur des préoccupations de cet adulte comme ils l'étaient de celles de l'enfant, mais les aspects sexuels de la relation sont incomparables. Les comportements sexuels de l'enfant ressemblent plus à des caricatures ou à des simagrées qu'aux gestes et aux comportements d'un adulte. Si l'on tient vraiment à faire de l'expérience transférentielle adulte une forme de régression à une époque antérieure, il faudrait au moins se servir de l'adolescence comme base de comparaison. Les ressemblances seraient plus intéressantes et plus exactes, car c'est justement pendant l'adolescence que nous sommes tous confrontés sérieusement à cette dimension de notre vie et que nous entreprenons, dans la mesure de nos capacités du moment, la conquête de notre identité sexuelle.

Encore ici, malgré des similitudes intéressantes et malgré une dépendance plus ou moins assumée, il me semble clair que mes clients agissent en adultes, avec des moyens d'adultes auxquels se mêlent des comportements compulsifs non appropriés découlant de leur aveuglement par rapport à leurs besoins réels. Dès qu'ils ont clairement conscience des besoins et des demandes qui sont en jeu, ces adultes cessent de répéter aveuglément leurs tentatives infructueuses. Ils n'ont pas encore la solidité intérieure qu'ils obtiendront au terme de cette conquête, ils restent dépendants, manquent de sécurité, se montrent hésitants et timides dans leurs tentatives, mais ils laissent voir le courage propre aux adultes qui cherchent à assumer pleinement ce qu'ils sont et ce qu'ils éprouvent. Cette forme d'affirmation individualisée est justement celle qui manque le plus à l'adolescence, malgré l'effort d'auto-définition qui caractérise cette époque de la vie.

J'espère vous avoir convaincu de la pertinence d'une conception qui considère les besoins impliqués dans les transferts comme étant adultes et non infantiles. Les implications qui découlent de cette vision des choses sont en effet d'une importance primordiale pour la définition de la condition humaine en général et de la maturité en particulier. Elles ont des conséquences majeures sur les buts de la psychothérapie et sur le degré d'épanouissement auquel nous pouvons aspirer au terme de notre cheminement.

Essayons d'imaginer à quoi pourrait ressembler un adulte dont le transfert serait considéré comme une forme de régression pathologique vers des besoins infantiles qui devraient être dépassés. Dans ce cadre, sa dépendance, qui se manifeste dans le transfert, s'apparenterait à une réaction d'enfant qui ne serait plus appropriée et ses comportements stéréotypés, à la répétition compulsive des façons d'agir d'un enfant.

- *Lorsqu'elle parviendra enfin à la maturité, cette personne ne sera plus intéressée à être aimée. Non seulement l'amour d'autrui ne sera plus nécessaire à son bien-être psychique et à son assurance devant l'univers qui l'entoure, mais il sera devenu une réalité sans intérêt, au même titre qu'un jeu d'enfant.*
  Cette personne ne sera pas davantage intéressée à ce qu'on l'apprécie pour ses qualités uniques, sa personnalité ou la qualité de ses performances. Elle aura depuis longtemps relégué aux oubliettes ces dépendances infantiles tout comme le désir de respecter ouvertement son unicité.
  Cet adulte achevé n'aura plus besoin de savoir si ses approches sexuelles sont appréciées, si elles répondent à ses propres besoins et à son style personnel, si elles sont efficaces ou non. Le désir d'être apprécié comme être sexué ou comme partenaire sera enfin devenu un vieux souvenir d'une époque révolue où l'insécurité et la dépendance dominaient ses préoccupations et son comportement.

Voyons maintenant la personne pour qui les besoins qui sont en jeu dans le transfert font partie de sa vie adulte de façon aussi légitime que le besoin de dormir, de boire ou de manger. Imaginons cette personne pour qui la dépendance que comporte toute relation transférentielle est une réalité psychique pertinente et qui considère que ses transferts, avec les répétitions qui les caractérisent, sont un effort de croissance qui l'amène à un plus grand épanouissement et à une plus grande liberté.

- *Cette personne a besoin d'amour, elle le sait très bien et n'aspire pas à dépasser ce besoin. Elle apprécie grandement le fait que, depuis la résolution de quelques relations transférentielles, elle n'a plus d'objection à éprouver et à satisfaire ce genre de besoins. Elle sait que sa facilité actuelle à trouver des réponses à son besoin dépend surtout du changement dans sa propre attitude envers celui-ci.*
Cette personne est toujours prête à donner son opinion, à afficher ses convictions et à laisser voir ses caractéristiques propres. Elle affirme ces dimensions d'elle-même sans même y penser, comme s'il s'agissait d'un réflexe ou d'une vieille habitude. Elle s'affirme la plupart du temps de façon naturelle sans s'attendre à ce qu'on la conteste et il est assez rare que cette affirmation soit blessante pour ceux qui l'entourent, même si, bien souvent, elle surprend ou ouvre de nouvelles perspectives. Lorsque cela est nécessaire, elle fait face à la contestation sans renier son point de vue, n'acceptant de le modifier que lorsque de nouveaux faits viennent la convaincre.
Cette personne est sensible à la dimension sexuelle qui enrichit ses contacts avec les autres. Elle apprécie la stimulation sexuelle et ses effets dans tous les secteurs de sa vie. Elle n'accepte pas de se passer de relations sexuelles tout en choisissant clairement avec qui elle investit plus particulièrement. Pour elle, la rencontre sexuelle implique l'ensemble de ce qu'elle est. Elle n'éprouve plus le besoin de s'assurer qu'elle est capable de plaire, car elle en est certaine, mais elle trouve toujours autant de plaisir à constater qu'elle séduit encore son partenaire.

Comment des besoins aussi similaires peuvent-ils conduire à des visions aussi différentes de la personne humaine et de sa maturité ? Les faits sur lesquels s'appuient ces conceptions ne sont-ils pas les mêmes ?

Les phénomènes psychiques fondamentaux sont probablement de même nature, mais ils surviennent dans des situations tellement différentes que nous sommes justifié de croire qu'ils ne sont pas vraiment semblables. La conception de Freud et celle que je présente ici sont en effet issues de contextes culturels et sociaux qui se ressemblent bien peu. Freud a vécu jusqu'à l'âge adulte pendant la période victorienne, dans la société bourgeoise de Vienne. Il est le produit des normes de l'époque et d'un groupe social bien particulier. Avant qu'il entreprenne d'étudier l'inconscient pour expliquer les symptômes des patients, ceux-ci étaient encore considérés comme « possédés par le démon ». Les sociétés avaient abandonné la méthode de « traitement » radicale de l'Inquisition, le bûcher, en faveur d'une forme de contrôle institutionnalisé, l'asile, où la plupart des patients étaient gardés attachés.

Il ne faut donc pas être surpris que, dans ce contexte, les pulsions inconscientes aient semblé à Freud complètement débridées et potentiellement dangereuses. Comment s'étonner que pour lui l'adulte parvenu à maturité ressemble à s'y méprendre à une incarnation des normes victoriennes, et que la personne qui souffre de problèmes psychiques lui soit apparue comme une personne incapable de subvenir à ses besoins ? Nous avons la chance de vivre à une époque bien différente. En premier lieu, nous bénéficions presque sans effort du fruit des travaux de Freud, de ses disciples et de ses dissidents. Nous puisons également dans les découvertes issues des autres grands courants de la psychologie moderne : le behaviorisme et le courant humaniste. Nous disposons d'un héritage d'une richesse inouïe si nous le comparons à celui sur lequel Freud pouvait compter.

Qui plus est, la société dans laquelle nous vivons est, elle aussi, radicalement différente. La révolution sexuelle et le mouvement féministe, des bouleversements que Freud n'aurait sans doute même pas pu imaginer, sont déjà des choses du passé dans une grande partie du monde. Notre perception de nos besoins et de nos relations avec les autres en est transformée de façon permanente. Dans un univers où nous prenons l'avion comme autrefois nous entreprenions de nous rendre à la ville voisine, nos aspirations peuvent s'étendre à l'ensemble de la planète. Ces différences font que nous n'avons plus la même attitude devant nos besoins, devant les satisfactions auxquelles nous pouvons prétendre et devant les personnes avec qui nous pouvons tenter d'y parvenir. Il n'est pas étonnant, dans ces conditions, que nous ayons une conception beaucoup plus hédoniste de notre existence. Nos besoins ne sont plus des faiblesses que nous devons surmonter, mais des dimensions de notre épanouissement. Nos conjoints ne sont plus définis par leur fonction au sein de la famille, mais bien davantage par leur apport au sein d'un partenariat visant la satisfaction et l'épanouissement le plus complet de chaque membre du couple et de la famille, le cas échéant. D'autres viendront après nous pour comprendre la réalité psychique en s'appuyant sur tout ce que nous savons maintenant, en plus de puiser dans un contexte social et technologique dont nous ignorons presque tout. Ils parviendront sans doute à de nouvelles synthèses qui rendront mieux compte de la réalité dans laquelle ils évolueront. J'espère simplement qu'ils ne seront pas revenus, par un accident historique d'une ampleur encore inconnue, à considérer les problèmes psychiques comme des manifestations démoniaques.

DES CARESSES NON APPROPRIÉES

Question : Je n'ai pas de question, mais un témoignage à livrer. Cela s'est passé dans une session de croissance personnelle dirigée par un psychologue qui faisait fi du transfert. J'étais jeune et je me souviens combien je voulais qu'il me trouve attirante. Tremblante, car je devais m'exécuter devant une dizaine de personnes, mais prenant mon courage à deux mains, je suis allée un jour m'asseoir sur ses genoux. Il m'a accueillie et je me souviens de cela comme d'un bon moment. Il y avait une femme dans ce groupe dont le rôle était de dessiner ses impressions sur les participants et la dynamique du groupe. Quelle ne fut pas ma surprise, le lendemain, de la voir exhiber un dessin où je chevauchais un gros pénis, celui du moniteur du groupe. J'étais abasourdie, car cela ne ressemblait pas du tout à mon expérience telle que je l'avais vécue. En expliquant son dessin, elle était très agressive à mon égard. C'est à ce moment-là que j'appris qu'elle était l'épouse du moniteur. Ses agressions envers moi, par le truchement de ses dessins, n'ont pas cessé jusqu'à la fin de la session, en dépit des quelques colères que le moniteur lui fit sur le sujet. Bien sûr, je suis devenue inhibée et distante jusqu'à la fin. Au terme de la session, son mari prit contact avec moi et me proposa un voyage de quelques jours. Nous avons couché ensemble et j'en étais ravie. Puis il disparut.

Ce que vous écrivez sur la conquête de l'identité sexuelle me conforte dans ce que j'ai toujours soupçonné confusément : je ne cherchais pas à devenir l'amante de cet homme. Mais je désirais vivement qu'il me trouve attirante. N'osant pas m'assurer directement de la nature des sentiments qu'il éprouvait pour moi, je les déduisais et m'en réjouissais secrètement. Toutefois, mon expérience a complètement changé de voie lorsqu'il s'est montré intéressé à faire l'amour avec moi. D'abord j'ai été flattée parce que cela me prouvait que je l'intéressais ; je me sentais même amoureuse. Mais dès qu'il fut question de relations sexuelles, je suis devenue un « personnage » : celui de la jeune femme qui tente d'être une bonne amante pour être à la hauteur. Évidemment, le contact durant ces relations n'était pas satisfaisant. Je comprends maintenant pourquoi : je n'étais pas moi-même, je n'étais pas en contact avec mes besoins réels, j'agissais avant tout pour lui plaire.

Avec le recul, je trouve dommage que les responsables de cette session n'aient pas été sensibles à la présence de mon transfert, car mon identité sexuelle était ma préoccupation principale durant toute la session. En y pensant bien, je pense avoir perdu mon temps et mon argent, en plus d'avoir gaspillé une bonne occasion d'avancer dans ma croissance.

LA FEMME PROVOCANTE DISPARUE EN UN CLIN D'ŒIL

Question : J'ai la réputation d'être un « tombeur ». Par définition, c'est moi qui fais les avances aux femmes. Dernièrement, toutefois, j'ai été séduit par une jeune femme qui a fait les premiers pas vers moi et s'est montrée immédiatement très entreprenante. C'est une femme que j'avais croisée quelques fois, mais que je ne connaissais pas. Elle était si belle, si *sexy*, si osée dans sa séduction que j'en suis tombé amoureux. Mais cela n'a pas duré. À la troisième relation sexuelle, elle m'a avoué que depuis le début elle ne jouissait pas. Cela m'a dévasté et carrément refroidi. Ses tentatives pour me reconquérir sont restées sans effet, car elle n'était plus à mes yeux la femme provocante qui m'avait séduit. J'aimerais comprendre ce qui s'est passé.

Réponse : À un certain stade de son développement psychosexuel, le « tombeur » est, aux yeux d'une femme, l'être idéal pour la confirmer dans sa valeur sexuelle. Si nous considérons superficiellement la relation qu'elle cherche à établir, nous ne voyons rien d'autre qu'une femme attirée par cet homme. Mais en y regardant de plus près, quelques indices nous amènent parfois sur une autre piste. Par exemple, si cette femme se lance dans une tentative effrénée de séduction auprès d'un homme qu'elle ne connaît pas, il est fort possible que ce ne soit pas l'homme lui-même qui l'intéresse, mais plutôt sa réputation de séducteur. Dans ce cas, c'est le « tombeur » qu'elle désire séduire pour se donner ainsi la preuve de sa valeur comme femme aux yeux d'un homme expérimenté.

Plusieurs raisons psychiques peuvent expliquer l'absence de jouissance lors des rapports sexuels. Une des plus fréquentes est l'absence d'implication personnelle authentique dans cette intimité. Dans certains cas, l'intimité physique est trop intense pour les capacités de la personne alors que, dans d'autres situations, cette intimité sexuelle ne correspond tout simplement pas à ce qu'elle recherche ou désire vraiment. L'insensibilité sexuelle partielle vient alors exprimer sa résistance ou son manque d'implication.

Ces situations pourraient sans doute se clarifier et devenir des occasions d'approfondir la relation si les personnes impliquées choisissaient d'échanger sur leur vécu, mais ce n'est pas le cas la plupart du temps. Les partenaires préfèrent souvent tirer des conclusions erronées qui les blessent inutilement ou les conduisent à des actions peu appropriées à la situation. Nous pouvons aussi nous pencher sur la situation du point de vue de celui qui a été séduit et s'est senti trahi ou « abandonné ». Lequel de ses besoins était en cause dans cet échange ? En quoi était-il important pour lui qu'on l'approche de cette façon ? Quelle zone vulnérable de sa personne l'absence de jouissance de sa partenaire a-t-elle atteinte ? Pourquoi réagir par la froideur et le retrait plutôt que d'exprimer ses réactions ? Et ainsi de suite. Chaque « belle et intense expérience » qui se termine par un conflit recèle un potentiel certain de meilleure connaissance de soi. Elle est toujours, pour chaque personne impliquée, une occasion de croissance.

CHAPITRE 8

Homo-affectivité

Introduction

Nous cherchons tous à nous lier à des personnes capables de nous nourrir sur le plan affectif. À part la relation parentale, le lien le plus fort de notre vie est le lien amoureux. À travers les rapports d'intimité et d'échange, nous tentons de combler des besoins fondamentaux qui participent à notre développement personnel. En général, c'est avec des personnes de l'autre sexe que nous cherchons à créer l'intimité nécessaire pour répondre à ces besoins. Mais un certain nombre d'entre nous se tournent plutôt vers un partenaire du même sexe. Depuis une trentaine d'années, mon expérience clinique m'amène à examiner la façon dont les personnes s'y prennent pour combler leurs besoins affectifs. J'en suis venue à la conclusion que les besoins impliqués dans la relation amoureuse sont les mêmes pour tous, quelle que soit l'orientation sexuelle. Pourquoi donc certains d'entre nous sont-ils davantage attirés par des relations amoureuses avec des personnes de leur sexe ? Quelle est la place véritable de la sexualité dans cet échange ?

C'est à ces questions importantes que je souhaite apporter quelque éclairage. La science médicale tente de les résoudre en se tournant du côté des gènes. Mais elle n'a encore rien démontré. Certaines écoles de pensée y voient une déviation évidente de la nature, voire une perversion condamnable. Les visions sociales à la mode en font un accident du destin devant lequel l'individu n'a d'autre choix que se soumettre. Il me semble important d'aller au-delà de ces jugements sommaires pour chercher à comprendre le sens de ces préférences et identifier le cheminement qui y conduit. Plus encore, je crois qu'une compréhension des mécanismes et des besoins affectifs réels qui sont en jeu ouvre la porte à une recherche plus efficace d'épanouissement personnel et de satisfaction. C'est donc un chemin pour sortir de la répétition compulsive de comportements inefficaces que j'espère indiquer ici. Le sujet étant vaste et complexe, je le traiterai en deux temps. Ce chapitre a pour but de présenter la problématique transférentielle de l'homosexualité. Le chapitre suivant le complétera.

Les méandres de l'affectivité

Il y aurait des millions d'exemples possibles. Les deux suivants ne sont pas des prototypes, car les caractéristiques intrinsèques à chaque relation sont toujours uniques. Aucune relation parent-enfant n'a de réplique identique, y compris dans la même famille et même avec des jumeaux. Toute relation possède sa propre dynamique, qu'il est difficile de saisir entièrement, surtout de l'extérieur. Il faut donc considérer ces exemples comme une illustration de l'influence que la relation avec les parents peut avoir sur le parcours de vie et non comme un modèle auquel toute relation qui leur ressemble correspondrait. Il faut y voir également une illustration de l'impact qu'ont eu sur les choix d'adaptation des cas évoqués les caractéristiques personnelles des parents.

Ces facteurs ne sont évidemment pas les seuls à contribuer à nous façonner : d'autres milieux de vie que celui de la famille et d'autres relations que celles que nous avons eues avec nos parents participent à notre évolution.

DEUX EXEMPLES : THIERRY ET MARJOLAINE

• *Thierry : Aujourd'hui, Thierry appuie sa certitude quant à l'origine « génétique » de son homosexualité sur le fait que son attrait pour les hommes remonte à sa plus tendre enfance. Mais pour bien le comprendre, il faut examiner de quel genre d'attrait il s'agissait. Selon ses dires, il a toujours aimé la présence des garçons et se prenait facilement d'affection pour certains d'entre eux. Ces relations avaient-elles une connotation sexuelle ? Pas la moindre. À l'adolescence, il éprouve un véritable amour pour son professeur de physique. Bien sûr, ses sentiments demeurent secrets. En même temps qu'il est exalté par les fantasmes qu'il nourrit à l'égard de cet homme, il est apeuré par la force de son attrait. Il rêve avec d'intenses émotions que celui-ci l'emmène sur sa moto, lui apprend à la conduire. Il rêve d'être à ses côtés, sans parler, juste pour sentir sa présence forte et chaude. Ses émotions les plus puissantes surviennent lorsqu'il imagine que cet homme, affirmé et doux à la fois, s'intéresse à lui. Ce dernier lui inspire une telle confiance qu'il se prend souvent à souhaiter l'avoir pour père, car, pendant toute l'enfance de Thierry, son père n'a été qu'une ombre. Ses parents ne s'entendaient pas et son père se retirait systématiquement, abandonnant son fils à son épouse (c'est du moins ainsi que Thierry le vit encore). Tout en souffrant de l'absence de son père, Thierry lui en veut énormément de cet abandon et de son effacement ; or les tentatives qu'il a faites pour l'atteindre s'étant avérées vaines, il n'a pas persévéré.*

De plus, il en est venu à voir, dans son désir d'être aimé et considéré par lui, une trahison à l'égard de sa mère. Alors qu'il est encore un enfant, cette dernière, sans lui interdire d'aimer son père, dénigre en effet ouvertement son mari devant lui. Thierry s'impose le devoir de satisfaire sa mère, qui a renoncé à sa relation matrimoniale pour tout investir en lui. L'adulation dont elle fait montre envers Thierry est lourde et l'emprisonne, d'autant plus qu'elle est très exigeante à son égard. Thierry est aussi déchiré par les confidences que lui fait sa mère sur son mariage. Il lui semble qu'il doit rejeter son père à cause du mal que ce dernier fait à sa mère, même s'il n'a lui-même aucune expérience directe du « monstre ». Il doit en quelque sorte se forcer à avoir les sentiments « adéquats » qui lui garantiront une bonne relation avec sa mère, la seule adulte sur qui il puisse compter comme enfant. Durant toute son enfance et son adolescence, Thierry est donc dominé par une mère qu'il aime, mais qui lui inspire aussi de la peur. En même temps, il se sent abandonné par un père qu'il voudrait aimer, mais qu'il ne réussit pas à atteindre. À l'adolescence, il est plutôt désarçonné par les filles. Il croit qu'elles ne l'attirent pas, alors qu'en réalité il en a peur et n'a aucune confiance en sa capacité de les intéresser. Elles s'expriment avec vivacité et assurance et lui paraissent exigeantes. Lui se trouve « coincé », tout aussi « petit » que devant sa mère et tout autant incapable d'être à la hauteur de leurs attentes. Par contre, même s'il est relativement timide avec les garçons, il apprécie la présence de ces derniers. Il a avec eux une affinité qu'il n'a pas avec les filles et, pour cette raison, se sent davantage en confiance en leur compagnie.

Sa première expérience sexuelle se déroule sans qu'il ait grand-chose à dire. Son professeur de piano, un homme d'un certain âge, l'entraîne subtilement vers une jouissance qu'il ne soupçonnait pas. Ses leçons de piano se transforment durant un certain temps. Les sentiments qu'il éprouve pour cet homme ressemblent à ceux qui l'animaient à l'égard de son professeur de physique ; à la différence qu'avec le professeur de piano il atteint parfois le septième ciel ! Pourquoi investir dans les filles quand un homme le comble et que l'entreprise de les séduire lui fait l'effet d'une montagne infranchissable ? Pourquoi ne pas s'orienter vers ce qui est immédiatement plus nourrissant et réconfortant ? Thierry se sent aimé. Il a enfin de l'importance pour un homme. Cet homme n'est pas comme son père : il vient vers lui, se préoccupe de lui. Il est même tendre avec lui ! Comme chez tout adolescent, les hormones explosent dans le corps de Thierry : il découvre la puissance des caresses et du corps à corps dans l'éclatement de sa virilité. Ses sentiments se conjuguent au plaisir sexuel : quelle aubaine !

L'adolescence est une étape durant laquelle l'identité sexuelle s'élabore et se précise. Cette évolution repose sur l'exploration active et l'expérimentation avec divers partenaires[48]. Certains choix peuvent alors être déterminants pour le reste de l'existence. Par exemple, « refuser » de se confronter à sa peur, voire à sa haine, de l'autre sexe peut conduire l'adolescent dans un chemin à une voie où ses seuls véritables interlocuteurs intimes seront ceux de son sexe, et cela pour le reste de sa vie. Certains adolescents (et parents d'adolescents) ont la prudence de demander une aide psychothérapeutique pour dénouer une problématique qui ne semble pas se résoudre grâce aux expériences de la vie courante. Ce n'est pas toujours un acte facile pour les parents, pas plus que pour le jeune. Les parents, de leur côté, doivent être prêts à une remise en question. L'adolescent, du sien, prêt à faire face à une expérience qu'il vit généralement comme menaçante. Il interprète en effet souvent le recours à la psychothérapie comme une marque d'incompétence de sa part, mais il peut aussi

48. Erik H. Erikson, *Enfance et société*.

se méfier (à juste titre dans bien des cas) de la position vulnérable qu'engendre nécessairement toute démarche thérapeutique.

Par définition, le psychothérapeute est investi d'un grand pouvoir. S'il ne tient pas compte de la fragilité de l'identité de son client et de sa suggestibilité, il met la démarche de ce dernier en péril. Il est très facile, par exemple, de définir l'identité de celui-ci plutôt que de l'aider à la cerner de l'intérieur. Il est plus aisé de conclure à certaines tendances sexuelles de son client, que de l'encadrer au fil d'une exploration ouverte qui lui permettrait de faire des expériences et de se découvrir en toute liberté. Pour cette raison, il faut choisir un psychothérapeute qui soit conscient de ce qui est en jeu pour lui dans la relation qu'il établit avec son client et qui ne soit pas prisonnier de préjugés. En somme, quelqu'un dont la formation personnelle et professionnelle est solide[49]. Comme tout adolescent, Thierry est d'abord mû par le besoin de se construire. C'est en grande partie à cela que servent les relations de l'adolescence. En général, les garçons recherchent des filles qui les attirent ; ils leur confèrent le pouvoir de les rassurer sur l'attirance qu'ils exercent. Ils continuent avec elles le travail de développement qu'ils ont amorcé avec leur mère. Ils appuient leur exploration sur leur lien avec une mère qui les a rassurés sur leur capacité d'aimer, d'être aimés et d'avoir une relation satisfaisante avec une femme. Mais lorsque le sentiment du droit à l'existence est encore fragile, c'est celui-ci, plutôt que la recherche de l'identité sexuelle, qui sous-tend principalement le mouvement vers l'autre. Dans ce cas, les contacts sexuels sont souvent une façon de combler le besoin de se sentir aimable et valable. C'est essentiellement cela que Thierry recherche avec son professeur. Ce phénomène est observable autant chez les homosexuels que chez les hétérosexuels.

49. Jean GARNEAU, « Choisir votre psychothérapeute », *La lettre du Psy*, juin 2003, <http://redpsy.com/infopsy/choixpsy.html>.

On pourrait penser que l'adulation de sa mère aurait dû donner à Thierry la certitude qu'il est aimable, mais il n'en est rien. Sans le savoir explicitement, Thierry a compris intuitivement que l'amour excessif de sa mère était surtout de nature compensatoire et qu'il ne concernait pas vraiment sa valeur comme personne. Le travail que Thierry doit effectuer pour gagner son droit à l'existence est considérable, mais pas plus que celui de beaucoup d'entre nous chez qui l'apport parental sur ce plan a été déficient. Ce n'est pas en soi ce qui explique l'orientation de Thierry vers les hommes. Qu'elle soit acquise facilement ou avec difficulté, l'assurance de notre valeur comme personne ne peut nous être transmise intégralement par nos parents. Elle est pour chacun d'entre nous une conquête à faire, un défi à relever dans notre démarche de croissance personnelle. Cette conquête sera plus longue si nous avons beaucoup manqué de réassurance ou si celle-ci a été sapée au cours de notre enfance et de notre adolescence par des agressions sexuelles, de la négligence ou un dénigrement systématique, par exemple.

Même lorsque nous avons reçu le soutien de l'un de nos parents pour entreprendre cette conquête, le sentiment du droit à l'existence demeure fragile si l'appui de l'autre parent nous a manqué. Il peut par exemple arriver que nous soyons convaincu que l'un de nos parents nous a aimé et respecté profondément tandis que l'autre nous ignorait. Cette situation est typique d'une famille où la mère est chaleureuse et enveloppante alors que le père est autoritaire, exigeant et critique (ou l'inverse). Dans un tel contexte, l'amour de la mère ne suffit pas à inculquer les germes du droit à l'existence aux enfants. Ils ont aussi besoin de se rassurer auprès de leur père. Dans ce cas, nous sommes attiré par des relations dans lesquelles nous revivons en partie ce que nous avons vécu avec notre père. Elles nous servent de situation transférentielle pour tenter de sortir de l'impasse.

Si le rapport sexuel est satisfaisant avec un partenaire du même sexe, il est facile de conclure à une tendance homosexuelle génétique. Certains se contentent même parfois d'un simple attrait pour les personnes de leur sexe pour conclure à leur homosexualité. Mais la réalité de l'identité sexuelle n'est pas une chose aussi simple. Nous verrons dans l'exemple qui suit que des attirances semblables ne mènent pas nécessairement à des dénouements identiques.

- *Marjolaine : Durant toute sa vie, Marjolaine a aimé certaines femmes avec intensité — une enseignante, une amie, et quelques femmes en vue à qui elle n'avait pas accès. Ces amours prennent une telle place dans sa vie que cela la trouble. Elle entreprend une psychothérapie pour en comprendre le sens. Elle découvre alors que ces femmes incarnent la mère aimante qui lui a manqué. En effet, durant toute sa jeunesse, elle a vécu avec une mère qui l'ignorait. « C'est une petite fille raisonnable, elle ne demande pas grand-chose », entendait-elle celle-ci répéter. Le cœur serré, Marjolaine a longtemps attendu une relation avec sa mère qui la nourrisse affectivement. Son père était plus aimant, mais, ses parents étant séparés, elle le voyait très peu ; pas suffisamment pour qu'il comble son besoin d'être aimée. Elle a donc été forcée de l'aimer « à distance ».*

Dans sa recherche de contact avec les femmes qui l'attirent, Marjolaine sait maintenant qu'elle n'a aucun désir de relations sexuelles. Parce qu'elle avait un doute à ce sujet, elle s'en est assurée à quelques reprises. Ce qu'elle aime avec les femmes qui l'attirent, c'est recevoir de la tendresse et surtout en donner, car elle est une femme très chaleureuse.

Sa vie sexuelle avec son mari se déroule sans problème majeur et sa vie familiale est plus que satisfaisante. Elle a bien quelques problèmes avec son mari, entre autres une difficulté semblable à celle qu'elle a connue avec sa mère : elle le trouve difficile à atteindre.

COMPARAISON DES CAS DE THIERRY ET DE MARJOLAINE

Qu'est-ce qui différencie l'orientation de Marjolaine de celle de Thierry ? Ne cherchent-ils pas tous deux une chose semblable, soit l'amour d'un parent qui les rassurerait sur leur valeur comme personne ? Deux différences me semblent pourtant fondamentales : la nature des relations avec l'autre sexe et la façon d'intégrer les premières expériences sexuelles. Voyons-les plus en détail :

- *D'abord, Marjolaine n'a pas peur des hommes. Elle les aime sans ambivalence. Même si sa relation avec son père est truffée de manques, elle a toujours été sans équivoque et Marjolaine n'a jamais souffert de mauvais traitements. Elle est en confiance avec les hommes ; c'est donc naturellement vers eux qu'elle s'est tournée pour ses relations sexuelles exploratoires de l'adolescence. Pour elle comme pour Thierry, ces expériences étaient fortement teintées par la recherche d'une confirmation de l'identité d'être plutôt que de l'identité sexuelle : Marjolaine voulait acquérir ce qu'elle n'avait pas obtenu dans sa relation avec sa mère, à savoir la certitude d'être une personne aimable et valable. Thierry, au contraire, a peur des femmes. Sa relation avec sa mère est ambivalente : elle est faite à la fois d'amour et de haine. Un tel contentieux avec le genre féminin (développé avec celle qui a été, comme toutes les mères, la première femme de sa vie) serait trop lourd à porter vis-à-vis d'une partenaire féminine. Il s'en détourne donc forcément.*
- *Ensuite, les expériences sexuelles que Marjolaine a tentées afin de « vérifier » la nature de son orientation sexuelle ont eu lieu alors qu'elle avait la capacité non seulement de reconnaître ses véritables sentiments et besoins, mais aussi de les affirmer. Peut-être Thierry avait-il aussi l'impression qu'il ne recherchait pas d'abord un contact sexuel dans ses premières relations avec des hommes. Mais il aurait été trop coûteux pour lui, sur le plan affectif, de risquer de perdre le contact avec l'homme dont l'intérêt le comblait. Il est aussi possible que*

l'abondance de la testostérone chez l'adolescent garçon lui rende plus difficile qu'à une fille la différenciation entre les sentiments et le désir sexuel.

Ces exemples soulèvent des questions. L'expérience de vie avec nos parents peut-elle avoir une telle influence sur nos relations subséquentes ? Jusqu'à quel point sommes-nous déterminé par elle ? Sommes-nous prisonnier de l'adaptation que nous avons dû faire durant notre enfance pour survivre sur le plan affectif? Depuis un peu plus d'un siècle, les spécialistes qui étudient la vie intra-psychique et le comportement humain n'ont plus de doute à ce sujet: nous sommes en partie façonné par notre relation avec la première femme et le premier homme de notre vie. Notre dépendance physique et affective à leur égard nous pousse, pour survivre, à nous adapter à leurs besoins et, il faut bien le dire, à leurs problèmes personnels. Mais nous ne sommes pas pour autant prisonnier de ce que nous avons vécu avec eux. Avec l'âge, notre dépendance à leur égard diminue et il nous est possible de retrouver le pouvoir que nous leur avions jadis laissé. C'est justement ce que permet la résolution du transfert.

Un danger : confondre les besoins sous-jacents au transfert

Si nous n'avons pas accès aux besoins qui sous-tendent les attentes, les demandes ainsi que les reproches que nous exprimons dans nos relations transférentielles, nous courons le risque de nous méprendre quant à la cible à viser pour obtenir la satisfaction désirée. La confusion la plus répandue consiste à assimiler la recherche du droit d'exister à celle de l'identité sexuelle. Voyons en quoi consiste cette confusion et ce qui nous porte à la faire.

La plupart des adolescents et des adultes sont rébarbatifs à l'idée d'avouer leur besoin d'affection (cela est probablement vrai dans la majorité des cultures). Il est tout aussi embarrassant de rechercher ouvertement la confirmation que nous sommes une personne de valeur. La plupart du temps, c'est à peine si nous nous l'avouons à nous-même. Aussi, lorsque c'est le désir impérieux d'être aimé par une personne importante (un amoureux, par exemple) qui nous anime, nous choisissons souvent de dissimuler la véritable nature de ce désir, car cet aveu nous rendrait très fragile ; la vulnérabilité est d'autant plus difficile à supporter que le droit à l'existence n'est pas tout à fait conquis. Nous exprimons nos résistances de différentes façons :

- *Avoir autant besoin d'affection à mon âge est enfantin ! Je devrais avoir dépassé cela.*
- *Je ne vois pas comment une personne qui a tant besoin d'être aimée peut être séduisante.*
- *Je suis trop dépendante. Elle ne voudra certainement pas de moi !*
- *Je ne vais tout de même pas lui montrer que j'ai peur de le perdre, il va croire que je m'accroche.*
- *Pour moi, ce qui compte le plus c'est d'être aimé. Je suis certainement un « dépendant affectif » !*

L'ÉCRAN DE LA SEXUALITÉ

La sexualité constitue alors l'écran par excellence pour masquer ces besoins affectifs : elle est plus acceptable à nos yeux et plus « présentable » socialement, notamment parce que le fait d'avoir des besoins sexuels plutôt que des besoins d'affection et de tendresse est considéré comme une caractéristique de la maturité. Les hommes sont particulièrement portés à se servir de cette forme de dissimulation, mais les femmes y recourent aussi. Que l'on pense seulement à plusieurs femmes fatales du cinéma, telle

Marilyn Monroe, qui n'étaient en fait que des jeunes femmes se mourant d'amour.

Même s'il est important de distinguer le besoin en cause, cela ne signifie pas que les besoins d'affection et ceux de nature sexuelle soient contradictoires. L'intérêt pour les relations sexuelles existe chez l'adulte et l'adolescent même lorsque le droit à l'existence n'est pas totalement acquis. C'est le fait de se méprendre quant à la nature du besoin en jeu qui est la source de problèmes pour le développement psychique et l'obtention de la satisfaction. Cette illusion plus ou moins volontaire nous empêche en effet non seulement d'assumer notre besoin réel, mais aussi, en conséquence, de trouver une pleine satisfaction. Or, il est impossible de progresser dans nos relations transférentielles si nous nous leurrons sur le besoin en cause et si nous en ignorons l'enjeu réel. Prendre conscience des besoins qui apparaissent dans nos relations transférentielles et les assumer nous permettent de nous les réapproprier petit à petit. Ce faisant, nous retrouvons le pouvoir qui relevait autrefois de nos parents et le remettons maintenant entre les mains de leurs substituts transférentiels. Voyons comment Thierry et Marjolaine s'y sont pris.

LA CONSCIENCE DU BESOIN CHEZ THIERRY ET MARJOLAINE

Il semble que Marjolaine soit consciente de ce qu'elle recherche auprès des femmes qui l'attirent. Son expérience de contacts sexuels avec elles lui a permis de faire cette clarification. Il n'est pas certain que ce soit le cas de Thierry. Pour quelles raisons ce dernier négligerait-il de faire la différence entre son besoin d'affection et la recherche de son identité sexuelle ? Voici quelques hypothèses :

- *Il est possible que son besoin d'être aimé et reconnu comme étant quelqu'un de valeur par une figure paternelle ne soit pas légitime à ses yeux. Dans ce cas, il n'en tient pas compte.*

Il pourrait même le nier, c'est-à-dire avoir réussi à se convaincre que ce besoin n'existe pas.

- *Il est possible que Thierry ne porte pas assez attention à son expérience émotionnelle pour cerner précisément ce qu'il vit. Dans ce cas, il ne pourrait identifier clairement de quoi provient sa satisfaction dans son rapport avec son professeur, ni les causes de son insatisfaction. De plus, s'il est peu sensible à ce qu'il ressent, il rejette facilement les indices qui pourraient l'en informer ; par exemple, un certain déplaisir au cours de la relation sexuelle, un malaise momentané, l'impression de ne pas faire exactement ce qu'il veut, mais plutôt d'agir pour faire plaisir à l'autre…*
- *On peut aussi croire que son expérience sexuelle lui plaît et qu'il ne veut pas la compromettre. Son besoin d'affection lui apparaît alors comme un problème, une marque d'immaturité qui pourrait le diminuer dans l'estime de son amant.*
- *Peut-être Thierry se soumet-il et laisse-t-il l'autre décider ce qui est bon pour lui. Cette attitude et les comportements qui s'ensuivent rappelleraient l'assujettissement qu'il a connu avec sa mère. Si tel est le cas, il établit aussi un transfert maternel avec son professeur. Finalement, sans qu'il en soit question en paroles, il est possible qu'il prenne surtout plaisir à l'affection qu'il reçoit à travers les gestes sexuels. Pour lui, cette sexualité mêlée de tendresse est bien préférable au désert qu'il a connu avec son père.*

LES INDICES

Nous disposons heureusement de certains indices qui nous permettent de ne pas nous méprendre. Si nous nous en servons, ils nous permettront de nous orienter vers des relations susceptibles de nous nourrir plus complètement ; car, bien sûr, si la satisfaction du besoin d'être reconnu comme aimable et valable passe par la manifestation d'affection, les ébats strictement sexuels ne pourront suffire à combler ces besoins. Au contraire, la primauté alors donnée au sexe par le partenaire est souvent vécue comme une négation de la personne.

Quant aux hommes, il semble qu'ils soient plus enclins à distinguer les relations sexuelles visant le plaisir purement physique et la relation sexuelle répondant à des besoins affectifs. Peut-être s'avouent-ils plus facilement cette différence que la plupart des femmes. À moins que, comme je l'évoquais précédemment, les hormones mâles ne servent parfois d'écran aux vrais besoins. Dans ce cas, celui qui n'est pas suffisamment curieux pour traverser cet écran et s'interroger sur ce qu'il vit réellement risque de faire du surplace du point de vue de son évolution psychique.

Une recherche récente a en effet établi qu'il existe une différence dans l'intensité des relations sexuelles selon la quantité d'hormones mâles présente dans le couple. Ainsi, une relation sexuelle entre deux femmes serait moins empreinte de sexualité qu'une relation entre deux hommes. Cette hypothèse présente un certain intérêt quand on considère qu'un grand nombre de relations entre hommes homosexuels se déroulent sous le signe d'une activité sexuelle brute et violente, souvent complètement exempte de contact affectif. La testostérone ne saurait toutefois expliquer à elle seule la cruauté de certains rapports sexuels caractéristiques des relations entre homosexuels hommes. Il faudrait plutôt voir ces pratiques comme une tentative pour régler un contentieux remontant au passé et concernant probablement un parent. Autrement dit, il s'agirait de façons malhabiles de mener à leur terme des expériences laissées en suspens dans le passé par des expériences transférentielles actuelles. Comment comprendre autrement les affirmations suivantes qui sont courantes :

- *Je les aime adonis : doux et tendre, mais j'ai le fantasme de les faire souffrir.*
- *Je me prête facilement au désir d'un homme de m'asservir.*

Malheureusement, ces tentatives pour résoudre des expériences du passé sont menées d'une manière stéréotypée, sans que le vrai sujet ou les besoins réels soient révélés, et probablement, la plupart du temps, sans qu'ils soient même conscients. Nous reviendrons sur ces modes d'interaction dans le chapitre qui suit.

Ces scénarios stéréotypés ne permettent pas de mener à son terme l'expérience inachevée ; ils servent essentiellement à éviter ce qui est ressenti profondément. C'est la raison pour laquelle ils mènent nécessairement à une impasse, et sont reproduits à l'infini sans que l'on puisse déceler d'évolution. Au contraire, explorer et aller au fond des fantasmes mis en jeu par ces pratiques sexuelles pour découvrir les émotions qu'ils recouvrent et laisser émerger les besoins qui les sous-tendent permettent de trouver le moyen de régler le vrai problème et de parvenir à une satisfaction réelle.

À la lumière du transfert

Je rappelle ici en quoi consiste le transfert afin d'examiner les expériences de Thierry et Marjolaine sous cette lumière. Pour davantage de détails, le lecteur peut se référer aux chapitres précédents, plus précisément aux trois premiers.

EN QUOI CONSISTE LE TRANSFERT ?

Nous faisons un transfert avec une personne lorsque nous réagissons à elle comme si elle était une tierce personne, en l'occurrence l'un ou l'autre de nos parents. Nous nous comportons alors avec cette personne de la même manière qu'autrefois avec ce parent. Ainsi :

- *Thierry rêve d'attirer l'attention de son professeur de physique. Il sent que c'est cela qui lui manque et lui a toujours manqué de la part de son père. Il ne montre pas clairement l'importance de son besoin à son professeur, pas plus qu'il ne le faisait avec son père. Thierry a, avec les filles, le même sentiment d'infériorité qu'avec sa mère. Il est submergé à l'avance par leurs « exigences » et se sent aussi incapable de s'affirmer auprès d'elles qu'il l'était auprès de sa mère. Il tolère de vivre ainsi.*
- *Marjolaine éprouve des élans irrésistibles envers des femmes qui représentent une figure maternelle chaleureuse. C'est précisément ce qui lui a cruellement manqué avec la sienne. Longtemps, elle s'est retenue comme elle le faisait avec sa mère, qui lui paraissait indisponible et dont elle craignait d'augmenter le rejet.*

DES INDICES POUR DÉCELER UN TRANSFERT

Dans le cas du transfert, ce n'est pas la personne qui ressemble à mon père ou à ma mère ; c'est moi qui réagis de la même manière que je réagissais vis-à-vis de mon parent : mêmes attentes, mêmes demandes ou reproches, mêmes émotions, mêmes besoins et mêmes façons de faire pour obtenir des réponses ; et enfin, même « silence » quant à mon besoin crucial.

Les mêmes émotions

Nous réagissons à nos parents par des émotions. Dans un transfert, nous vivons des expériences émotionnelles identiques à celles que nous avons vécues avec l'un de nos parents. Mais nous pouvons aussi vivre les émotions inverses pour peu que nous obtenions ce dont nous avons besoin. Ainsi :

- *Thierry obtient de son professeur ce qui lui manquait tant de la part de son père. Ce qu'il vit est à l'inverse de ce qu'il vivait avec son père : il aime cet homme sans ambivalence et se sent heureux en sa présence.*

• Marjolaine éprouve souvent la même frustration que celle qu'elle ressentait en présence de sa mère : elle passe inaperçue. Souvent, aussi, la même déception : elle se donne beaucoup de mal pour être remarquée et cela reste sans effet. Quelquefois, elle en est enragée.

Les mêmes attentes

Les attentes ou les demandes sont la manifestation de besoins. Nous avons l'habitude d'en rester aux attentes sans nous interroger sur les besoins qu'elles cachent. Nous définissons alors ce que nous voulons en termes de ce que l'autre pourrait faire pour nous satisfaire :

• Thierry souhaite être important : que ses professeurs lui portent attention, aiment sa présence (tour de moto), lui apprennent des choses.

• Marjolaine souhaite un échange d'affection : que telle femme la remarque, qu'elle lui sourie. Elle aurait, elle aussi, beaucoup d'amour à offrir. Elle surveille l'apparition des marques de considération qu'elle attend en adoptant une position passive.

Les mêmes reproches

Les reproches sont l'envers des demandes. Ce sont des formes « durcies » de demandes. On pourrait les qualifier de « demandes déguisées ». Dans une relation transférentielle, il est plus facile de manifester notre insatisfaction que de dévoiler nos besoins. Nous avons l'impression d'être moins vulnérable en faisant des reproches qu'en révélant ce dont nous avons besoin. Exprimés ou contenus, les reproches ont toujours le même effet : ils dissimulent le besoin aux yeux de celui qui s'en tient à eux. Qui plus est, ils le portent à s'éloigner de l'autre, car ils sont empreints de colère et que la colère, quand elle n'est pas exprimée, ne peut que provoquer un tel éloignement par rapport à l'autre. Habituellement, celui à qui la colère s'adresse perçoit cet éloignement :

- *Thierry reproche aux filles leur exigence (il n'est peut-être pas conscient qu'il s'agit de sa réaction aux exigences de sa mère). Il fait le même reproche à sa mère, mais dans son for intérieur. Il est incapable de lui en faire part. Lorsque son professeur de piano termine la leçon en lui disant qu'il est pressé, Thierry est en colère. Il lui reproche intérieurement de le mettre de côté au profit de son prochain élève.*
- *Marjolaine reproche aux hommes leur manque de disponibilité affective. Elle n'est pas consciente qu'elle a développé cette perception des hommes avec son père (la plupart du temps absent) et que, sur ce point, elle est en situation de transfert avec les hommes. Elle reproche férocement à son père de les avoir laissées, elle et sa mère. Sa séparation d'avec sa mère l'a privée, elle, de son seul allié, de sa seule source d'affection. Elle ne compte pas beaucoup sur les hommes pour sa sécurité affective.*

Le même besoin

Le besoin fondamental auquel nous cherchons une réponse est différent selon le type de transfert qui domine notre vie. Thierry et Marjolaine sont animés par le même besoin. Il concerne le droit à l'existence :

- *Chez Thierry, il s'agit d'exister pour l'autre d'une façon qui le rassure sur sa valeur comme personne et sur le fait qu'il est aimable.*
- *Marjolaine cherche à provoquer un effet sur l'autre afin de se prouver qu'elle est quelqu'un de valable et d'aimable.*

Les mêmes comportements stéréotypés

Les comportements stéréotypés sont des gestes que nous répétons sans les adapter à la situation particulière. Il suffit que la situation soit grossièrement semblable à celle du passé pour déclencher la répétition. Par exemple, lorsque mon partenaire ne fait pas ce que je veux, je boude toujours ; s'il me critique, je tente de lui prouver que son comportement est pire que le mien ; s'il est affectueux avec moi, je me fais distante, si bien que peu de temps après c'est la querelle, immanquablement ; s'il se fâche, je m'en vais, etc. Les comportements stéréotypés ont une caractéristique commune, ils servent d'écran aux émotions et aux besoins véritables :

- *Avec les hommes dont il désire l'attention, Thierry se comporte toujours de la même façon : il se tient à distance, souhaitant intérieurement qu'ils s'approchent de lui. En même temps, il est craintif, car il ne sait pas comment il se comportera s'ils s'approchent effectivement. Lorsque ce qu'il souhaite arrive, il en jouit intérieurement tout en tentant de dissimuler à quel point cela est important pour lui. Quand il ne reçoit pas les marques d'affection désirées, Thierry boude, de la même manière qu'il boudait (et boude encore) son père, qui ne venait pas à lui lorsqu'il était enfant.*
- *Marjolaine ne s'avance pas trop. Elle a peur d'être rabrouée comme elle l'a souvent été par sa mère quand elle cherchait son affection. Mais elle est très performante. Elle a les meilleures notes pour impressionner ses professeurs. Elle conduit régulièrement son équipe de soccer à la victoire. Cela lui vaut d'être une vedette dans son collège. Tel est son moyen de se faire remarquer de celles dont elle veut attirer l'attention. Devenue adulte, elle travaille d'arrache-pied pour atteindre des postes prestigieux. Elle voudrait bien impressionner sa mère, qui semble toujours ne faire aucun cas de ses réussites.*

De plus, les comportements stéréotypés donnent lieu à des scénarios répétitifs : nous avons une réaction identique à celle que nous avions avec notre parent, d'un interlocuteur transférentiel à l'autre :

- *Thierry a le même comportement d'attente passive avec son professeur de piano qu'il a eu avec son professeur de physique. De plus, il utilise les mêmes moyens qu'il employait avec sa mère pour conserver l'affection de l'autre : il est gentil, obéissant, docile. Il a appris avec elle que c'est ainsi qu'il mérite l'amour ; il ne déroge donc pas à ce modèle. Il sait au fond que c'est ce qui le tuerait dans une relation avec une fille : il serait complètement envahi et à son service. Pour lui, à l'heure actuelle, c'est une question de survie psychique que d'éviter une telle situation.*
- *Marjolaine s'y prend de la même manière avec toutes les femmes qui l'attirent. Avec les hommes, elle a également toujours la même réaction* a priori *(et tant qu'ils n'ont pas fait leur preuve) : elle attend qu'ils s'attachent pour investir dans la relation. Mais son attente est empreinte d'une hostilité qui, sans qu'elle en ait conscience, éloigne les hommes. Il lui est donc difficile d'atteindre son but.*

Le même silence sur le besoin

La conséquence de telles situations répétitives est que nous observons le même silence sur la nature de notre besoin. Non seulement nous ne l'exprimons pas, mais nous dissimulons ou déguisons en gestes anodins nos tentatives de le combler. Et si jamais nous recevons une réponse à ce besoin, nous gardons aussi le silence :

- *Thierry se délecte sans rien dire de la tendresse de son professeur. Il ne cache pas qu'il est parfois comblé, mais jamais il ne le reconnaît clairement et ouvertement. Jamais il ne parle de ce qu'il recherche profondément dans leur relation. Il ne veut pas avoir l'air trop enfantin.*

- *Lorsque des femmes se sont intéressées à elle, Marjolaine en a profité, mais elle ne leur a jamais avoué le plaisir immense qu'elle éprouvait. Gêne, pudeur… et, par conséquent, stagnation dans son transfert.*

Conclusion

Pour parvenir à régler le contentieux qui est au cœur du transfert, et trouver la satisfaction, il nous faut modifier profondément la relation que nous avons avec notre interlocuteur transférentiel (ou avec nos parents eux-mêmes). Le sujet de l'homosexualité est complexe et délicat. Nous n'avons pas toutes les réponses et je ne prétends pas comprendre entièrement cette problématique. Je crois pourtant que la société entière ne peut que bénéficier de tout éclairage en profondeur sur la question. Pour cette raison, les témoignages des homosexuels sont essentiels. Car la tolérance éclairée par le dialogue est plus fiable que celle résultant d'une décision exclusivement rationnelle. Et nous avons bien besoin de respect mutuel en ce qui concerne la question du choix des partenaires sexuels, autant au sein de la famille que dans la société en général.

Questions-réponses

ÉCHEC DU MARIAGE ET HOMOSEXUALITÉ REFOULÉE

Question : À l'adolescence, j'éprouvais beaucoup de satisfaction à séduire les garçons. Mais j'ai quand même toujours recherché les émotions fortes avec les femmes. Je pense maintenant que je cherchais la mère idéale. Je suis tombée amoureuse d'une professeur à 17 ans. J'avais l'impression qu'elle me laissait de l'espace pour vivre et m'exprimer. Ce fut une période tumultueuse : je me suis sentie très mal à l'aise avec ces sentiments et je n'avais personne à qui en parler. De désespoir, j'ai fait une tentative de suicide. Aujourd'hui, je suis mariée à un homme qui communique peu avec moi, mais j'ai l'impression que je ne peux pas avoir avec un homme une intimité aussi forte que je puis avoir avec une femme. Je me demande si l'échec de mon mariage n'est pas dû à mon homosexualité refoulée ?

Réponse :

Comment expliquer l'échec ?

On ne peut affirmer ainsi que l'échec d'un mariage soit dû à une homosexualité refoulée. Habituellement, on considère qu'il y a « échec » du mariage lorsque l'un des deux conjoints au moins n'a pas le sentiment de vivre une relation nourrissante. Cela dit, une telle relation de couple repose essentiellement sur notre capacité de nous en servir pour répondre à nos besoins affectifs[50]. De plus, nos besoins ne sont pas statiques. Ils se modifient, ils changent d'importance selon qu'ils sont comblés ou non.

50. Jean Garneau, « Évaluer la vitalité de ma vie de couple », *La lettre du Psy.*

Les besoins affectifs importants propres à une période de la vie peuvent être frustrés pour plusieurs raisons : notre difficulté à communiquer de manière ouverte et intime, notre incapacité à obtenir l'importance ou le respect désiré. Dans ces cas, l'attrait pour une relation intime avec une personne de l'autre sexe n'est pas en contradiction avec les besoins qui étaient (et sont peut-être encore) en cause dans la relation avec le partenaire hétérosexuel actuel. L'« échec » s'expliquerait plutôt par un transfert non résolu. Il pourrait venir de ce que je n'ai pas réussi à entrer en relation avec mon mari tout comme je n'avais pas réussi, autrefois, à entrer en relation avec mon père ou ma mère ; ou encore que je ne suis pas arrivée à prendre l'espace dont j'ai besoin avec mon mari, comme je ne parvenais pas non plus à le faire avec mon parent.

Il faut savoir que les besoins insatisfaits avec le père ne sont pas nécessairement reportés sur un homme et que les besoins frustrés par la mère ne sont pas nécessairement revécus avec une femme. Pour bien comprendre le transfert, il faut toujours chercher à cerner le besoin en cause en partant de l'intérieur de l'expérience vécue.

Les signes d'un transfert non résolu

Le meilleur indice pour déceler un transfert non résolu est la répétition, au présent, d'un scénario qui relève d'une situation ancienne. Par exemple :

- *J'éprouve avec toi la même insatisfaction qu'avec mon père et je compose de la même façon avec cette insatisfaction : je souffre en silence, j'accepte le manque d'intimité, je demeure à distance sous prétexte que « tu ne recherches pas l'intimité », j'attends plus ou moins subtilement que les efforts de communication viennent de toi, etc.*

Ce phénomène est fréquent, car nous avons tendance à recréer la situation originelle pour résoudre le conflit ancien.

Par exemple, je suis portée à choisir un homme avec qui il m'est impossible d'établir une relation, comme il m'était impossible d'en établir une avec mon père ou ma mère. Par la suite, je me comporterai avec lui de la même manière que je le faisais avec mon père ou ma mère. Et logiquement, j'obtiendrai les mêmes résultats ! Rien ne prouve en effet que je n'aboutirais pas à autre chose si j'agissais autrement... Rien ne permet de croire qu'un autre comportement ne susciterait pas le respect désiré.

Choisir un partenaire qui nous permet de vivre une situation semblable à l'ancienne n'est pas une « erreur ». C'est au contraire un élan du psychisme pour trouver une issue à la situation passée qui n'a pas été résolue. Mais comme nous avons développé, avec la personne qui représente notre parent à nos yeux, les mêmes attitudes et les mêmes comportements que nous avions avec celui-ci, le transfert ne se dénoue pas ; cela, même si nous créons la situation qui devrait permettre de le faire. Pour en sortir, il faut que nous apprenions à le résoudre. Le connaître et le comprendre ne suffisent pas. Changer de partenaire sans changer notre manière de nous comporter vis-à-vis de nos besoins affectifs ne peut pas nous permettre d'évoluer. Ce n'est qu'en changeant la façon dont nous composons avec ces besoins que nous permettrons à notre relation conjugale de s'améliorer ou que nous nous orienterons vers un conjoint qui nous convient mieux (en supposant qu'il y ait réellement un problème du côté du conjoint).

Imaginons, par exemple, que j'aie besoin de tendresse, que je sois capable de le manifester sans ambiguïté, mais que je ne trouve pas de réponse auprès de mon partenaire. Cette situation sera vite intolérable et je n'aurai pas longtemps envie de demeurer auprès de lui. Cela dit, il est possible, sinon probable, que j'aie choisi un partenaire précisément parce qu'il ne peut répondre à ce dont j'ai besoin. Pourquoi ? Parce que cela me permet de lui faire porter la responsabilité de mon insatisfaction. Je lui fais d'ailleurs des reproches. De son côté, il réagit alors en se protégeant, voire en se retirant, justifiant ainsi mes reproches...

Comme on le voit, l'écheveau des interactions de couple est très complexe. Un seul cas ne saurait l'illustrer. Il serait, par exemple, tout aussi possible que mon incapacité à exprimer mon besoin d'affection me pousse à choisir au contraire des personnes qui devanceront ce besoin. Dans ce cas, la relation de couple me permet de continuer à éviter de l'assumer moi-même et de remettre le problème à plus tard... Les joutes auxquelles se livrent les couples ne sont pas toujours faciles à comprendre.

Me tourner vers une femme ?

Cela dit, qu'une femme soit attirée par l'intimité avec une autre femme ne signifie pas qu'elle doive remplacer sa relation avec les hommes par une relation avec des femmes. L'univers comprend des hommes et des femmes. Pour m'épanouir, que je sois homme ou femme, je dois pouvoir entretenir des relations satisfaisantes avec les personnes des deux sexes. Avec les deux, nous avons des besoins à combler et des aspects de nous-même à assumer. Parfois, nous avons à faire le même travail avec les deux sexes ; d'autres fois, des défis différents nous attendent. Nous avons chacun un parcours unique que nous sommes seul à pouvoir tracer.

Fortes impulsions et actualisation de soi

Les appels forts, qu'il s'agisse d'émotions ou de désirs, sont souvent des appels à l'actualisation, des occasions de croissance personnelle. Si nous cernons bien le besoin sous-jacent à ces impulsions, il est plus facile d'agir d'une façon qui nous permette d'évoluer[51]. C'est ainsi que je pourrais m'interroger sur mon « puissant fantasme » d'être en relation avec une femme.

---

51. Yves ST-ARNAUD, *La Personne qui s'actualise*, Boucherville (Québec), Gaëtan Morin éditeur, 1982.

Il me faut d'abord identifier ce qui est attirant et cerner le besoin qui sous-tend cette attirance. Cet effort préalable est important, car il permet d'orienter l'action pour qu'elle amène à résoudre le transfert en cause. La résolution suppose en effet que je sois conscient du besoin et que je l'exprime. Mais il faudra ensuite que je prenne des initiatives pour obtenir ce dont j'ai besoin[52].

EST-CE QUE JE M'INVESTIS TROP DANS MON TRANSFERT AVEC MA PSYCHOTHÉRAPEUTE ?

Question : Je pense que je serais plus heureuse en vivant avec une femme qu'avec un homme. Je ne sais pas si j'imagine cela à cause de mon échec sentimental avec un homme. Je me demande aussi si je n'investis pas trop dans ma relation transférentielle avec ma psychothérapeute.

Réponse : À mes yeux, on peut rarement parler d'un trop grand investissement dans la relation thérapeutique. Ce qu'il faut toutefois évaluer, c'est si cet investissement permet d'avancer. Ma référence pour déterminer s'il y a évolution est bien sûr la résolution du transfert. La plupart du temps, le client est en situation de transfert avec son psychothérapeute. Il s'agit non seulement d'un phénomène normal, mais aussi d'un élément important du changement personnel[53]. Si l'approche thérapeutique utilisée le favorise, la relation de transfert devient un outil privilégié pour reprendre le pouvoir sur ses besoins. Pour que tel soit le cas, il ne suffit pas de prendre soi-même conscience de ses besoins, ni même d'en parler ; il faut en plus les exprimer en étant en contact avec le psychothérapeute. Il faut enfin décider d'assumer ces besoins, c'est-à-dire prendre l'initiative de faire ce qu'il faut pour

52. Voir le chapitre 4, « La conquête de la liberté d'être soi ».

53. Voir la partie Questions-réponses à la fin du chapitre 5.

y répondre. Nous procédons ainsi avec notre psychothérapeute comme avec les personnes de notre entourage avec qui nous sommes en relation transférentielle.

Ce n'est donc pas tant la quantité d'investissement qui importe pour avancer dans la problématique du transfert, c'est surtout la qualité de cet investissement ainsi que la capacité du psychothérapeute à en faire un outil de travail. Si nous jugeons que les résultats tardent à venir, il faut en parler avec notre psychothérapeute afin d'en trouver les raisons.

TOMBER AMOUREUSE D'UNE FEMME

Question: Mon mari m'aime. Je tiens à lui et à ma famille plus qu'à tout au monde. Pourtant, je viens de lui avouer que je suis amoureuse d'une femme. Paradoxalement, cet homme est l'être qui m'aime le plus sur cette terre ! Comment faire pour guérir du manque de la présence de ma mère qui m'a tellement fait souffrir jusqu'à présent ? Car ma mère était constamment malade et mentalement absente. Je ne veux plus être attirée par les femmes. Je ne veux surtout plus tomber amoureuse d'une autre femme, mais seulement de mon conjoint. Je ne veux plus de cette partie de moi !

Réponse :

Pourquoi est-ce que je tombe amoureuse ?

Tomber amoureux d'une personne (du même sexe ou du sexe opposé), c'est, au fond, reconnaître à cette personne le pouvoir de combler un besoin affectif primordial à ce moment de ma vie. Soit que cette personne me procure effectivement la satisfaction recherchée, soit que j'interprète certains éléments comme des indices qu'elle serait capable de le faire. Imaginons, par exemple, qu'elle s'intéresse à moi, qu'elle est chaleureuse avec moi. Elle me procure justement ce qui m'a cruellement manqué avec ma mère : avec elle, j'ai l'impression d'exister ! C'est pour cela, essentiellement, que je l'aime et qu'elle exerce un tel attrait sur moi. Ou imaginons que je suis attirée par sa façon de materner ses enfants avec patience et attention ; je rêve alors d'être moi aussi maternée par elle.

Il peut paraître étonnant que, recevant de mon mari ce qui m'a manqué de ma mère (« il est l'être qui m'aime le plus sur cette terre »), je recherche un amour en dehors de lui. Toutefois, si nous comprenons le phénomène du transfert, ce n'est pas vraiment surprenant. Je m'explique.

Pourquoi chercher ailleurs l'amour que je connais sous mon toit ?

Pour parvenir à combler un jour l'immense manque qu'a laissé en moi ma relation avec ma mère, je dois en premier lieu « prendre possession » de mon besoin, c'est-à-dire le reconnaître sans le contester, et être capable de l'exprimer à une personne de qui j'aimerais recevoir ce qui me manque. Mais si mon mari répond à ce besoin sans que je l'aie exprimé, je me trouve privée d'une dimension fondamentale de mon expérience : la vulnérabilité que j'éprouverais en lui montrant mon besoin d'affection. Or, s'il ne m'est pas possible de vivre cet état de vulnérabilité, et de le reconnaître intérieurement, il ne me sera pas davantage possible de « prendre » (de me nourrir de) l'amour qui m'est offert. Dans ce cas, je recevrai probablement les manifestations d'amour et d'attention sans mot dire, et presque assurément sans me permettre d'en ressentir vraiment les effets. Il ne serait pas surprenant non plus que je rêve à ce que ce soit quelqu'un d'autre qui me manifeste cet amour. Il est essentiel de comprendre qu'il est *impossible de faire l'économie de la vulnérabilité* dans une démarche de résolution d'un transfert. Le fait de ne pas avoir à manifester mon besoin ou d'éviter de le faire est un signe de *fermeture.*

Je reçois une réponse qui ne m'atteint pas. C'est ainsi qu'une personne en déficit affectif peut recevoir ce dont elle a besoin durant des années, sans que cela change quoi que ce soit à son manque. Voilà pourquoi je puis trouver dans mon mari tout l'amour dont j'ai besoin et constamment me tourner vers une autre personne pour désirer l'obtenir d'elle.

C'est un scénario fréquent chez les personnes qui, parce qu'elles manquent d'amour, se lient à un conjoint affectueux qui leur offre d'emblée cet amour. Mais l'affection offerte s'avère incapable de combler le manque ; non parce qu'elle est inadéquate ou parce qu'elle ne vient pas de la bonne personne, mais parce qu'elle empêche la demande d'affection de se faire. La personne en manque se tourne alors naturellement vers quelqu'un d'autre (du même sexe ou de l'autre sexe) qui semble pouvoir lui offrir l'amour dont elle a besoin, mais vis-à-vis de qui il y a un défi. Elle retombe alors généralement dans la même impasse : de peur d'être vulnérable, elle se garde bien d'exprimer son besoin et d'en dire l'importance. Elle se contente d'un « je suis amoureuse de toi » qui n'est pas très explicite quant à l'importance que revêt l'autre. La charge de cette déclaration est grosse et informe. Que l'autre réponde ou non, une telle répétition est un gaspillage complet de plusieurs occasions de travailler à la résolution du transfert !

Les conditions pour résoudre un transfert

Comment tout cet amour peut-il rester sans effet ? Cela semble mystérieux, mais en fait s'explique bien : il faut absolument que je crée une ouverture intérieure en moi pour que l'autre puisse combler mon manque affectif. Or, cette ouverture se fait essentiellement quand je reconnais mon besoin. Et le besoin n'est assouvi que si je suis en contact avec ce que je ressens et si je l'exprime à mon interlocuteur[54]. Pour évoluer dans un transfert,

54. Voir le chapitre 4, « La conquête de la liberté d'être soi ».

il me faudra donc exprimer à cette femme ce que j'éprouve exactement pour elle et quel besoin je rêve de combler avec elle. De plus, je devrai prendre moi-même les risques nécessaires pour satisfaire ce besoin. Il est possible qu'en même temps je puisse profiter de ce qui m'est déjà offert par mon conjoint, pourvu que je consente à me laisser aller devant ses témoignages d'affection et que je prenne la peine de lui exprimer l'effet que ses gestes ont sur moi, quel que soit cet effet. Il me faudra le faire régulièrement, chaque fois que je le vivrai, car plus le manque est grand, plus il faut du temps pour le combler.

Mais si je saisis toutes les occasions qui se présentent à moi pour exprimer ce dont j'ai besoin, prendre des initiatives pour l'assouvir et dire ce que je ressens, j'en arriverai éventuellement à être « à jour » en ce qui concerne ce besoin. Je n'aurai alors plus à m'en préoccuper, il me suffira de me nourrir de ce qui me sera offert au présent.

SERAI-JE TOUJOURS ATTIRÉE PAR LES PERSONNES DE MON SEXE ?

Question : La présence de ma mère m'a beaucoup manqué et il m'arrive de tomber amoureuse d'une femme. Selon moi, il y a un lien entre ces deux expériences. Je voudrais régler ce problème avec ma mère. La psychothérapeute que je consulte me dit qu'elle peut m'aider en ce qui concerne mes fantasmes, mais que le reste est ancré en moi : j'aurai toujours cette attirance pour les femmes. Puis-je croire le contraire ? Moi, je suis sûre que oui !
Réponse : Je suis très surprise qu'une psychothérapeute (le terme recouvre un grand nombre de type d'intervenants) puisse affirmer qu'une attirance pour les femmes est ancrée en quelqu'un pour toujours. C'est encore plus surprenant que cette affirmation ait été faite dès une première entrevue, donc avec une connaissance superficielle du problème et de la personnalité. Il faudrait

sûrement lui demander sur quoi elle fonde sa certitude. Personnellement, je suis incapable de prédire à un client ce qu'il adviendra de ce type d'attirance. Tout ce dont je suis certaine, c'est qu'un attrait intense est le signe de la présence d'un transfert et qu'un transfert n'a pas à être vécu à perpétuité. Il peut être résolu.

Résoudre un transfert signifie essentiellement retirer à une personne le pouvoir quasi absolu de combler un besoin affectif particulier. Lorsque nous sommes en situation de transfert, nous sommes en quelque sorte à la merci de la personne en ce qui concerne notre satisfaction, voire la légitimité de notre besoin. Le travail de résolution nous permet de reprendre graduellement possession de ce pouvoir. Il nous donne la liberté de nous tourner vers d'autres pour répondre au besoin en question.

Peu à peu, parce que nous parvenons à mieux le combler, le besoin se fait moins urgent et moins envahissant. Cela ne veut pas dire que l'autre n'a plus de valeur à nos yeux ; c'est plutôt que sa valeur change ; et elle change parce que notre dépendance à son égard n'est plus absolue et que nous sommes devenu capable de trouver satisfaction en dehors de lui. Cette forme de travail de résolution du transfert est, à ma connaissance, propre à l'approche de l'auto-développement. Il se peut donc que la psychothérapeute mentionnée ne soit pas familiarisée avec un travail de ce type. Cela expliquerait sa réaction. Il faudrait en parler avec elle.

CHAPITRE 9
Résoudre mes transferts

Introduction

Au chapitre précédent, nous avons vu comment deux transferts dont l'enjeu est le droit à l'existence peuvent prendre des formes très différentes chez les personnes qui en font l'expérience. Chacun a une histoire unique et une manière originale de vivre le transfert. Il est impossible de prédire exactement quelle démarche de résolution du transfert adoptera tel individu. Mais nous pouvons expliquer en quoi elle consiste et comment elle se déroule. C'est l'objet du présent chapitre.

Une relation qui suscite des émotions fortes repose toujours sur un besoin affectif important et de nature transférentielle. Qu'elle réponde ou non au besoin, la relation peut toujours servir de terrain pour résoudre le transfert. La résolution du transfert est une démarche simple, mais elle semble assez complexe à celui qui en connaît peu les étapes ou n'a pas développé les habiletés nécessaires pour la mener à bien. En fait, elle est une des démarches de développement personnel qui suscite le plus de résistances. Mais la personne qui le veut vraiment peut travailler à cette résolution en se servant des situations de la vie de tous les jours, qu'elle bénéficie ou non de l'aide d'un psychothérapeute.

Les résistances à la résolution du transfert

Nous sommes constamment à la recherche de situations interpersonnelles qui nous permettent de revivre, cette fois en les assumant, les expériences dans lesquelles nous nous sommes autrefois renié[55]. Nous entreprenons pourtant rarement de régler ces transferts. Au contraire, tôt dans une relation, nous avons tendance à reprendre les comportements et les attitudes qui ont autrefois contribué à créer l'impasse dans laquelle nous sommes aujourd'hui[56]. Pourquoi en est-il ainsi ? Pourquoi répétons-nous le même scénario d'une relation amoureuse à l'autre, par exemple ?

C'est d'abord par habitude que nous agissons de cette façon. Cette manière de nous comporter est ancrée en nous parce que nous y recourons depuis notre tendre enfance. Mais c'est aussi une question de familiarité : nous sommes porté à demeurer dans ce que nous connaissons bien.

Si je suis quelqu'un qui a toujours réalisé des exploits afin d'impressionner mes parents, je connais tous les rouages et les subtilités de cette tactique. Recourir à ce moyen pour conquérir le cœur d'une personne désirée m'est très facile. De la même manière, si je me suis toujours fait aimer en voyant au bien-être de l'autre, cette façon d'être me sera un atout pour me faire aimer de mon conjoint, de mes employés, de mes enfants.

55. Voir le chapitre 2, « Le transfert dans les relations interpersonnelles ».
56. Voir le chapitre 3, « Aux sources du transfert ».

L'habitude et la familiarité conduisent rapidement à l'automatisme. C'est ainsi que certains comportements s'apparentent à des réflexes profondément ancrés. Nous avons même parfois l'impression qu'ils font partie de notre personnalité. Un peu plus et nous croyons qu'ils sont innés, voire inscrits dans nos gênes — d'autant qu'il nous arrive de les reconnaître chez nos parents.

Une autre raison explique la stagnation dans des relations transférentielles. Nos comportements stéréotypés nous servent de mécanismes de défense contre la vulnérabilité. Comme nous l'avons déjà vu et le verrons encore plus loin, le travail de résolution du transfert est exigeant de plusieurs façons sur le plan émotionnel. D'abord, il nous amène à dévoiler notre intimité profonde, ce qui nous rend forcément vulnérable. Ensuite, il nous oblige à prendre des risques sur le plan affectif, en particulier celui d'être rejeté, mais aussi celui d'être jugé et blessé. De plus, le travail de résolution du transfert provoque des émotions intenses, en nous et souvent aussi chez notre interlocuteur. C'est pourquoi, par désir de protection, nous optons pour le scénario habituel, même s'il génère des frustrations et nous conduit à l'impasse. La relation a beau être frustrante, nous nous y sentons en sécurité, car elle nous évite l'inconnu.

Toutefois, c'est au début de la démarche que la difficulté est la plus importante. Une fois le travail commencé, les satisfactions obtenues fournissent l'énergie nécessaire pour continuer de prendre des risques et elles l'emportent généralement sur la peur.

Que signifie résoudre un transfert ?

CE QUE LA RÉSOLUTION DU TRANSFERT N'EST PAS

La démarche de résolution du transfert se distingue de plusieurs autres types de travail thérapeutique traitant aussi le transfert. Elle vise à assumer le besoin et à prendre la responsabilité de trouver une réponse adéquate au besoin.

Comme nous l'avons vu au premier chapitre, elle ne peut être assimilée à l'analyse du transfert au sens psychanalytique, car celle-ci consiste essentiellement à comprendre le transfert en profondeur de façon à voir les effets que le passé continue d'avoir sur le présent. Elle diffère également d'une autre variante très répandue qui consiste à simplement identifier le phénomène. Dans ce cas, il s'agit de reconnaître qu'il existe une similarité entre le comportement présent (ou le scénario répétitif) et le comportement passé. On s'efforce également d'avoir conscience des enjeux sous-jacents dans ces relations.

J'ajouterai en terminant que résoudre le transfert ne signifie pas le neutraliser. Il ne s'agit pas de décider rationnellement de ne plus laisser jouer son transfert en contrôlant ses émotions ou en se retenant de réagir. Ainsi, un père peut se contenir afin de cacher à son fils que le rejet qu'il lui manifeste a sur lui le même effet dévastateur que celui de sa mère autrefois. Bien que judicieux dans cette situation, ce contrôle ne permettra jamais à ce père de résoudre son transfert. Pour ce faire, il devra s'impliquer et prendre le risque d'exposer ce qu'il ressent et ce dont il a besoin sans se retenir. La situation est analogue pour l'enseignant avec son élève, le psychothérapeute avec son client et, en général, pour toute personne qui occupe une position de pouvoir. À cause des responsabilités qu'implique leur rôle, il vaut toutefois mieux que ces personnes prennent le risque de s'exprimer avec un autre interlocuteur transférentiel.

CE QUE LA RÉSOLUTION DU TRANSFERT EST

Un transfert résolu, c'est un transfert terminé : il n'existe plus. Les indices pour s'assurer d'un tel dénouement sont différents selon la nature du transfert et la conquête qu'il permet de réaliser. En ce qui concerne la conquête du droit à l'existence, les signes résident dans la capacité d'accueillir nos émotions et de reconnaître nos besoins. Nous ne contestons plus leur existence, mais les considérons plutôt comme une expression de nous-même, de nos caractéristiques personnelles. Ce que nous vivons est devenu un aspect de notre existence avec lequel nous sommes en contact et qui nous sert continuellement. Cette manière de s'assumer est bien différente de ce qui est souvent prôné par la psychologie populaire, à savoir « se convaincre » de la légitimité d'être soi-même. Il ne s'agit pas de nous répéter que nous avons de la valeur, que nous valons la peine d'être aimé ou encore que nous sommes un être extraordinaire. Nous assumer est au contraire devenu quelque chose d'intégré et de serein.

En ce qui concerne le droit d'être distinct, le transfert est résolu si nous sommes capable d'exposer nos idées, d'exprimer nos émotions, d'être ouvertement nous-même devant les autres, quelles que soient leurs réactions (il n'est pas nécessaire que ce soit dans l'indifférence). Nous sommes alors « fidèle à nous-même » dans toutes les situations, même les plus exigeantes et avec les autorités les plus haut placées. Ici non plus, il ne s'agit pas de nous raidir pour que les jugements, les sarcasmes ou les autres réactions ne puissent nous atteindre. Nous pouvons au contraire nous montrer réceptif aux réactions des personnes qui nous importent sans pour autant dévier de la ligne qui est la nôtre. Dans ce cas, la différence assumée se caractérise par de la solidité et de la sérénité dans les rapports avec autrui.

Enfin, le signe que nous avons conquis notre droit à être un individu sexué réside dans notre capacité d'assumer entièrement notre identité sexuelle avec les personnes des deux sexes.

La femme n'a pas de crainte à se montrer sexuée devant une autre femme (rivale potentielle ou juge de son comportement), non plus qu'en présence d'un homme (amant potentiel ou père réprobateur). Elle peut l'être également en présence des deux. De la même façon, l'homme n'éprouve pas d'inhibition à se présenter comme un être sexué devant un autre homme, pas plus que devant une femme. Il assume ainsi son identité sexuelle ouvertement vis-à-vis des personnes des deux sexes. La conviction d'être libre sexuellement est maintenant acquise. Notre désir sexuel et notre excitation nous apparaissent à présent comme des expressions légitimes de notre personne. Nous en jouissons dans nos rapports avec les autres. Nous connaissons nos goûts en matière de sexualité et sommes capable de les respecter. Cette façon d'être se distingue aisément de toute attitude «forcée»: s'afficher de manière tapageuse, par des déclarations intempestives ou des provocations ostentatoires. Elle se caractérise, comme les autres, par plus de vitalité et de transparence, et par davantage d'harmonie dans les rapports avec autrui.

À propos des trois types de transferts, je parle de «conquête», car il s'agit véritablement d'une liberté que nous gagnons au fil des ans. Grâce au travail de résolution, nous reprenons possession du pouvoir d'être, qui, autrefois, dépendait de l'attitude de nos parents et, plus tard, de celle de leurs substituts. L'effet de ce travail n'est pas instantané. Il exige que nous fassions de nombreuses tentatives pour nous exprimer de manière authentique et en étant en contact avec notre interlocuteur[57]. Ce dernier peut être notre parent lui-même ou l'un de ses substituts. Il en existe toujours dans notre entourage.

La résolution d'un transfert ne se passe donc pas dans notre for intérieur. Elle se produit grâce au contact avec l'autre tout comme l'impasse a autrefois été créée au cours de la relation avec notre parent.

57. Voir le chapitre 1, «Un point de vue humaniste sur le transfert».

Les étapes de la résolution du transfert

PRENDRE CONSCIENCE DE L'EXISTENCE D'UN TRANSFERT

Nous avons déjà vu au premier chapitre quels indices signalent la présence du transfert. Le signe le plus évident est une réaction émotionnelle forte et disproportionnée par rapport à la situation.

Dans le chapitre sur l'homo-affectivité, nous avons vu que Thierry est très émotif par rapport à son professeur de physique. Lorsqu'il rêve qu'il est son fils et lorsqu'il se trouve en sa présence, il éprouve des émotions intenses : immense contentement, énervement, désir d'être remarqué. Il réagit fortement aux marques d'attention de ce professeur autant qu'à leur absence. Toutes ces émotions sont précieuses, car elles l'informent de ce qui se passe réellement pour lui dans cette relation. Il est donc capital qu'il les accueille et les ressente complètement.

IDENTIFIER LE BESOIN

Être en contact avec les émotions que nous éprouvons aujourd'hui, c'est-à-dire les ressentir complètement dans une situation qui s'apparente à celle du passé, déclenche des souvenirs et nous permet de voir plus clair dans nos relations antérieures. Dans sa relation avec son professeur de physique, Thierry a accès plus complètement, par contraste, au désert affectif qu'il a connu avec son père et au besoin qu'il a d'être rassuré sur lui-même. Il devient clair dans son for intérieur que ce qu'il désire c'est être reconnu comme étant une personne aimable et valable, ainsi qu'il l'a toujours attendu de son père.

EXPRIMER SES REPROCHES

La privation affective produit une frustration importante qui peut durer des années. Celle-ci provoque à son tour de la colère qui s'exprime habituellement sous forme de reproches. S'il osait, Thierry reprocherait à son père de ne jamais s'être intéressé à lui, à ses études et à ses activités sportives. Il lui dirait combien il lui en veut de sa présence rarissime à ses compétitions d'athlétisme, quand il allait au bout de lui-même pour gagner l'admiration de la foule (sans doute substitut de son père absent).

Les reproches sont inévitables lorsque place est faite aux frustrations. Il est très important de les accueillir dans notre expérience, à défaut de quoi il nous sera impossible de nous laisser aller, un jour, à dire ce dont nous avons besoin. La colère contenue dans les reproches est en effet incompatible avec l'attitude de vulnérabilité nécessaire à l'expression du besoin. Les récriminations doivent donc être « liquidées » pour laisser place au besoin dans toutes ses dimensions. La liste des reproches peut être longue si la frustration s'est accumulée pendant des années.

De nombreuses personnes ont des objections considérables à l'idée d'exprimer des reproches, sous prétexte que leurs parents ont fait de leur mieux (ce qui est indiscutable dans la plupart des cas). Ces personnes choisissent donc de ne pas reconnaître ce qu'elles ont vécu. Cette rationalisation ne parvient cependant pas à éliminer leur mécontentement. En fin de compte, elles demeurent bloquées et stagnent à cette étape de la résolution de leur transfert.

Il n'est pas nécessaire d'adresser nos reproches au parent lui-même. Mais il faut trouver le moyen de les exprimer. Il existe diverses façons de le faire. Les communiquer à la personne avec qui nous sommes en situation de transfert, en nous adressant à travers elle au parent concerné, en est une ; nos résistances sont en ce cas moins fortes, même si cette solution nous paraît risquée. Parler à notre parent en simulant sa présence en est une autre ;

dans ce cas, comme lorsque nous nous adressons à son substitut, il est nécessaire de laisser passer l'émotion de colère dans toute son intensité et d'exprimer toute la panoplie des reproches. En d'autres termes, il faut « vider son sac ».

Jusqu'ici, il n'est pas tellement question de plaisir, mais de soulagement et de la satisfaction de nous occuper d'un sujet capital de notre vie. Le plaisir viendra avec les tentatives pour assouvir le besoin.

DISTINGUER LA DEMANDE DU BESOIN

Je le répète, le travail de résolution du transfert suscite beaucoup de résistance. L'étape principale consiste à accepter de nous montrer vulnérable, c'est-à-dire en manque en ce qui concerne le besoin que nous qualifions habituellement d'infantile. Nous devons prendre le risque de changer notre image aux yeux des personnes dont nous désirons la reconnaissance. De l'adulte accompli « au-dessus de ses affaires », nous devenons l'adulte « ayant un besoin affectif essentiel ». La plupart d'entre nous voient là une humiliation à laquelle il leur est très difficile de consentir. Toutes les stratégies leur deviennent alors bonnes pour l'éviter, y compris la mise à mal d'une relation amoureuse pourtant prometteuse. Nos résistances sont actives, voire envahissantes, mais notre tendance actualisante ne renonce pas pour autant : nous tentons sans cesse, même sans le vouloir consciemment, de résoudre nos échecs d'autrefois. Nous ne renonçons pas pour autant à satisfaire notre besoin, mais nous le déformons dans l'espoir de trouver une solution moins exigeante. Nous le traduisons en demande de réassurance, par exemple.

Dans le cadre de la quête du droit à l'existence, nous réclamons des marques d'affection : « Embrasse-moi », « Dis-moi que tu m'aimes », « Montre-moi que tu me désires ». Nous attendons des gestes démontrant notre importance : qu'il m'offre des fleurs, qu'elle fasse des compromis, qu'il se sacrifie pour moi… Ces demandes sont souvent teintées de reproches: « Il y a longtemps que nous n'avons pas fait l'amour », « Tu es distant », « Tu ne penses qu'à toi », « Tu sais que j'aime les compliments et tu ne m'en fais jamais ». De toute évidence, la demande est moins compromettante que l'expression directe du besoin sous-jacent, mais elle l'est davantage que le reproche. Accuser l'autre permet en effet de concentrer l'attention sur l'extérieur. Cela est plus sécurisant que de s'exposer, même si des querelles s'ensuivent souvent. Cette tactique est pourtant complètement stérile du point de vue de la résolution du transfert.

S'ADRESSER AU BON INTERLOCUTEUR

Avec l'expression du besoin, nous approchons du point crucial de la résolution du transfert, mais cela ne suffira pas à produire le retournement complet que constitue la résolution. C'est la combinaison de l'expression et de la prise en charge du besoin qui produira le changement. Voyons en quoi consiste ce besoin.

Le besoin affectif

Nous avons l'habitude d'exprimer nos besoins dans des termes qui traduisent davantage la source de satisfaction que le besoin. Nous parlons par exemple de besoin d'attention, nous demandons des fleurs, nous recherchons les compliments ou l'affection, mais ce ne sont là que des moyens par lesquels nous croyons que notre besoin de reconnaissance peut être comblé, et non le besoin lui-même. Ainsi, si je reçois de l'attention de la part d'une personne dont j'en attends, ma valeur à mes propres yeux s'en trouve rehaussée ; si celui dont je veux être aimé m'offre un présent, j'en conclus que j'ai une certaine importance pour lui. Je puis identifier mon besoin par la satisfaction qu'un geste donné me procure, mais mon besoin n'est pas ce geste lui-même. Dans les exemples cités, mon besoin est d'être rassuré sur le fait que je suis quelqu'un de valable et d'aimable. Cette distinction est d'une grande importance. Il est capital de la comprendre et il vaut la peine de s'exercer à la faire pour parvenir à une expression de soi la plus complète possible. De même, comme le besoin affectif diffère selon le genre de transfert en cause, il importe de distinguer ces transferts pour orienter adéquatement l'expression de soi qui mène à la résolution. Dans la recherche du droit à l'existence, il s'agit toujours d'être reconnu en tant qu'individu valable, aimable et méritant qu'on s'intéresse à lui. Dans le cas de la recherche d'une identité distincte, il est toujours question de la liberté d'être soi-même sans perdre le contact avec l'autre. Pour ce qui est de la recherche de l'identité sexuelle, l'expression de soi prend diverses formes selon l'étape où nous en sommes. Dans un premier temps, nous avons besoin de nous sentir apprécié comme être sexué. Dans un deuxième temps, nous éprouvons le besoin d'être légitimé dans notre désir sexuel, notre excitation, notre plaisir et, plus généralement, dans ce que nous exprimons en tant qu'homme ou femme qui prend les devants. Enfin, nous recherchons une manière propre de vivre notre sexualité, ainsi que des partenaires qui nous conviennent. Au cours de cette exploration excitante mais difficile, nous souhaitons trouver le soutien de notre interlocuteur transférentiel, car nous en avons besoin.

L'interlocuteur réel

Exprimer notre besoin devant quelqu'un à qui nous attribuons le pouvoir de reconnaître notre valeur est en soi un moyen puissant de mieux l'assumer et de reprendre nos droits sur ce besoin. Mais, comme c'est dans la relation à notre parent que nous avions négligé ce besoin, nous ne reprendrons vraiment possession de lui que si nous l'exprimons à ce parent par le biais de notre interlocuteur actuel. Nous verrons plus loin, avec un exemple, comment y parvenir. Bien entendu, il est également possible de s'adresser au parent en personne.

PRENDRE LE BESOIN EN CHARGE

C'est lorsque nous devenons actif dans la recherche de la satisfaction de notre besoin transférentiel que se produit le changement en profondeur qui caractérise la résolution du transfert. Jusqu'à ce moment-là, en effet, nous avons en quelque sorte été la victime de l'action ou de l'inaction d'un parent et de ses sentiments à notre égard, et nous sommes demeuré relativement passif quant à notre satisfaction. Nous avons tenu notre parent, ou ses substituts, responsable de nous procurer la nourriture affective dont nous avions besoin. Nous devons à présent prendre non seulement la responsabilité d'exprimer ce besoin, mais aussi l'initiative d'y répondre ; en d'autres termes, faire les pas nécessaires pour obtenir la satisfaction que nous désirons et prendre les risques afférents.

Comment faire ?

Revenons à Thierry, qui nous a servi d'exemple dans le chapitre précédent consacré à l'homo-affectivité, et voyons concrètement comment il peut travailler activement à la résolution de son transfert dans les relations qu'il a avec les personnes importantes de sa vie actuelle.

Thierry remarque que sa relation avec son chef d'équipe au travail a une saveur familière : ce sont encore la même admiration et la même dépendance qu'il éprouvait vis-à-vis de ses professeurs... Mais cette fois, dès les premières manifestations de ce qu'il ressent, Thierry choisit de l'exprimer. Prenant son courage à deux mains, il avoue à son supérieur l'admiration qu'il lui voue. Il ajoute qu'il se sent valorisé chaque fois que celui-ci lui porte attention ou s'intéresse à ce qu'il fait. Il lui déclare aussi qu'il aimerait avoir un père qui lui ressemble. De plus, Thierry s'exprime en établissant un contact réel avec son interlocuteur : il regarde son chef pendant qu'il parle et s'efforce de rester attentif à ce qu'il éprouve. Ému par leur échange, il ne s'en cache pas. Au fur et à mesure qu'il éprouve des émotions quant à la manière dont son supérieur l'écoute, il se laisse aller à les ressentir et à les exprimer. Il demeure donc vivant pendant toute l'interaction. Désormais, chaque fois que Thierry éprouvera des émotions en rapport avec son besoin d'être considéré comme un être valable et aimable, il en fera part à son supérieur. Par exemple, s'il se trouve ignoré et en est blessé, il le dira. Comme il revit en ces occasions ce qu'il a vécu avec son père (notamment l'indifférence qu'il percevait chez celui-ci), les émotions de Thierry sont souvent intenses et paraissent disproportionnées. Il tient habilement compte de cet élément en précisant à son supérieur que telle remarque lui a fait particulièrement mal parce qu'elle réveille en lui une souffrance qu'il a vécue à répétition avec son père. En s'exprimant ainsi, Thierry agit tout autrement qu'avec son père. Il prend le risque de faire état de sa blessure et de montrer ce dont il a besoin, même si ces aveux le placent dans une position vulnérable. C'est grâce à cette différence d'attitude que la résolution de son transfert s'amorce bien et promet de déboucher sur un succès.

Chaque fois que Thierry fait une tentative de ce genre, et s'il a l'impression d'avoir encore des choses à exprimer concernant uniquement son père, il revient sur le sujet dans son journal personnel : il écrit un mot à propos de ce qu'il ressent en faisant comme s'il s'adressait à son père ; cette fois-ci, il lui parle de cette vieille blessure qui hante ses relations avec les hommes à qui il accorde le plus d'importance ; il lui dit ce qu'il ressent face à son indifférence passée et présente. Il ose utiliser les mots qui traduisent exactement l'intensité de ses sentiments. Ensuite, il imagine que son père est présent dans la pièce et il lui lit à haute voix ce qu'il vient de rédiger. À nouveau, il s'efforce de demeurer disponible aux émotions qui surgissent en lui et les exprime. Parfois, lorsqu'il est particulièrement frustré, il lui arrive d'être envahi par une mer de reproches, tous ceux qu'il n'a jamais osé faire de vive voix à son père. S'il n'est pas capable de les lui adresser en personne, il prend soin de les écrire dans son journal. Autant qu'il le peut, il tente d'exprimer ses récriminations et ce qu'il ressent à leur sujet. Une fois son expérience bien cernée et mise en mots, il fait à nouveau comme si son père était devant lui et lui adresse ses reproches à haute voix pour mieux ressentir ses réactions[58]. Thierry pourrait, s'il se sentait prêt à le faire malgré ses peurs, s'adresser directement à son père. C'est ce qu'il pourrait décider de faire s'il s'avérait que simuler la présence de ce dernier ne lui permet pas de se mettre réellement à jour avec lui-même. Thierry profite donc de toutes les occasions pour se mettre à l'écoute de ce qu'il ressent et s'exprimer devant les personnes qui comptent pour lui. Lorsqu'il attend d'elles d'être reconnu comme quelqu'un de valable et d'aimable, il prend souvent le risque de le leur dire en leur expliquant la valeur qu'il accorde à leur opinion, car il s'agit habituellement de personnes qu'il admire ou qu'il trouve chaleureuses. Son chef d'équipe en fait évidemment partie, tout comme son professeur de piano. Et lorsque l'une ou l'autre de ces personnes lui confirme qu'il a de la valeur pour elle, il lui dit sa joie. À son professeur de piano, il avoue aussi toute l'importance que revêtent pour lui son attention et son affection. Lorsque l'affection de ce professeur se manifeste sur le plan sexuel, Thierry ne consent à cet échange que s'il le désire

58. L'aide-mémoire « L'expression réussie », proposé en annexe, traite de ce sujet.

aussi. Lorsqu'il se sent comblé affectivement, il le dit à son professeur ainsi que l'importance que cela revêt pour lui. S'il n'a pas envie de rapports sexuels mais simplement de tendresse, il le dit. Le cas échéant, il avoue à son professeur qu'il a peur de le perdre s'il refuse de répondre à ses avances sexuelles. Dans tous les cas, Thierry assume son besoin. C'est aussi ce qu'il fait lorsqu'il prend l'initiative d'agir s'il éprouve lui-même un désir. Il fait alors les premiers pas pour obtenir l'accolade qu'il désire ou la rendre plus chaleureuse. Il demande au professeur de le prendre dans ses bras si c'est ce qu'il souhaite ou il lui manifeste son désir d'une étreinte s'il préfère cela.

Dans toute situation, il s'efforce de demeurer en contact avec lui-même et expressif. De cette façon, il parvient à combler petit à petit le grand manque que lui a laissé sa relation avec son père. Ce qu'il vit maintenant ne change rien à ce qu'il a vécu autrefois avec ce dernier. Ce qui s'atténue, avec le temps, c'est l'importance du manque qu'il éprouve au présent. Mais le changement le plus important vient de ce qu'il est de plus en plus capable de prendre en charge la satisfaction de son besoin. Il est possible qu'un jour Thierry éprouve le besoin de s'adresser directement à son père. Dans ce cas, il tentera aussi de lui parler de ses véritables préoccupations en instaurant un vrai contact entre eux.

Conclusion

C'est en faisant une démarche de ce genre que nous pouvons trouver un nouvel équilibre, même si nous avons eu une enfance et une adolescence carencées du point de vue affectif. Mais pour mener à bien une telle démarche, nous devons profiter de chaque occasion qui s'offre à nous de vivre autrement les expériences qui sont en rapport avec ce besoin. Il s'agit essentiellement de faire ce que nous ne faisions pas par le passé, soit : nous permettre de ressentir nos émotions, reconnaître ce dont nous avons besoin, l'exprimer complètement et poser les gestes nécessaires pour combler ce besoin. Ces trois formes d'action sont les outils principaux qui permettent de dépasser la situation de manque. Voici, en terminant, une image qui pourrait traduire la réalité du transfert :

> *Je vis intérieurement sur un champ de mines émotionnelles. Ces explosifs sont les émotions importantes liées aux besoins fondamentaux que j'ai laissés en souffrance. Au cours de mon enfance et de mon adolescence, j'ai enfoui certaines émotions et les ai en quelque sorte oubliées. Depuis lors, des événements les font sporadiquement éclater. Chacun se présente comme une nouvelle opportunité que m'offre la vie de déterrer l'émotion enfouie et de vivre l'expérience complètement. Chaque fois que je le fais, j'ai l'impression de déterrer une mine. Je me dis que, lorsque l'ensemble du champ sera nettoyé, mon transfert sera réglé. Alors, le type d'événement qui autrefois me bouleversait ne suscitera plus de réaction excessive de ma part. Mes anciens manques auront fait place à des satisfactions que je serai capable de me donner.*

Questions-réponses

L'APPARITION DU TRANSFERT, UNE INVITATION À LE RÉSOUDRE

Question : D'après ce que je comprends, vous estimez que le transfert est présent dans la plupart des relations importantes, les relations amoureuses en particulier. J'aimerais savoir comment il apparaît dans la relation. Survient-il au début ou après un certain temps ? Et comment peut-on s'y prendre pour le résoudre ? **Réponse :** Le transfert s'installe très rapidement dans une relation. Lorsqu'il a une coloration positive, on ne s'en soucie généralement pas. Mais si l'on s'inquiète de la dégradation de la relation ou de l'insatisfaction qu'elle génère, c'est dans le transfert que l'on trouve souvent les explications. Le transfert apparaît alors comme une invitation à le résoudre. Je vais illustrer ce fait par l'exemple de Jules et de Josiane, avant la prise de conscience de son transfert par celle-ci.

L'installation de l'insatisfaction

Au début de sa relation avec Jules, Josiane était stimulée par la présence de ce dernier. Il lui apportait amour et réconfort. C'est par sa présence forte et solide et son amour quasi inconditionnel qu'il avait fait fondre Josiane l'indépendante, la femme forte, et même dure, car au fil du temps elle s'était forgé une carapace à même de protéger son cœur tendre. Cette carapace lui était nécessaire pour se tenir à distance des rejets répétés qu'un père intempestif et imprévisible, et pour qui elle ne s'était jamais sentie importante, lui faisait subir. Et voilà qu'un homme réussissait à l'attendrir en lui offrant sur un plateau ce qu'elle avait recherché toute sa vie ! Josiane avait trouvé en Jules le compagnon idéal. Il lui apportait en effet ce que son père lui avait toujours refusé : un amour qui la faisait se sentir quelqu'un de valable et d'aimable. À cette époque, Josiane est subjuguée par l'acceptation inconditionnelle de son amoureux. Il aime tout ce qui vient d'elle, il est toujours disponible pour l'écouter, s'intéresse à elle et ne la critique jamais. Elle est comblée par cet homme qui va toujours au-devant de ses besoins, car il devine ses désirs les plus imperceptibles. Tout le contraire de son père, quoi ! Avec lui, elle a l'impression d'être la personne le plus importante au monde. Elle se surprend à être aimante comme elle ne l'a jamais été avec un homme.

Josiane ne se doute pas que Jules s'oublie parfois pour être son prince charmant, car il cherche à gagner une place « particulière » dans son cœur. Il est d'ailleurs peu sensible au fait qu'il néglige ses propres besoins, tant satisfaire sa bien-aimée constitue maintenant le point central de son existence. Qu'importent quelques compromis en échange d'une récompense aussi précieuse que se sentir nourrissant et capable de combler celle qu'il aime ? Notons que l'attitude de Jules ne s'apparente pas nécessairement à la tactique délibérée d'un amoureux. Elle évoque plutôt une façon d'être semi-consciente relevant du scénario transférentiel particulier de Jules, car ce dernier aussi est en situation de transfert. Il est fort probable que ce soit son habitude de rechercher l'acceptation et l'amour en étant gentil et en acceptant à peu près tout, quel que soit le prix à payer.

Durant cette lune de miel, la satisfaction du besoin transférentiel de Josiane se fait donc « naturellement », et elle croit d'ailleurs sincèrement que c'est ainsi que les choses doivent se passer. Tout comme un enfant espère recevoir l'amour et la considération de ses parents en faisant de son mieux pour répondre à ce qu'il croit être leurs besoins, l'adulte qui recherche encore cet amour dans son transfert (ou directement auprès de son parent) croit qu'il le méritera s'il s'efforce d'être à la hauteur des attentes de l'autre. Ainsi, Josiane, enfant, a-t-elle toujours cherché à épater son père, un intellectuel fort exigeant. Elle a excellé non seulement dans ses études, mais aussi dans tout ce qu'elle a touché. En plus, elle s'est toujours comportée de façon responsable, au point de ne jamais rien demander. C'est d'ailleurs à la fois par sa force, par son indépendance et par sa capacité de briller dans divers domaines que Jules avoue avoir été séduit. Cette déclaration qu'il lui a faite dans les tout premiers temps de leur relation n'est pas tombée dans l'oreille d'une sourde. Sans en être totalement consciente, Josiane s'est imaginée qu'elle devait se montrer « à la hauteur » pour mériter l'amour de Jules. Comme il s'agissait presque chez elle d'une seconde nature, elle ne s'est jamais étonnée des prouesses qu'elle se forçait à exécuter en sa présence. Mais les prouesses ne suffisent pas à faire durer la lune de miel indéfiniment. La « magie » du grand amour s'estompe graduellement, emportant dans son ombre le beau prince[59].

La reprise de la frustration

La frustration s'installe donc peu à peu et, en réaction, Josiane reprend les façons d'agir qui lui étaient bien familières : celles qu'elle a développées au contact de son père pour exprimer son manque sans laisser voir le besoin sous-jacent.

Devant ce qu'elle considère comme un éloignement de Jules, Josiane se refroidit graduellement. Elle est déçue des changements qu'elle constate chez son mari. Elle a tenté de lui en parler, mais, au lieu d'exprimer ce dont elle a besoin, elle l'a transformé en critiques : « Tu n'es plus le même ! », « Qu'est-ce qui t'arrive, je ne te reconnais plus ? », voire en revendications : « J'en fais tellement, il me semble que j'ai droit à quelques égards… », « On dirait que tu ne me vois plus. Tu n'en as que pour ton travail et les enfants ! ». Mais sa tactique préférée demeure la bouderie et les attaques insidieuses. Elle sait qu'elle peut ainsi blesser Jules. C'est sa méthode privilégiée pour le punir de ne pas répondre à son besoin. Elle utilise ici la même façon de faire qui lui a tant servi avec son père à l'adolescence. Elle se montrait indépendante et hautaine et ne ratait aucune occasion de souligner les erreurs qu'il pouvait commettre. Elle savait comment l'atteindre dans son perfectionnisme. Josiane reprend donc son armure défensive si familière et avec laquelle elle se sent relativement à l'aise. Et de derrière sa carapace, elle observe la dégradation de sa relation…

59. Jean GARNEAU, « Les mythes amoureux… », *La lettre du Psy.*

Les comportements stéréotypés

On appelle *comportement stéréotypé* une manière d'agir répétitive qui demeure identique d'une fois à l'autre. Par définition, cette façon d'agir ne tient compte ni du vécu immédiat ni de la situation particulière dans laquelle elle survient. C'est un agir qui ne s'articule pas à ce qui est réellement vécu sur le moment. Ces façons de se comporter ne sont pas toujours la conséquence de frustrations. En effet, Josiane avait déjà recours à des comportements stéréotypés au début de la relation. Pendant la période plus heureuse, elle recourait à ses façons de faire habituelles pour obtenir de l'attention, de l'approbation et de l'amour. C'est cette répétition compulsive qui l'a toujours amenée à se montrer plus que responsable et à toujours lutter pour offrir une performance maximale.

On peut facilement remarquer l'absence de contact parallèle aux comportements stéréotypés : lorsqu'elle s'efforce de donner une performance de haut niveau, Josiane n'est pas consciente (du moins pas toujours) de son désir de plaire et de sa quête d'amour. Et même lorsqu'elle en est un tant soit peu consciente, elle ne l'exprime jamais à la personne concernée. Elle s'abstenait bien, par exemple, de dire à son père les efforts surhumains qu'elle faisait pour gagner son affection. Aujourd'hui, elle agit de la même façon avec Jules : elle ne lui dit pas que si elle fait des pieds et des mains c'est pour l'épater afin de gagner son amour. Les personnes relativement coupées de leur vie émotive n'ont parfois plus aucune idée des enjeux que recouvrent leurs comportements stéréotypés.

Les comportements stéréotypés qui apparaissent pendant cette phase peuvent être qualifiés de « négatifs » du fait de leur ton et de leurs résultats. Ce sont ceux que nous adoptons en réaction au refus du parent. Ils visent surtout à punir celui-ci en l'agressant d'une manière ou d'une autre ou en nous agressant nous-même. Josiane, par exemple, a choisi de se durcir, de s'éloigner, de jouer à l'indépendante dans l'espoir que son père en souffre. Plus tard, elle a découvert un moyen encore plus puissant : attaquer son père dans ses vulnérabilités. Ce sont les mêmes façons d'agir qu'elle adopte avec Jules lorsque la frustration remplace le nirvana des premiers temps de la relation. Ces comportements la soulagent un peu, mais ils lui évitent surtout de prendre le risque d'être authentique. Si elle avait pris ce risque, Josiane aurait probablement exprimé à son père quelque chose comme ceci : « Papa, je souffre terriblement de ton indifférence. Je vais jusqu'au bout de moi-même pour exceller afin de mériter ton amour, mais je n'ai jamais l'impression d'y parvenir. Je suis immensément triste. Parfois, cela m'enrage en plus, surtout lorsque je vois combien il est facile pour mon frère d'avoir une place dans ton univers ! » Ce que Josiane n'a jamais osé exprimer à son père, elle ne le dit pas plus à son mari, du moins tant qu'elle ne décide pas de s'engager dans la résolution de son transfert. Au lieu de s'efforcer de s'exprimer d'une manière authentique, elle reprend les comportements stéréotypés qu'elle avait adoptés en réaction au rejet paternel.

En l'observant un peu, nous pouvons remarquer que Josiane adopte ces comportements stéréotypés non seulement avec son mari, mais avec toutes les personnes avec qui elle se retrouve en situation de transfert.

La résistance au changement

Josiane n'aime pas reconnaître que l'amour de Jules lui manque. Même si elle est consciente des moyens détournés qu'elle emploie pour gagner cet amour, elle rejette avec vigueur toute invitation à dire son besoin. À cet égard, elle agit comme toute personne qui se trouve en situation de transfert et n'a pas décidé de le résoudre (ou qui ne sait comment s'y prendre).

Pour Josiane, ce serait s'humilier que de faire part de son besoin d'être aimée ; ce serait « demander la charité » ou « quêter l'amour», et la réponse de l'autre, si réponse il y avait, serait dans ces conditions absolument sans valeur. Pour Josiane, c'est dans le fait que l'autre devance spontanément son besoin que réside la valeur de l'amour. C'est l'impasse typique du transfert tant que la personne n'a pas choisi de travailler à le résoudre. Il faut rétablir un équilibre viable, mais comment ?

Josiane tente d'y parvenir en raisonnant : « Mon besoin est infantile, se dit-elle. Personne ne pourrait réussir à le combler ! » Elle cherche aussi des explications : « Jules a changé. Je crois qu'il ne m'aime plus. » Elle cherche enfin des solutions pour ne plus souffrir : « Je ne l'aime plus. Il vaut mieux nous séparer. » Plus clairement, elle pourrait dire : « Mon besoin d'être aimée est en souffrance avec lui ; comme je ne vois pas de solution, il vaut mieux nous séparer. » Josiane pourrait facilement repartir ainsi, son besoin inassouvi, et se mettre en quête d'un nouvel amour qui lui prouverait enfin qu'elle est une personne valable et aimable. Elle reviendrait alors aux mêmes comportements stéréotypés. Jusqu'au jour où, épuisée et désenchantée, elle arriverait à la conclusion qu'elle n'y peut rien et qu'il vaudrait mieux faire le deuil de ce dont elle a besoin.

En réalité, il y a bien quelque chose à entreprendre, il existe une solution efficace qui n'exige pas qu'elle renonce à la satisfaction de son besoin. Mais il faudrait pour cela qu'elle change, notamment qu'elle renonce à sa façon habituelle de chercher satisfaction et choisisse plutôt d'être expressive de son expérience[60].

60. C'est de cette question que traite le chapitre 4, « La conquête de la liberté d'être soi ».

ENCORE UNE CHANCE?

Question: Voilà quelques mois j'ai rompu une relation qui me faisait beaucoup souffrir; mon partenaire était jaloux, possessif, dépendant sur le plan affectif, contrôlant, dénigrant, méprisant, etc. Je sais que j'ai fait le bon choix même si je l'aimais encore. Je voudrais retrouver la paix, mais je pense à lui sans cesse. On dirait que je ne veux pas le laisser partir de mes souvenirs. Je le retiens... L'idée de ne plus jamais le voir me fait beaucoup de peine... Je voudrais une deuxième chance, même si je sais très bien que ça ne fonctionnerait pas. Comment faire pour aller de l'avant plutôt que de regarder sans cesse en arrière?

Réponse: C'est parfois ainsi, la séparation physique permet de constater que la séparation émotionnelle n'est pas encore faite. C'est souvent le cas lorsque nous renonçons à une relation dans laquelle nous sommes resté très longtemps alors qu'elle était devenue réellement insatisfaisante. Lorsque nous demeurons longtemps dans une relation malsaine, c'est souvent parce que nous ignorons la nature exacte des satisfactions que nous y recherchons. Nous nous acharnons de manière compulsive, incapable de choisir des façons efficaces d'obtenir satisfaction parce que nous ne voyons pas clair dans nos motivations réelles. Explorons ce sujet en revenant à la question posée: que signifie exactement «même si je l'aimais encore»? De quelle sorte d'amour s'agit-il lorsque ce sentiment concerne un conjoint que l'on considère comme «jaloux, possessif, dépendant sur le plan affectif, contrôlant, dénigrant, méprisant, etc.»? J'ai déjà distingué plusieurs expériences psychiques que l'on range sous le nom d'«amour»[61]. Certaines ne correspondent pas à la définition habituelle de l'amour que je proposais: «Un mouvement affectif spontané vers un être qui nous procure une satisfaction» ou nous

61. Michelle LARIVEY, *La puissance des émotions*.

offre l'espoir de l'obtenir. Dans l'exemple qui nous intéresse ici, la satisfaction et même la promesse d'un bonheur à venir sont absentes. On y trouve encore moins l'estime qui caractérise les amours fortes et profondes. La question est donc pertinente : de quelle sorte d'amour s'agit-il ? Si nous pouvions cerner plus soigneusement ce que la personne veut dire quand elle écrit « je l'aimais encore », nous serions mieux informé sur ses besoins, ses satisfactions, ses manques et ses frustrations.

Le sentiment de tristesse est un bon indicateur des besoins et des manques qui sont en cause. La personne qui écrit « l'idée de ne plus jamais le voir me fait beaucoup de peine » pourrait avoir avantage à examiner sa douleur afin d'identifier quel manque elle éprouve ou prévoit éprouver en se privant du contact avec cette personne. Elle pourrait se demander, par exemple, ce qu'elle perd à ne plus voir cette personne. La réponse n'est pas simple, car la relation décrite est lourde de frustrations. Mais la tristesse dans ce contexte particulier indique qu'il y a eu perte de satisfaction (au moins sous forme d'espoir ou de potentiel). En reconnaissant clairement le potentiel de satisfaction auquel nous renonçons, nous sommes moins à la merci de nos élans intempestifs. De même, le fait que cette personne ait eu l'idée de faire une nouvelle tentative alors qu'elle était sûre que « ça ne fonctionnerait pas » signale qu'elle imagine toujours pouvoir combler un besoin par la relation. Si elle se demandait à quoi servirait cette nouvelle tentative, qu'elle imagine pourtant vouée à l'échec, elle découvrirait des besoins plus cachés que la relation frustrante lui permettait sans doute de satisfaire, au moins partiellement.

Le but de ces questions est d'identifier plus clairement ce que nous recherchons, à quoi sert la relation, ce que représente le partenaire. Tant que nous ne savons pas « après quoi nous courons », il ne faut pas nous étonner de ne pas l'atteindre. Mais dès que nous savons clairement ce que nous recherchons, il devient plus facile de choisir les moyens appropriés pour l'obtenir. Il ne faut toutefois pas s'étonner que les vraies réponses soient difficiles à trouver. Des enjeux dont nous n'avons pas conscience sont souvent à l'œuvre malgré nous. Si notre recherche nous permet de découvrir des motifs transférentiels, c'est en général que nous sommes sur la bonne voie. Il nous restera alors à entreprendre la résolution du transfert. C'est ce qui nous permettra ensuite de sortir de nos ornières pour nous mettre efficacement à la recherche de la satisfaction et… d'un amour fondé sur la satisfaction et l'épanouissement mutuel.

CHAPITRE 10

« Je ne suis pas ton père ! »

Introduction

Le transfert occupe une place importante dans plusieurs genres de relations : parent/enfant, professeur/élève, professionnel/client, patron/employé, et même dans certaines relations entre pairs. Mais c'est dans la relation de couple et dans la relation psychothérapeutique qu'il exerce l'influence la plus déterminante. Ce chapitre ne concerne pas le transfert qui se déroule en psychothérapie, car chaque approche le traite différemment[62]. Il n'est question ici que du transfert qui se développe dans une relation intime (amour ou amitié) entre adultes. Les suggestions que je fais s'appliquent mal aux autres relations qui ne comportent généralement pas l'intimité nécessaire. Je dois toutefois ajouter que les personnes qui comprennent ce phénomène psychologique et ont l'habitude d'être fidèles à elles-mêmes choisissent parfois instinctivement d'agir d'une manière qui ressemble à celle que je propose. J'examinerai le rôle de l'interlocuteur[63] dans une relation intime en tentant de répondre aux deux questions suivantes :

62. « La résolution du transfert », *L'auto-développement,* et chapitre 1, « Un point de vue humaniste sur le transfert » (Jean Garneau et Michelle Larivey).
63. Pour alléger le texte du présent chapitre, j'appellerai « protagoniste » la personne qui se trouve en situation de transfert et « interlocuteur » celle qui fait l'objet de ce transfert.

— Quelle sorte de coopération l'interlocuteur peut-il offrir ?

— En quoi celle-ci est-elle importante pour que le transfert du protagoniste ne soit pas neutralisé ?

Ces questions sont cruciales pour chacun des deux partenaires ; cruciales parce que la manière de réagir aux réactions transférentielles du protagoniste exerce une influence déterminante sur la démarche de résolution ; cruciales aussi parce que les relations intimes où les transferts sont ignorés ou neutralisés se soldent parfois par une rupture de la relation ou par un éloignement émotionnel qui équivaut à une séparation.

Comment résoudre un transfert ?

Je ne fais ici qu'un bref rappel des concepts essentiels concernant la résolution du transfert. Les détails ont été donnés dans les autres chapitres. La résolution d'un transfert consiste essentiellement à assumer le besoin affectif qui était jusque-là ignoré ou dissimulé par des comportements compulsifs stéréotypés. Pour assumer ce besoin, il faut essentiellement :

— en reconnaître l'existence ;

— l'accepter ;

— oser l'exprimer ;

— et prendre les risques nécessaires pour le combler.

La résolution d'un transfert est une *démarche progressive* qu'il est possible de mener à terme par un travail assidu et une succession de tentatives. Elle suppose un contact direct avec l'interlocuteur transférentiel privilégié, mais peut aussi englober plusieurs autres interlocuteurs concernés par le même transfert.

Les conditions utiles à l'interlocuteur

Il nous arrive tous d'être impliqués comme interlocuteurs dans les transferts des autres. Lorsque nous développons une relation intime avec une autre personne, nous pouvons prévoir que nous serons ainsi concerné, tôt ou tard, du fait de l'importance que cette personne nous accorde. Mais le savoir est très insuffisant pour bien vivre ces expériences.

ÊTRE INFORMÉ DE LA NATURE DU TRANSFERT

Le développement du transfert provoque des réactions excessives, l'apparition de sujets « tabous » dans la relation, des comportements répétitifs menant généralement à une impasse, des réactions émotionnelles intenses sur un sujet donné (souvent le même). Il est important que tous ces excès prennent un sens pour l'interlocuteur. C'est pourquoi le protagoniste se rend un important service à lui-même et à l'autre en s'expliquant sur ce point. Pour être efficace, son explication doit d'abord révéler qu'il est aux prises avec des expériences de son passé, des difficultés qui ne sont pas réglées. Ensuite, elle doit préciser à l'interlocuteur qui il représente aux yeux du protagoniste. Enfin, ce dernier doit expliciter la démarche qu'il a entreprise et le rôle qu'y joue son interlocuteur. La plupart du temps, une telle explication permet de dédramatiser la situation. Entre autres parce que les réactions excessives dont l'interlocuteur croyait être la véritable cible prennent leur sens réel. Il se sent dégagé, voire soulagé, même dans les cas où il soupçonnait déjà qu'il évoquait un père ou une mère avec qui la relation était chargée d'un lourd contentieux. La révélation du protagoniste confirme son intuition et lui permet de se sentir moins personnellement impliqué dans le conflit.

ÊTRE INFORMÉ DE SON RÔLE POTENTIEL

La révélation de la présence et de l'importance du transfert n'apporte qu'un soulagement partiel. Il faut encore trouver une façon adéquate d'agir dans ce contexte troublant. Comme le protagoniste veut obtenir satisfaction, il exerce une forte pression sur son interlocuteur. Il peut grandement contribuer à l'efficacité de sa démarche en informant son interlocuteur des façons d'agir qui sont les plus favorables à la réussite de ce qu'il a entrepris.

Se respecter totalement et en tout temps

Contrairement à ce que l'on pourrait penser *a priori,* l'interlocuteur n'a pas de rôle précis à jouer. L'essentiel est qu'il se respecte en tout temps. Mais la plupart des gens trouvent difficile de se respecter lorsqu'ils sont sollicités ardemment et à répétition, comme on peut l'être par une personne en situation de transfert. Ce respect de soi est cependant la seule façon de faire si l'on ne veut pas déposséder le protagoniste de sa démarche et de la liberté qu'il pourrait y gagner.

Être totalement fidèle à soi, c'est agir à partir de son propre centre, à partir de ce que l'on perçoit et ressent réellement. Il peut arriver que l'autre conteste notre position ; en ce cas, nous pouvons y réfléchir, mais il serait nocif de l'abandonner quand, après examen, elle demeure valable à nos yeux. Agir en fonction de ce que nous ressentons, c'est nous fier à ce que nous éprouvons plutôt que nous plier à ce que souhaite l'autre, en l'occurrence le protagoniste, céder à la manipulation ou encore nous conformer par compassion ou pour avoir la paix. J'insiste sur ce point : l'interlocuteur n'est pas au service du protagoniste. En aucun cas il ne doit se mettre à sa disposition dans le but de lui faciliter les choses. S'il veut lui offrir quelque chose, il faut que ce soit parce que cela lui plaît à lui, parce que cela a un sens pour lui, et non pour aider.

Je l'embrasse lorsque j'ai envie de le faire et non lorsqu'il me le demande. Si j'en ai envie lorsqu'il me le demande, je demeure fidèle à moi-même en répondant. Si je le fais pour lui éviter de subir mon refus ou ma passivité et de se sentir rejeté, alors je suis en train de me mettre à son service et, de ce fait, de nuire à sa démarche.

Il faut toutefois reconnaître qu'il est parfois bien naturel d'avoir envie de répondre au besoin du protagoniste lorsque ce dernier est réellement en contact avec ce qu'il vit. Quand son expression est vraie, quand il a osé se rendre vulnérable, l'interlocuteur est facilement touché, ému et même parfois très remué. Dans ce cas, l'ouverture du protagoniste suscite naturellement celle de l'interlocuteur et le contact s'avère nourrissant pour les deux. Mais si l'approche du protagoniste ne touche pas l'interlocuteur, celui-ci doit éviter de se renier, même un tant soit peu, car cette concession aurait des conséquences négatives pour les deux. Premièrement, comme il est facile de reconnaître le manque de saveur du contact forcé, le protagoniste se retrouvera alors nécessairement insatisfait, peut-être même en colère. Deuxièmement, parce qu'en se reniant pour répondre au besoin de l'autre, l'interlocuteur laisse entendre que toute demande exige nécessairement une réponse. Or, la vie nous enseigne au contraire qu'elle peut souvent frustrer, même lorsque nous croyons mériter mieux… S'entendre dire par le protagoniste que la meilleure manière de collaborer à la résolution de son transfert est de demeurer rigoureusement fidèle à lui-même peut aider l'interlocuteur à rester fermement sur ses positions. Cela ne le met pourtant pas à l'abri d'éventuelles pressions. Malgré ces pressions, l'interlocuteur ne doit s'attendre à aucun soutien de la part du protagoniste une fois qu'ils seront tous deux « dans le feu de l'action ». Au contraire, ce dernier aura souvent recours à ses astuces préférées pour obtenir de lui, l'interlocuteur, qu'il minimise ses risques. L'interlocuteur aura alors avantage à dénoncer ces ruses, dont voici un exemple :

- *Je sais que lorsque tu te mets au lit avant moi tu t'attends à ce que je te rejoigne, mais jamais tu ne me le dis. Par contre, ta froideur irradie dans la chambre lorsque je n'obtempère pas à ta demande silencieuse. Le lendemain, elle s'étend à toute la maison et je dois subir ton hostilité. Il t'arrive même de bouder durant plusieurs jours. Je ne suis pas idiot ! Je sais bien que tu me punis de n'avoir pas répondu à ton attente. Qu'à cela ne tienne ! Je ne prendrai pas la responsabilité de deviner tes besoins pour t'épargner de les prendre en charge*[64].

Éviter d'aplanir les risques

Au début de son travail sur le transfert, le protagoniste est habituellement aux prises avec deux difficultés importantes : accepter de se rendre vulnérable en exposant son besoin et faire lui-même la démarche pour répondre à ce besoin (c'est-à-dire le prendre en charge). Il craint alors les risques qu'il courrait s'il exprimait clairement ce qu'il désire ou se comportait de manière à y répondre. Il compte alors sur son interlocuteur pour endosser son évitement, comme Françoise :

- *Françoise prend son courage à deux mains pour enfin exprimer à son mari son besoin de reconnaissance. Elle lui dit combien elle l'estime et à quel point son jugement sur ce qu'elle est et sur ce qu'elle fait est important pour elle. Elle lui demande de la féliciter et de lui souligner ses succès chaque fois qu'elle en aura besoin.*

Elle sera évidemment déçue, car Rémi ne pourra pas répondre à son attente « chaque fois qu'elle en aura besoin ». Cela la mettra en rage et l'entraînera dans des querelles stériles. En faisant cette demande, Françoise espère faire d'une pierre deux coups :

64. « L'hostilité », <http://redpsy.com/guide/hostile.html>.

confier à Rémi la responsabilité de sa satisfaction et éviter de se sentir vulnérable quand son besoin émergera. Il est tentant pour un ami ou un amoureux qui veut le bien de Françoise d'accepter ce mandat, particulièrement parce qu'il est conscient qu'il lui épargnerait ainsi des moments difficiles. Et s'il ne sait pas qu'elle doit traverser ces moments pour sortir de l'impasse, il acceptera en toute bonne volonté de l'aider, ne réalisant pas qu'il lui enlève la possibilité de faire les pas nécessaires pour la résolution de son transfert.

S'abstenir de réparer l'œuvre des parents

Dotés d'une âme de sauveur, certains partenaires vont plus loin en se donnant pour mandat de réparer les erreurs des parents. Ils s'offrent à réparer les blessures et à combler les carences que le protagoniste a subies durant son enfance. C'est une décision qu'ils paient souvent très cher ! Ils se sacrifient de bon cœur, ignorant leurs propres besoins et leur propre croissance jusqu'au moment où ils découvrent que leur abnégation n'a rien donné. Le protagoniste, qui est leur conjoint, n'a rien réglé et n'est pas plus avancé. Si quelque chose a changé, c'est dans le sens d'une plus grande détérioration.

> *Toute ma vie avec elle, j'ai tenté de compenser pour son passé de petit être maltraité en l'aimant et en la choyant de toutes sortes de manières. Elle a été non seulement au centre de ma vie, mais au centre de toute notre famille. Pourtant, elle se montrait souvent méchante à mon égard. Je le tolérais et taisais ma souffrance, car je comprenais qu'elle déversait sur moi la souffrance qu'elle avait héritée du passé. Avec le temps, elle est devenue de plus en plus égocentrique et exigeante. Je l'ai finalement quittée avec l'impression d'avoir sacrifié vainement vingt ans de mon existence. Quelle tristesse !*

ÊTRE ALERTÉ DE LA PRÉSENCE DU TRANSFERT

On peut nettement accélérer le processus de résolution du transfert en révélant la présence de celui-ci lorsqu'il joue dans une interaction. Cette précaution permet à l'interlocuteur de faire la part des choses, c'est-à-dire de ne recevoir, dans ce qui lui est exprimé, que ce qui s'adresse véritablement à lui. Cela a son importance, car la distinction est difficile à faire lorsque l'interlocuteur a lui-même une réaction transférentielle. Nous y reviendrons plus loin. En outre, cette façon d'agir permet d'éviter la plupart des affrontements et des escalades qui ne sont pas vraiment liés à la réalité vécue. Elle dissipe l'équivoque et désamorce dans l'œuf bien des conflits qui n'ont pas lieu d'être.

DISPOSER DES CAPACITÉS ÉMOTIONNELLES NÉCESSAIRES

Certaines qualités personnelles de l'interlocuteur peuvent lui rendre l'existence plus facile, plus agréable et plus vivante pendant la démarche de résolution du transfert. Ce sont essentiellement des dispositions qui supportent la dimension la plus cruciale de son rôle : se respecter lui-même devant l'autre. En ce sens, on pourrait dire que ses qualités contribuent à son « talent naturel » en tant qu'interlocuteur transférentiel.

Oser se fier à son instinct

L'interlocuteur qui est le moindrement en contact avec lui-même perçoit rapidement si ce que son instinct lui dit n'a rien à voir avec la réaction du protagoniste. En se fiant à sa perception et à ce qu'il ressent pour réagir, il renvoie ce dernier à lui-même et le force en quelque sorte à l'introspection. Se fier à son instinct lorsque l'on ne dispose pas de suffisamment d'informations sur une situation est une manière de demeurer fidèle à soi. C'est un choix qui est souvent difficile à faire, car la pression du protagoniste va dans le sens contraire. Et la peur de briser le lien, la crainte du rejet, parfois même le simple désir d'avoir la paix peuvent faire renoncer à prendre une position qui contrarierait le protagoniste.

Accepter de frustrer l'autre pour se respecter soi

Il est impossible, dans une relation entre deux êtres distincts, que les deux soient constamment satisfaits des choix de l'autre. La frustration est forcément présente dans toute relation. Certains trouvent difficile de vivre avec cette réalité ; ils ont tendance à prendre l'autre en charge et à se considérer comme responsables de sa satisfaction. Lorsqu'un interlocuteur de ce genre fait un choix qui déplaît au protagoniste, il s'expose à la culpabilité. Il peut même avoir l'impression de l'avoir trahi[65].

Cette difficulté prend sa source dans un déni existentiel. La vie nous confronte à une réalité qu'il est possible de résumer ainsi : *chaque individu est profondément seul ; en conséquence, c'est à lui seul qu'incombe la responsabilité d'assumer sa vie et sa satisfaction.* C'est cette solitude existentielle que tente de nier la personne qui se considère comme responsable de la satisfaction du protagoniste[66].

Être relativement à l'aise avec l'intensité émotionnelle

Le transfert se construit à partir d'une somme d'expériences émotionnelles faites avec les parents, qui n'ont pas été vécues jusqu'au bout ni jamais exprimées complètement. La charge est grande, les émotions très intenses, les besoins souvent criants et les réactions à la satisfaction des besoins empreintes elles aussi

65. « La culpabilité », *La puissance des émotions* (Michelle Larivey).
66. « Les implications existentielles », *L'auto-développement* (Jean Garneau et Michelle Larivey).

d'émotions fortes. L'interlocuteur capable de faire face à cette charge, celui qui consent à se laisser atteindre et à vivre ses propres émotions est celui qui bénéficie le plus du travail de résolution du protagoniste. Cette faculté lui permet de vivre avec l'autre des moments de grande intensité qui ne pourront que les rapprocher.

Le contre-transfert de l'interlocuteur

QU'EST-CE QU'UN CONTRE-TRANSFERT ?

Il y a toujours une composante transférentielle dans l'attrait qui pousse deux personnes à se lier intimement. En fait, toute relation chargée d'émotions peut-être considérée comme transférentielle, et elle l'est pour les deux partenaires.

Du fait de l'importance que prend le transfert du protagoniste, celui de l'interlocuteur peut passer inaperçu durant un certain temps avant de faire surface, exacerbé par celui du protagoniste. Ce que nous appelons le contre-transfert, c'est la réaction transférentielle de l'interlocuteur au transfert du protagoniste. Un exemple permettra d'illustrer concrètement cette définition :

- *Annie travaille à devenir plus autonome. Au lieu d'acquiescer automatiquement aux dires d'Antoine et d'adopter ses opinions comme elle a toujours fait, elle discute, s'oppose, émet ses propres opinions. Le changement d'Annie irrite Antoine. L'effacement, la docilité et la malléabilité d'Annie font partie des traits qui l'avaient d'abord attiré chez elle. Ces mêmes qualités ont ensuite contribué à maintenir un certain équilibre dans la relation. Jusque-là, l'attitude de sa femme confortait Antoine dans le rôle qu'il avait joué dans sa famille d'origine : celui de l'idole de sa mère. Il jouissait auprès de cette dernière d'un statut particulier : celui de l'homme qui détient la vérité… Et ce pouvoir surfait lui donnait le sentiment d'être « quelqu'un ». L'équilibre est maintenant rompu par la démarche qu'Annie a entreprise. La perte de l'ascendant qu'il avait sur elle ébranle son sentiment d'être « quelqu'un ». Le travail de résolution du transfert d'Annie le menace donc au plus haut point.*

Pour se protéger, Antoine tente d'abord de dissuader Annie de poursuivre sa psychothérapie, dénigrant à la fois la formule et le psychothérapeute. Puis il se met à réagir violemment lorsque Annie affiche son désaccord ou lui adresse une critique. Comme ses colères ne réussissent pas à neutraliser Annie, il se met à la dénigrer, cherchant à miner la confiance qu'elle a en elle et à obtenir qu'elle redevienne plus passive. Cette tactique a déjà été efficace dans leur relation, mais elle provoque maintenant d'intenses réactions chez Annie et elle engendre des querelles d'une ampleur que tous deux ignoraient. Ces disputes donnent lieu à de longues bouderies de la part d'Antoine.

Lorsque ses propres réactions deviennent aussi intenses, l'interlocuteur se trouve devant un choix crucial : accepter de prendre conscience de ce que le changement de l'autre éveille en lui ou mettre tout en branle pour retrouver l'équilibre relativement confortable qu'il a connu jusque-là. L'enjeu véritable de ce choix, c'est l'existence de la relation elle-même. Si l'épanouissement psychologique du protagoniste ne stimule pas le désir d'évoluer de l'interlocuteur, c'est généralement le début de la mort de la relation. Que cette mort se concrétise par une séparation de fait ou une séparation de cœur faisant que chacun mène désormais sa vie sans contact réel avec l'autre, il s'agit d'une rupture.

À ma connaissance, les liens intimes durables s'expliquent par la capacité des partenaires à se laisser atteindre profondément et par leur ouverture à se remettre en question. C'est sur ces qualités qu'ils s'appuient pour que leur relation devienne un lieu où ils se stimulent mutuellement dans leur croissance personnelle.

COMMENT RECONNAÎTRE SON CONTRE-TRANSFERT ?

On reconnaît le contre-transfert aux mêmes indices qu'un transfert. Le plus évident est sans doute l'émergence d'une émotion d'une intensité disproportionnée par rapport à l'événement réel qui est survenu dans la relation. C'est le cas d'Antoine dans l'exemple qui précède : il réagit avec une violence excessive à l'opposition et aux critiques d'Annie. Un autre indice réside dans des attentes, ou des demandes, non appropriées au sein de la relation. Dans l'exemple cité, Antoine s'attend à ce qu'Annie renonce à être une personne complète, faisant appel à son propre jugement, manifestant ses propres opinions, etc. Au fond, il lui demande de se renier pour préserver l'illusion qu'il a d'être « quelqu'un », illusion qu'il a développée au contact de sa mère. Un troisième indice est les réactions stéréotypées, c'est-à-dire des comportements figés qui réapparaissent de façon identique dans des situations analogues : Antoine rage toujours lorsqu'il est contredit. Il devient violent ou boude. Ses réactions sont tout à fait prévisibles. Enfin, la présence d'un contre-transfert peut être décelée dans la nature automatique et « compulsive » de la relation. Ce mode de réaction sert à éviter de ressentir et, par le fait même, rend impossible un contact réel. Ainsi :

Luce fuit systématiquement tout homme qui lui plaît et qui s'intéresse à elle. Elle s'empresse de lui trouver des défauts qui la justifient de s'esquiver.

L'empressement que Luce met à fuir est son moyen pour éviter d'éprouver les émotions que suscite en elle son intérêt pour ces hommes. Parce qu'elle reste ainsi inconsciente de ce qu'elle vit, elle ne peut établir de contact réel, fondé sur ce qu'elle ressent vraiment. Luce répète systématiquement ce comportement depuis des années, à un point tel que ses amies la taquinent volontiers à ce sujet. Elle ne pourra modifier sa façon stéréotypée de réagir que lorsqu'elle sera prête à se pencher sur ce qu'elle vit réellement dans ces situations et à éprouver les émotions qu'elle fuit aujourd'hui.

Conclusion

Il est facile d'agir comme interlocuteur avec une personne qui se trouve en situation de transfert envers soi. Au fond, il suffit de rester vraiment fidèle à soi-même en évitant les compromis que l'autre demande avec insistance. Mais cela exige un certain investissement. Cet investissement en vaut vraiment la peine si l'on désire améliorer la qualité de la relation en troquant des comportements stéréotypés pour un contact réel. Lorsque l'interlocuteur relève ce défi, lui-même et le protagoniste en tirent un profit inestimable : celui d'une vraie relation entre deux êtres distincts qui se respectent.

Questions-réponses

MON MARI REFUSE DE PARTICIPER À MA DÉMARCHE

Question : Inutile de songer à faire lire ces lignes à mon mari. Il ne s'intéresse nullement à la psychologie. Il ne veut pas entendre parler des découvertes que je fais sur moi-même ou sur notre relation de couple. Il trouve même que je perds mon temps en psychothérapie. Cela me décourage, et m'enrage ! je dois le dire. Il me semble que s'il m'aimait vraiment il s'intéresserait davantage à moi. Mes reproches ne changent rien !

Réponse : Il n'est pas indispensable que notre interlocuteur de tous les jours collabore à notre démarche, même si nous savons que nous faisons un transfert avec lui. À la rigueur, nous pouvons régler un transfert avec notre patron, l'un de nos collègues ou notre enfant (et bien sûr notre conjoint) sans que ceux-ci aient la moindre idée du travail que nous sommes en train de faire sur nous-même. Il faut en effet comprendre que la résolution d'un transfert est une démarche éminemment individuelle dont nous avons l'entière responsabilité. Plus important encore, l'issue ne dépend aucunement de la réponse ou de la réaction des personnes en cause. Ce chapitre le montre clairement : lorsque l'interlocuteur n'est pas intéressé, le protagoniste n'a qu'à rester vigilant pour éviter d'installer des pièges visant à faciliter artificiellement son travail. Par exemple, il peut être tenté d'attribuer à son interlocuteur la responsabilité de la difficulté qu'il éprouve à s'exprimer en arguant qu'il ne lui accorde aucun soutien. La collaboration de l'autre est intéressante dans les cas où il aurait tendance à neutraliser notre travail psychologique en nous court-circuitant, par exemple en allant exagérément au-devant de nos besoins. Mais le fait qu'il ne s'y intéresse tout simplement pas n'est pas un obstacle et peut même s'avérer utile pour favoriser une résolution plus complète du transfert.

Ce qui est difficile à accepter pour le protagoniste, c'est que, sans la « bénédiction » de son interlocuteur, sa démarche lui paraît plus risquée. Et c'est vrai ! S'il ne peut compter sur l'attitude bienveillante de l'autre, il se sentira plus vulnérable quand il s'exprimera sincèrement et avec intensité. Mais c'est à peu près la seule difficulté supplémentaire qu'il éprouvera à cause du manque de collaboration. Il est très important de ne pas éliminer cette difficulté réelle, car elle fait partie de ce qu'il faut surmonter pour résoudre un transfert. Le danger potentiel qui nous a empêché de nous exprimer antérieurement (devant nos parents) réapparaît aujourd'hui. Il faut y faire face et vaincre cette difficulté plutôt que de tenter de l'éliminer. Et, selon mon expérience de psychothérapeute, ce sont les personnes qui sont prêtes à prendre de gros risques dans leur démarche qui évoluent le plus rapidement.

Par ailleurs, comme le protagoniste qui pose la question est une femme se trouvant en situation de transfert avec son mari, la tentation est grande pour elle d'interpréter le refus de celui-ci comme un rejet, un manque d'intérêt ; la réaction typique qui suit ce genre d'interprétation consiste à en vouloir à l'autre. Il est même tentant de le tenir pour responsable de sa propre décision de renoncer à s'adresser à lui comme interlocuteur transférentiel. Parce qu'il est en situation de transfert, le protagoniste reste aveugle aux autres motifs qui peuvent expliquer ce refus : l'interlocuteur réagit peut-être à la manière dont on lui a réclamé son aide. Dans ce cas, il est important d'entendre le message sous-jacent véhiculé par le ton de la voix, le regard, ou l'émotion sous-jacente à ce qui est dit, plutôt que de s'en tenir aux paroles.

Voici quelques exemples classiques :

- *Si tu m'aimes, tu dois m'aider dans ma démarche...*
- *Si tu m'aimes, tu dois t'intéresser aux mêmes choses que moi. Je ne peux pas accepter que la psychologie ne t'intéresse pas (puisque c'est un sujet qui m'intéresse vivement !).*
- *Tu es « borné » si tu ne t'intéresses pas à ce genre de choses.*
- *Si je n'arrive pas à régler mes problèmes, ce sera de ta faute !*

Devant des ordres à peine masqués ou des reproches méprisants, l'interlocuteur peut facilement devenir rébarbatif (sans nécessairement être tout à fait conscient de ce qui l'atteint). S'il n'a pas tendance à aller dans le sens du protagoniste pour ne pas créer de conflit, on peut s'attendre à ce qu'il se hérisse et refuse de collaborer. Souvent même, ce genre de pression exacerbe son propre transfert à l'égard du protagoniste. Les deux se trouvent alors pris dans un tourbillon dont l'issue ne peut être que la frustration mutuelle, un scénario familier qu'ils ont souvent vécu...

Par contre, si le protagoniste «accepte» la position de son interlocuteur et décide de composer avec celle-ci sans renoncer à la démarche qui lui tient à cœur, il pourrait faire face à de joyeuses surprises. La nature de l'expression de soi qui permet la résolution du transfert est en effet chargée d'une grande puissance de contact interpersonnel. La véracité ainsi que l'intensité du vécu laissent rarement l'interlocuteur indifférent. Celui-ci ne change pas nécessairement de position parce qu'il est ému par la qualité de l'expression ou les risques pris par le protagoniste. C'est plutôt dans la qualité de leur contact que réside l'expérience nouvelle vécue par les deux partenaires à cette occasion. En traversant le mur du transfert, ils parviennent à avoir un contact plus réel entre eux. Voilà l'important!

MON THÉRAPEUTE ME COMPREND MIEUX QUE MA FEMME!

Question : J'aimerais tellement que ma femme me comprenne aussi bien que mon thérapeute! Il m'accepte comme je suis. Pouvez-vous m'expliquer pourquoi l'acceptation mutuelle est si difficile à atteindre dans un couple?

Réponse : La réponse est bien simple, il s'agit de deux types différents de relations. Généralement, un psychothérapeute cherche à nous aider à nous accepter nous-même et à régler des problèmes d'ordre psychique. C'est un consultant tout comme l'est un médecin ou un avocat. La cible d'intervention est différente, mais le rôle fondamental du professionnel est semblable.

Dans les psychothérapies d'orientation psychanalytique et humaniste, la personne même du psychothérapeute constitue un important outil d'intervention. L'intervenant choisit ses attitudes et ses gestes afin d'atteindre le but de la thérapie. En autodéveloppement, par exemple, une attitude d'acceptation inconditionnelle à l'égard de ce que vit le client est nécessaire pour l'aider à se montrer lui-même accueillant à son propre égard. C'est une attitude que le psychothérapeute adopte avec les personnes qui travaillent à conquérir leur droit à l'existence. Son attitude et ses gestes différeront si le client cherche plutôt à conquérir son autonomie ou s'il est en recherche à propos de son identité sexuelle.

Le travail thérapeutique implique que le psychothérapeute fasse abstraction d'une partie de ce qu'il vit. Il n'utilise dans la relation que ce qui lui semble pertinent au cheminement de son client. Dans ce sens, il ne s'agit pas d'une relation « normale », ni égale, mais bien d'une relation dans laquelle une personne est centrée sur l'autre. Il serait dangereux d'établir une relation amoureuse ou amicale dans laquelle l'un des acteurs se comporterait en se mettant au service de l'autre. Il ne s'agirait alors plus d'une relation égalitaire où l'expression et le contact sont réciproques. Certains couples tentent pourtant de s'appuyer sur une imitation de la relation thérapeutique. Mais on voit vite apparaître les symptômes du ravage psychique chez celui qui se renie et se neutralise ainsi. Et tôt ou tard, l'autre membre du couple en paie le prix.

Au lieu de souhaiter que notre conjoint soit toujours conciliant et compréhensif, nous devrions nous réjouir qu'il réagisse comme une « vraie personne ». Cela est préférable, parce que c'est la seule façon saine de bâtir une relation entre adultes, mais surtout parce que l'obstacle qu'il nous oppose nous pousse à prendre le risque d'être nous-même et de nous affirmer sans fausses garanties. C'est ce chemin qui peut nous permettre de résoudre le transfert que nous vivons avec l'autre.

Chapitre 11

Le plaisir dans le transfert

Introduction

Le transfert a mauvaise réputation. Aux yeux de la plupart des gens, il est un symbole de frustration et de conflits insolubles. Loin de l'associer à une possibilité de plaisir ou de satisfaction, nous le percevons en général comme une impasse dont la seule issue est la résignation. Comme nous l'avons vu, l'approche thérapeutique de l'auto-développement a une tout autre vision de ce phénomène. Les psychothérapeutes de cette école et moi-même, par conséquent, considérons le transfert comme la manifestation d'une force de croissance et pensons que le travail de résolution que nous proposons accélère significativement le développement psychique des personnes qui le font. L'expérience nous a en outre enseigné que le transfert peut être l'occasion de plaisirs très intenses et de profondes satisfactions. Ce plaisir est le sous-produit de l'intensité émotionnelle que permet l'expression directe du besoin jusque-là renié. La satisfaction qu'il y a à remplacer les attitudes défensives par un contact réel permettant de se respecter intégralement s'apparente à une plénitude qui peut friser l'extase lorsqu'on obtient en plus une réponse au besoin…

En outre, comme la résolution du transfert se solde par la faculté retrouvée de combler ses propres besoins affectifs et d'y prendre plaisir, c'est un contrat de jouissance assidue que l'on signe avec soi en y travaillant.

La résolution du transfert

EN QUOI CONSISTE LA RÉSOLUTION DU TRANSFERT ?

Nous avons déjà vu, au cours des chapitres précédents, que la résolution du transfert est fondamentalement un travail d'expression. Contrairement à ce que nous avons tendance à croire, il ne suffit pas d'examiner les manifestations d'un transfert et d'en retracer les origines pour le résoudre. Il faut avant tout réussir à nous respecter ouvertement dans une situation équivalente à celle où nous nous étions renié pour obtenir ou conserver l'amour d'un parent. Ce respect intégral de nous-même devant une personne qui représente notre parent est l'ingrédient essentiel du succès. C'est en nous exprimant de manière authentique que nous y parviendrons.

LES CONDITIONS NÉCESSAIRES À LA RÉSOLUTION

Le comportement stéréotypé caractéristique du transfert sert surtout à éviter de nous compromettre en attendant de trouver une réponse au besoin que, selon nous, l'autre devrait satisfaire. La frustration qui en découle nécessairement engendre de nombreux conflits qui débouchent de façon typique sur des impasses et des ruptures. Nous pourrions éviter la plupart de celles-ci si nous savions reconnaître et résoudre nos transferts.

Mais le changement nécessaire n'est pas facile à imaginer. Il faut souvent un encadrement thérapeutique pour arriver à se le représenter. Dans bien des cas, l'aide du psychothérapeute est aussi nécessaire pour fournir les instruments et le soutien que demande la démarche. Enfin, l'apport du psychothérapeute est utile pour explorer les résistances qui viennent constamment nous déstabiliser et nous éloigner de notre objectif principal. Dans la partie qui suit, je vais énumérer les conditions nécessaires pour mener à bien cette démarche ; je les développerai ensuite.

Le contact réel au lieu du comportement stéréotypé

La résolution du transfert repose sur le remplacement des comportements transférentiels stéréotypés par un contact réel. Essentiellement, cela exige que nous exprimions notre vrai besoin. Il faut ici opérer une distinction entre *faire une demande* et *exprimer un besoin*. Par exemple, demander de l'attention, des fleurs ou un geste tendre ne révèle nullement le besoin sous-jacent que nous cherchons à combler. L'expression du besoin ressemblerait plutôt à ce qui suit :

> *Ton amour me donne le sentiment que je suis importante et aimable. J'ai l'impression d'avoir davantage de valeur parce que toi, qui pourrais avoir dans ta vie toutes les femmes que tu souhaites, tu m'aimes, moi, et tu m'as choisie, moi.*

Comme l'illustre cet exemple, il est beaucoup moins compromettant de faire une demande concrète (réclamer un geste particulier) que de révéler le besoin affectif qui en est la source. Il est normal que nous ayons tendance à nous en tenir à la demande, voire au comportement stéréotypé qui exprime notre frustration. Non seulement l'expression du besoin nous rend-elle plus vulnérable, mais elle exige en plus que nous portions une attention soigneuse à notre expérience pour identifier ce besoin avec précision.

Prendre son besoin en charge

Le succès dans la résolution du transfert repose sur la qualité de notre expression et non sur l'obtention d'une réponse satisfaisante à notre besoin. C'est pour cette raison que nous devons absolument demeurer responsable de notre démarche. En tout temps, nous devons considérer que l'expression de notre besoin et les demandes que nous faisons pour obtenir satisfaction sont entre nos mains et relèvent de notre responsabilité. Nous verrons plus loin de quelle manière il est possible d'assumer concrètement ces importantes responsabilités.

Assumer les vrais risques

Lorsque nous prenons notre besoin en charge, nous devons assumer divers risques pour parvenir à le satisfaire. Il est souvent tentant de chercher à contourner ces risques, même si cette méthode nous conduit à coup sûr dans une impasse où nous ne pouvons obtenir ni la satisfaction désirée ni l'épanouissement qui résulterait de la résolution de notre transfert.

Nous avons habituellement tendance à éviter les risques suivants : perdre la face, se ridiculiser, être jugé comme infantile, immature, voire malade, déranger les autres, être rejeté, se sentir trop vulnérable, vivre trop d'intensité émotive ou plonger dans l'inconnu. Ces risques sont autant de motifs plausibles qui nous poussent à nous renier devant les personnes à qui nous accordons le plus d'importance. Mais même si de tels risques existent, nous ne pouvons éviter de les prendre si nous voulons évoluer dans notre transfert. Ce sont les mêmes risques que nous avons tenté d'éviter lorsque nous étions enfant et devant lesquels nous continuons de reculer dans notre vie adulte. Perpétuer cet évitement ne peut que maintenir l'état de malaise que nous éprouvons. En reculant devant ces risques, nous sommes condamné à demeurer un enfant sur le plan affectif; un être incapable d'assumer ses besoins affectifs devant ses « parents ».

Le droit d'exister tel que nous sommes, que nous procure la résolution du transfert, exige en effet que nous nous respections entièrement, envers et contre tout. Tout raccourci à cet égard nous prive de la liberté qui résulterait d'une véritable résolution de notre transfert.

Jouir de l'assouvissement en le disant à l'autre

Lorsque nous recevons une réponse à notre besoin, il est capital de jouir de la satisfaction qu'elle nous procure. Comme nous sommes aux prises avec des besoins que nous avons longtemps négligés et desquels nous avons été généralement frustré, il s'agit la plupart du temps d'un plaisir intense. Pour assumer vraiment ce que nous sommes, il est souhaitable de vivre ce plaisir ouvertement et de l'exprimer à notre interlocuteur. Mais il arrive souvent que d'autres émotions que le plaisir prennent une place importante, parfois avant celui-ci. Elles sont imprévisibles ; il peut s'agir de tristesse, d'attendrissement, de colère. Elles font partie de l'expérience et il ne faut pas négliger de les éprouver complètement ni de leur accorder une place adéquate dans ce que nous exprimons de nous-même.

Il en est de même des émotions qui sont déclenchées par des gestes que nous n'avons pas recherchés. Ce sont un peu comme des cadeaux pour lesquels nous n'avons eu à faire aucun effort particulier. Cette fois, le risque consiste à oser dire l'importance qu'ont ces gestes pour nous et à recevoir ouvertement la satisfaction inattendue qu'ils nous procurent. Il peut s'agir d'un compliment, d'un geste affectueux, d'une manifestation de reconnaissance. Si cette attention de l'autre touche notre besoin, il est important de lui dire notre satisfaction, car cela nous permet d'assumer davantage ce besoin et ainsi de faire un pas de plus dans la résolution de notre transfert.

Nous tirons aussi diverses satisfactions du fait que nous avons pris le risque de nous dévoiler, de nous exprimer, d'oser être ouvertement ce que nous sommes intérieurement. Elles aussi méritent d'être vécues pleinement, non seulement parce qu'elles sont agréables, mais aussi parce qu'elles rendent les prochains risques moins effrayants.

Les résistances inévitables

Le transfert offre une extraordinaire possibilité de croissance et constitue une immense résistance. Il contient en effet un énorme potentiel d'évolution ; encore faut-il que nous choisissions de le résoudre… Il est un tremplin important parce qu'il permet à la fois d'assumer des besoins affectifs fondamentaux, de devenir capable de les combler et de mener à leur terme de nombreuses expériences laissées inachevées dans le passé. Mais le comportement transférentiel est aussi constitué d'attitudes et de gestes qui sont avant tout de nature défensive. Il vise surtout à nous protéger de ce que nous pourrions ressentir et à nous éviter d'assumer la responsabilité de voir à notre satisfaction. C'est en ce sens qu'il doit être considéré comme une somme de résistances, même si, au fond, il est un produit de notre tendance actualisante qui est, elle, à la recherche d'une solution plus complète et plus harmonieuse.

La résistance est inhérente à toute démarche de croissance, mais elle est encore plus importante dans la démarche de résolution du transfert, pour au moins trois raisons : celle-ci demande que l'on se compromette, elle exige que l'on crée un contact de haute qualité avec l'autre et elle suscite un grand sentiment de vulnérabilité. Voilà pourquoi chacun de nous a nécessairement recours à ses mécanismes de défense préférés : il souhaite se faciliter la tâche dans cette démarche exigeante.

Les résistances les plus typiques sont celles qui touchent les conditions essentielles au succès : nous avons tendance à nier, à dissimuler ou à déguiser ce dont nous avons besoin, nous sommes porté à attendre passivement (sinon avec hostilité) une prise en charge par l'autre, nous sommes vivement tenté de neutraliser nos réactions lorsque nous recevons une réponse (qu'elle soit inattendue ou que nous l'ayons recherchée en prenant de vrais risques). Ces résistances réapparaissent irrégulièrement tout au long de la démarche. Elles sont inévitables et nous ne pouvons que les reconnaître, les accepter et les explorer. L'exemple concret qui suit montre comment.

Un exemple de résolution du transfert

Je reviens à présent à l'exemple de Josiane que j'ai évoqué dans le neuvième chapitre[67], mais en le situant au moment où Josiane a pris conscience de son transfert.

> *Devenue consciente de son transfert vis-à-vis de son mari, Josiane décide de travailler à le résoudre. Depuis trop longtemps, elle constate avec chagrin que leur couple s'étiole; elle compte donc sur sa démarche personnelle pour le transformer. Ce qui la fait le plus souffrir, c'est de se rendre compte qu'elle fonctionne comme un automate (et elle a l'impression qu'il en est de même pour son mari). Elle s'inquiète aussi du fait qu'elle devient vite désabusée lorsqu'elle ne s'occupe pas à divers projets. Bref, elle a l'impression de stagner avec elle-même tout comme stagne sa relation avec Jules.*

Cette étape préliminaire est nécessaire: la résolution du transfert doit s'appuyer sur une conscience claire de l'existence de

67. Voir la première des questions-réponses du chapitre 9, «L'apparition du transfert, une invitation à le résoudre».

celui-ci. Il faut non seulement savoir que la relation est de nature transférentielle (plutôt que la relation adulte réelle qu'elle prétend être), mais il faut également accepter ce fait comme une réalité (plutôt que d'en contester l'existence).

PRISE DE CONSCIENCE ET ACCEPTATION PROGRESSIVE DU BESOIN

Une fois que nous avons découvert que notre transfert, en tant que réalité psychique, explique un certain nombre d'événements importants que nous vivons dans la relation, nous pouvons travailler activement à sa résolution. Le premier pas dans cette démarche consiste à découvrir quels sont les besoins en cause et à les accepter, comme Josiane.

Josiane a découvert que le même besoin affectif est toujours à l'œuvre dans sa relation avec son mari : elle a besoin qu'il l'aime pour se trouver elle-même aimable et avoir le sentiment qu'elle a de la valeur. C'est parce qu'elle est séduite à la perspective de connaître une existence plus vivante si elle fait place à ce besoin et prend en charge sa satisfaction qu'elle décide de travailler à la résolution de son transfert.

Mais, malgré sa prise de conscience récente, elle a du mal à accepter son besoin. Elle regimbe souvent, le qualifiant d'« infantile », invoquant l'impossibilité de changer le passé, la difficulté de se montrer tel que l'on est sans se ridiculiser, etc. Durant une longue période de temps, seul le regard imperturbable de son thérapeute sur la légitimité de ce besoin l'aide à abandonner occasionnellement sa résistance. Et chaque fois qu'elle y consent, elle s'attendrit. Elle s'en émeut parfois au point de pleurer.

C'est peut-être le premier plaisir que Josiane éprouve dans la résolution de son transfert. Il est en partie produit par l'arrêt de sa résistance, mais il vient surtout de ce qu'elle consent enfin à être un peu plus elle-même, un consentement qui se concrétise ici dans l'acceptation d'un besoin qui lui est propre.

À cette étape de la démarche (il en sera autrement une fois le droit à l'existence conquis), il faut une bonne dose de courage pour oser s'afficher dans un tel état de vulnérabilité affective. Mais le courage nous vient quand nous réalisons que nos appréhensions résultent le plus souvent de la projection que nous faisons sur l'autre de nos propres objections. Il n'est pas rare que le conjoint se montre surpris par notre attitude, car il n'y est pas habitué, mais il ne se montre pas pour autant fermé, surtout s'il est bien informé de la nature du transfert. Comme nous le verrons plus loin, c'est en parlant à son mari des effets de son transfert sur leur relation que Josiane décide de briser sa propre glace. Mais je voudrais d'abord préciser en quoi consiste l'exploration du transfert, si essentielle à sa véritable résolution.

L'EXPLORATION DU TRANSFERT

En quoi consiste-t-elle ?

Pour bien la comprendre, il faut distinguer l'*exploration* de l'*introspection*. En ce qui concerne le domaine psychique, ces notions sont souvent considérées comme des équivalents. Voyons ce qui les distingue et en quoi cette différence est importante.

L'exploration est une méthode de découverte de soi ainsi qu'une activité qui favorise l'évolution personnelle. Du point de vue de la découverte, elle se distingue de l'introspection par son caractère actif. Elle poursuit le même but : mettre à jour les expériences présentes et passées qui ont une influence sur notre vie actuelle. Mais tandis que l'introspection se limite aux souvenirs du passé et se heurte à la capacité de la mémoire, l'exploration consiste en une action actuelle dont l'auteur tente de mesurer les effets sur l'expérience immédiate. C'est cette action qui permet non seulement de faire resurgir au présent des expériences émotionnelles enfouies, mais aussi d'en examiner les diverses facettes au fil d'événements qui n'avaient jamais eu lieu auparavant. L'exploration repose donc sur une expérimentation consciente qui a pour but de découvrir des avenues restées inconnues jusque-là ainsi que des façons nouvelles d'actualiser un potentiel de vie. C'est à cette double fonction que l'exploration est consacrée dans le processus de résolution du transfert. Nous verrons, à travers l'exemple de Josiane, quelles formes peut prendre cette exploration et quels avantages indéniables elle procure.

Informer son conjoint

Craintive mais fermement décidée, Josiane explique à son conjoint qu'elle a transposé sur lui les attentes qu'elle avait autrefois à l'égard de son père. Elle va même jusqu'à dénoncer ses propres façons d'agir, les moyens indirects auxquels elle a recours pour obtenir son attention et des preuves de son amour. Elle souligne en particulier les façons qu'elle a de le punir lorsqu'elle ne reçoit pas les compliments, la réassurance, l'affection ou les avances sexuelles qu'elle attend, etc. Elle lui annonce finalement le travail qu'elle veut faire pour résoudre son transfert. Elle insiste particulièrement sur le fait que la responsabilité de sa satisfaction repose entièrement sur elle et qu'il n'est aucunement obligé de lui donner ce dont elle a besoin. C'est par conviction plus que par goût, après avoir longuement hésité, qu'elle ajoute avec insistance qu'il ne l'aiderait aucunement dans sa démarche en tentant de lui faciliter les choses, notamment en essayant de deviner ce dont elle a besoin et en prenant les devants pour y répondre.

Réussir à dépasser son orgueil pour oser un geste aussi important procure immédiatement à Josiane une grande satisfaction et un plaisir réel. Elle éprouve une grande fierté d'avoir pris le risque d'être jugée négativement par la personne qui compte le plus dans sa vie. Son estime d'elle-même s'en trouve immédiatement rehaussée.

Exploration et expérimentation

Contrairement à ce que nous souhaitons chaque fois que notre résistance s'installe, un transfert ne se résout pas d'un seul coup. Le manque qui alimente la relation transférentielle ne date pas d'hier et le fait qu'il ait souvent duré des années lui a donné d'énormes proportions. Il se peut aussi que nous ayons perdu de nombreuses occasions d'exprimer notre besoin et de recevoir les réponses tant recherchées. Ces occasions gaspillées et ces frustrations, liées à nos comportements stéréotypés, s'ajoutent à celles de l'enfance. Chaque situation à l'occasion de laquelle nous avons négligé de nous occuper de notre besoin nous a ainsi chargé d'une négation de nous-même. L'expression de soi exigée par la résolution du transfert permettra graduellement d'atteindre un plus grand équilibre affectif.

Mais il est impossible d'avoir accès d'un seul coup à tout ce vécu de repli sur soi et d'évitement. Même l'introspection la plus approfondie ne peut rendre compte de toutes ces situations et de tout le bagage d'expériences qu'elles recouvrent.

Par contre, l'exploration active du transfert permet de le faire, car elle ajoute de nouvelles expériences pertinentes à celles que nous avons déjà vécues et s'appuie sur celles-ci. Ce travail d'exploration active (incluant l'expression de soi) ne peut être déterminé à l'avance ni dicté de l'extérieur — pas même par le psychothérapeute. Seule l'attention que nous portons à notre expérience immédiate peut orienter adéquatement notre travail, car elle permet d'identifier ce qui est vécu sur le moment, qu'il s'agisse d'une expérience actuelle ou de l'émergence, au présent, d'un vécu archaïque. Cette exploration active est ce qui permet à l'expérience de se développer et d'être vécue jusqu'au bout au fur et à mesure du processus de croissance[68]. Le transfert se résout donc à travers une série de boucles successives, chacune prenant la forme du circuit complet du processus de croissance. Voyons plus concrètement à quoi peut ressembler ce travail sur soi :

> *Josiane a décidé d'être plus attentive aux émotions qu'elle éprouve lorsqu'elle trouve que son mari ne lui porte pas suffisamment attention. Elle avait l'habitude d'ignorer ses réactions parce qu'elle les jugeait trop « infantiles ». « Il n'est pas normal d'être jalouse de l'attention qu'il porte à sa fille... après tout, elle est jeune et elle en a davantage besoin que moi », se disait-elle notamment. Mais cela ne l'empêchait pas d'être froide avec Jules une fois qu'il en avait terminé avec son adolescente. Choisissant un moment propice à l'intimité, elle avoue ses sentiments à Jules : « J'étais jalouse de la patience que tu manifestais en écoutant Élodie au dîner. Cela m'a rendue furieuse de voir que tu avais tout le temps pour elle alors que tu m'as expédiée cavalièrement ce matin lorsque j'ai tenté de te parler du bureau ! J'ai l'impression de n'avoir pas d'importance à tes yeux ; cela me fâche et en même temps cela me peine. Je sais que je suis quelque peu injuste. Tu es souvent disponible. Mais je n'y peux rien, c'est ce que je ressens. Je t'en veux comme j'en voulais à mon père d'être toujours là pour mon frère alors qu'il était évident que je ne l'intéressais aucunement. C'est difficile de te dire tout ça, mais j'en suis quand même contente. Je suis soulagée de te révéler ce que je t'ai toujours caché. En fait, je suis souvent jalouse des autres personnes que tu aimes et qui prennent de la place dans ta vie. »*

Josiane exprime ici ce qu'elle éprouve, tel qu'elle le vit. Elle fait maintenant, avec Jules, ce qu'elle n'avait jamais fait, autrefois,

68. « La vie d'une émotion », *Les émotions source de vie* (Jean Garneau et Michelle Larivey).

avec son père. Et elle en éprouve du plaisir : le plaisir de s'occuper de ce qu'elle vit et qu'elle juge important, le plaisir d'être en contact avec elle-même, le plaisir enfin d'être totalement vraie avec son interlocuteur. Elle pourrait fort bien tenir les mêmes propos à l'endroit de son père (que ce soit en personne ou en l'imaginant présent). C'est en étant attentive à ce qu'elle éprouve pendant qu'elle parle qu'elle peut s'assurer que s'exprimer ainsi a réellement du sens pour elle. Il arrive aussi que nous éprouvions le besoin de nous adresser à notre parent réel. Dans ce cas, il est important de suivre cet élan pour nous permettre de compléter notre travail de résolution.

Il est souvent arrivé à Josiane de pleurer en faisant l'amour avec son mari. Lorsqu'il s'en étonnait, elle mettait cela sur le compte de la jouissance ou encore de la fatigue. Maintenant, elle ose parfois lui avouer la vraie raison de son émotion : elle est bouleversée de se sentir autant aimée !

Faire cette révélation procure à Josiane une grande satisfaction et le rapprochement avec son mari qui s'ensuit est un moment de bonheur inouï. Cela l'encourage à continuer de s'ouvrir, mais ce n'est pas la seule raison : par le biais de ces nouvelles expériences, elle découvre des aspects d'elle-même qui n'étaient pas très clairs jusque-là et d'autres qu'elle ne soupçonnait même pas. Par exemple, elle n'avait pas réalisé, avant de l'avouer à Jules, qu'elle était en compétition avec sa fille comme elle l'avait été avec son frère pour l'attention de leur père. Elle ne savait pas non plus, avant de le reconnaître ouvertement, qu'elle s'était déjà sentie aimée par son père. Le chaud souvenir de ses gros bras tendres l'a envahie sans qu'elle s'y soit attendue. De ce souvenir est née une nouvelle expérience qu'elle est tentée de repousser tellement elle la trouve bouleversante.

Josiane est maintenant obsédée par l'idée de demander à son mari de la prendre dans ses bras comme si elle était un bébé. Elle repousse évidemment cette idée en se disant qu'il n'est pas son père, que ce n'est pas le genre de relation qu'un couple normal doit avoir, qu'il va sûrement la mépriser... Une fois son idée un peu plus apprivoisée, elle décide, malgré sa peur, de la lui faire connaître tout en étant bien déterminée à ne jamais donner suite à son désir. En fait, elle souhaite secrètement que son mari fasse les premiers pas et la prenne dans ses bras. Mais il ne le fait pas ! Elle lui en veut et se ferme durant un certain temps.

Devant la difficulté, c'est le comportement stéréotypé qui revient comme manifestation de la résistance. Le premier défi relevé a fait surgir un nouveau manque qui devient une difficulté de plus à surmonter. Si elle osait être expressive et s'exposer, voici ce que Josiane pourrait dire au lieu de bouder :

Je n'ai pas osé te le dire, mais je souhaitais que tu me proposes de me prendre dans tes bras et même que tu le fasses ! Ce geste m'aurait prouvé que tu n'as pas d'objection à ce que je me comporte comme une enfant de temps en temps, et cela m'aurait rassurée. Je t'en veux de ne pas me faciliter les choses !

Josiane voudrait répondre à son besoin tout en minimisant les risques qui en font partie. Elle croit que si son mari faisait les premiers pas elle serait gagnante. Mais en réalité, cette réponse la priverait du succès escompté. Du point de vue de l'épanouissement de Josiane, nous devons en effet souhaiter que son mari ne réponde pas à son attente s'il ne le désire pas. Ce n'est pas par incompréhension ou par cruauté que nous souhaitons cela à Josiane. C'est parce que retirer tout risque à sa démarche la priverait du même coup des bénéfices qu'elle peut en tirer. Même s'il demeure très important pour Josiane de se sentir enveloppée par les bras d'un homme, il est encore plus important qu'elle assume vraiment ce besoin, c'est-à-dire qu'elle le reconnaisse en sachant qu'elle ne recevra pas forcément de réponse satisfaisante. C'est le fait d'assumer son besoin, plus que de le voir comblé, qui lui permettra de faire un pas de plus dans la conquête de son droit à l'existence.

Josiane connaît bien, par ses lectures, le principe fondamental de la résolution du transfert. Cela ne l'empêche pas de « passer une commande » à Jules : elle lui demande d'être plus attentif à elle, de lui manifester plus régulièrement son affection, de la réconforter dès qu'il la sent soucieuse, etc. Il s'agit d'une résistance astucieuse ! En effet, Josiane peut ainsi affirmer qu'elle a demandé quelque chose — n'a-t-elle pas ainsi pris la responsabilité de son besoin ? En réalité, ce qu'elle a demandé lui permet d'éviter de s'impliquer lorsque son besoin apparaît ; elle remet à Jules la responsabilité d'identifier ledit besoin et d'y répondre. S'il est peu docile, Jules refusera certainement de se conformer à une telle injonction, et en paiera probablement le prix ! Son refus sera instinctif et il sera sans doute incapable de se justifier. C'est au psychothérapeute que reviendra la charge de confronter Josiane à cette résistance insidieuse et de lui indiquer qu'il lui appartient de faire ses demandes lorsque son besoin est présent.

Josiane continue à faire l'expérience des diverses ramifications de son transfert. Elle reconnaît ses réactions transférentielles avec d'autres personnes que son mari, et il lui arrive de prendre le risque de s'exprimer avec elles aussi. En général, elle est contente de ce qu'elle expérimente. Elle est fière d'elle et heureuse de la découverte que chaque expérience lui apporte. Chacune de ces découvertes alimente sa démarche. Et le jour où Josiane ose se faire prendre dans les bras par son mari « comme un bébé », elle éprouve une panoplie d'émotions intenses dont la joie n'est pas la moindre. Elle vit ces émotions à fond et se permet de les communiquer à son mari. La réceptivité et la grande tendresse qu'elle perçoit chez lui l'incitent à répéter l'expérience aussi souvent que le besoin fait surface. Petit à petit, les souvenirs du passé et les émotions qui leur sont rattachées s'estompent pour faire place à une joie profonde qui chaque fois la nourrit complètement.

Conclusion

C'est ainsi que la résolution du transfert devient un peu comme une démarche permanente au fil de laquelle de nouveaux développements viennent sans cesse relancer l'action. On croirait un feuilleton à succès ! Chaque pas réussi devient l'amorce d'un nouveau défi et l'expression ouvertement assumée de soi s'apparente presque à un mode de vie.

Les succès apportent de grandes joies qui sont suivies par de nouvelles craintes et un retour en force des résistances. Chaque étape mène un peu plus loin que la précédente et élargit davantage la liberté psychique de la personne. Et lorsque les progrès réalisés sont suffisants, les préoccupations de la personne changent. D'autres défis, d'autres interlocuteurs, un autre besoin transférentiel à combler, un autre droit à conquérir prennent le relais.

Conclusion générale

Le transfert rend compte d'un besoin de croissance psychique, il est donc parfaitement individuel. Toutefois, sans le contact avec les autres, il ne prendrait jamais forme. C'est en effet dans la relation que nous avons avec les autres que nous nous apercevons de la difficulté d'être nous-même. C'est aussi au contact des autres que nous constatons notre manque d'autonomie et c'est encore avec eux que nous éprouvons de la gêne à être totalement nous-même sur le plan sexuel. Cela met en lumière notre dépendance par rapport aux autres humains, à la fois pour évoluer comme personne et pour nous nourrir affectivement. Cette dépendance est le reflet de celle qui nous unit à l'ensemble de l'univers. L'air est indispensable pour nous fournir de l'oxygène, comme le sol pour les nutriments, et sans eau nous ne pourrions survivre. De plus, notre santé, donc notre qualité de vie, dépend de la santé de ces éléments.

Il ressort aussi de ce livre que notre croissance psychique ne se fait pas automatiquement : nous devons mettre la main à la pâte. Il en est de même des relations qui revêtent de l'importance pour nous : elles ne peuvent évoluer sans un investissement majeur de notre part ; elles ne peuvent se maintenir sans que nous les entretenions avec soin. Ces assertions n'apportent rien de très nouveau. L'investissement nécessaire à la survie et à une qualité de vie est le lot de tout être vivant.

Comme nous avons pu le constater au fil des exemples donnés, les personnes vivant en couple peuvent grandement bénéficier des connaissances sur le transfert. À une époque où les religions n'ont souvent plus l'ascendant nécessaire pour forcer la liaison entre deux personnes dont la relation est pauvre, une réflexion rationnelle permettant de comprendre la nature des conflits les plus difficiles à résoudre s'avère un outil précieux. La séparation, avec tout ce qu'elle comporte de douleur, n'est alors plus la seule issue si nous nous y prenons à temps et si nous nous attaquons aux vrais problèmes.

Annexe : L'expression réussie

Aide-mémoire

L'expression efficace	L'expression défensive
Dire **ce que je ressens** *Je suis triste.*	Énoncer des **faits,** des **objectifs** ou des **idées** *C'est triste.* *Je trouve ça triste.*
Parler au **Je** *Je suis fâché contre toi.*	Parler au **Tu,** au **Nous** ou au **On** *Tu agis d'une façon qui nous fâche.*
Formuler au **présent** *Je suis révolté en pensant à ça.*	Dire au **conditionnel** ou au **passé** *J'étais révolté.* *Je pourrais me révolter.*
S'adresser à la **personne concernée** *Je tiens vraiment à ton estime.*	S'adresser à un **tiers** *Je tiens vraiment à son estime.*

Exprimer l'**essentiel** *Je suis vraiment blessé.*	**Expliquer, justifier** ou **décrire** en détail *Lorsque tu m'as dit cela, ça m'a blessé ; remarque, je te comprends, mais je n'étais pas en état de l'entendre ; et de plus, cela me plongeait dans mon passé. Or, tu sais comme j'ai souffert de ce genre de choses…*
Dire **complètement** (inclure tous les aspects importants) *Je suis fâché, mais j'ai peur de te le montrer complètement, car je tiens à toi et je ne veux pas que tu t'éloignes.*	**Omettre** des aspects importants *Je t'en veux beaucoup ; je ne te parle plus !*
Exprimer avec l'**intensité exacte** *Je t'aime vraiment beaucoup.*	**Atténuer** ou **exagérer** l'intensité *Je t'aime bien.* *Je t'aime comme cela ne se peut pas !*
Demeurer **vivant** pendant mon expression et devant la réaction de l'autre *Je suis ému de te dire cela et de voir que je t'atteins autant.*	Me **fermer** ou me **durcir** *Quoi que tu dises, cela ne changera rien à ma position. Je ne veux pas pleurer devant lui, je ne veux pas qu'il m'atteigne.* (monologue intérieur)

Remerciements

Ce livre n'aurait jamais vu le jour sans mon association avec Jean Garneau dans le développement de l'approche en autodéveloppement et de la conception du transfert qui est propre à cette approche. Je lui suis reconnaissante pour avoir discuté avec moi des textes de ce livre et avoir contribué à leur amélioration, ainsi que, comme éditeur de *La lettre du Psy* dans laquelle ceux-ci sont d'abord parus, pour m'avoir donné l'autorisation d'en faire un livre.

Nous sommes tous deux redevables à John Weir, psychologue californien rattaché au National Training Laboratory, pour avoir semé en nous les germes de la problématique que constitue la résolution du transfert. D'abord, il a stimulé mon intérêt pour l'exploration et l'expérimentation lorsque j'ai eu l'occasion de participer à des groupes de croissance personnelle, ensuite il a soutenu ma recherche comme consultant ainsi que celle de Jean Garneau.

Je suis reconnaissante à tous nos clients en psychothérapie de même qu'à ceux qui ont suivi une formation, qui ont tous eu le courage et la détermination de travailler leurs transferts. En nous permettant d'avoir accès en profondeur à ce qu'ils vivaient, ils nous ont fourni l'occasion de comprendre davantage ce phénomène et d'offrir des outils de plus en plus précis propres à assurer la résolution du transfert.

Du même auteur

Angoisse et anxiété. Les vigiles de l'équilibre mental (livre audio), Carignan, Pocketaudio Inc., 2003.

Refuser d'être victime. Comment échapper au harcèlement (livre audio), Carignan, Coffragants Inc., 2003.

La jalousie amoureuse. Comment la rendre fertile (livre audio), Carignan, Coffragants Inc., 2003.

La puissance des émotions. Comment distinguer les vraies des fausses, Montréal, Les Éditions de l'Homme, 2002.

Ravage et... délivrance (poèmes humanistes), Montréal, Red éditeur, 2000.

Pour plus de renseignements sur les ouvrages cités précédemment, voir le site <http://redpsy.com/editions>.

Pour d'autres articles en psychologie humaniste, voir le site <http://redpsy.com/infopsy> et la revue électronique *La lettre du Psy*, <http://redpsy.com/letpsy>.

Table des matières

Chapitre 10

Chapitre 11

Suivez-nous sur le Web

Consultez nos sites Internet et inscrivez-vous à l'infolettre pour rester informé en tout temps de nos publications et de nos concours en ligne. Et croisez aussi vos auteurs préférés et notre équipe sur nos blogues !

EDITIONS-HOMME.COM
EDITIONS-JOUR.COM
EDITIONS-PETITHOMME.COM
EDITIONS-LAGRIFFE.COM

Achevé d'imprimer au Canada
sur papier Enviro 100% recyclé